应用型人才培养"十三五"规划教材

铁路施工组织与概预算

邬 丹 主编　张远啸　陈学玲　副主编

U0359885

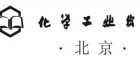

化学工业出版社

·北京·

内 容 简 介

本书分为两篇，上篇主要介绍铁路工程建设与铁路工务养护维修工程施工组织设计相关内容，重点是进度计划方面；下篇主要根据最新的预算定额、编制办法等相关标准规程，介绍铁路工程建设及铁路工务养护维修的概（预）算文件的编制、相关费用和计算方法等内容。全书内容新颖，简明扼要，重点突出，具有较强的针对性、实用性和前瞻性。

本书可作为土木工程专业全日制本科或高职院校相关专业，如铁道工程、高速铁道工程、铁路桥梁与隧道工程（铁道工程）、城市轨道交通工程及相近专业的教材，也可作为从事铁路施工人员与铁路行业在岗职工的岗位培训及自学参考书。

图书在版编目（CIP）数据

铁路施工组织与概预算/邬丹主编 . —北京：化学工业
出版社，2020.7 （2025.2重印）
应用型人才培养"十三五"规划教材
ISBN 978-7-122-36982-6

Ⅰ.①铁… Ⅱ.①邬… Ⅲ.①铁路施工-施工组织-高等
职业教育-教材②铁路施工-概算编制-高等职业教育-教材
③铁路施工-预算编制-高等职业教育-教材 Ⅳ.①U215.1

中国版本图书馆 CIP 数据核字（2020）第 084539 号

责任编辑：李仙华	文字编辑：向 东 刘永静
责任校对：王鹏飞	装帧设计：张 辉

出版发行：化学工业出版社（北京市东城区青年湖南街 13 号 邮政编码 100011）
印 装：河北延风印务有限公司
787mm×1092mm 1/16 印张 14¼ 字数 370 千字 2025 年 2 月北京第 1 版第 7 次印刷

购书咨询：010-64518888 售后服务：010-64518899
网 址：http://www.cip.com.cn
凡购买本书，如有缺损质量问题，本社销售中心负责调换。

定 价：48.00 元

前言

为适应我国铁路及高铁行业的快速发展，本书以国家有关建设主管部门、交通部门最新颁布的法规、规范、标准，以及2017年铁路基本建设工程设计概（预）算编制办法和2017年铁路工程预算定额为依据，考虑铁路施工及养护人员应具备的施工组织、概预算及养护方面的专业知识和基本技能要求，并结合编写人员多年教学经验编写而成。本书内容具有一定的先进性和前瞻性，书中理论知识以"必需、够用"为度，着力突出实际应用能力的培养，配备了较多数量的例题和能力训练题，并且编入了重点内容的综合工程案例，以强化技能培训，可操作性强，根据岗位需要组织教材内容，突出"实用性"和"针对性"。同时，本书内容理论联系实际，数据、费用计算表格齐全，兼有工具书的特点。

本书主要内容分为两部分：上篇介绍了铁路工程建设及铁路工务养护维修施工组织的相关知识，下篇介绍了铁路工程建设及铁路工务养护维修概（预）算编制的相关内容。

本书由齐齐哈尔大学邬丹主编，黑龙江交通职业技术学院张远啸和陈学玲副主编，黑龙江交通职业技术学院马明瑜、李博参编。绪论、第3章、第4章由邬丹编写，第1章由张远啸编写，第2章、第7章由马明瑜编写，第5章由陈学玲编写，第6章由李博、陈学玲、邬丹编写，全书由邬丹负责统稿。

黑龙江交通职业技术学院靳玉喜、陈佰忠审阅了全书，并提出了修改意见，在此深表感谢！另外本书的编写得到了哈尔滨铁路局集团公司齐齐哈尔工务段高级技师李庆喜的大力支持，在此表示衷心感谢！

本书编写过程中引用了参考文献中的相关资料，谨向这些文献作者表示由衷感谢，同时也对齐齐哈尔大学和黑龙江交通职业技术学院领导的支持、出版社编辑所付出的大量工作表示深切感激。

由于编者水平有限，书中难免有疏漏和不足之处，敬请专家或读者批评指正，以便再版时及时更正。

编　者
2020 年 6 月

目 录

上篇　铁路工程施工组织

第1章　铁路工程施工组织设计

第2章　铁路工务施工组织设计

第3章　流水施工

下篇　铁路工程建设概（预）算

第 5 章　铁路工程概（预）算定额及其应用

第6章　铁路工程概（预）算

第7章　线路设备大修工程预算

附录　铁路基本建设工程设计概(预)算编制相关表格

参考文献

绪论 铁路工程建设概述与项目管理

知识目标

　　了解基本建设的概念、特点和分类；重点掌握铁路工程建设项目的层次划分和基本建设的程序；了解工程项目管理的相关内容。

能力目标

　　会对项目层次和种类进行分析判断；能区分铁路工程建设管理单位和实施单位的职责。

0.1 铁路工程建设概述

0.1.1 铁路工程基本建设的概念、作用及特点

0.1.1.1 铁路工程基本建设的概念

　　铁路工程基本建设是铁路企业为了扩大再生产而进行增加（包括新建、改建、扩建、恢复重建等）固定资产以及与之相关的建设工程，它通常由以下几方面组成：

　　① 建设铁路所需要进行的全部建筑工程，主要包括与铁路建设直接相关的各种永久性、临时性的建筑物以及其他设备等。

　　② 铁路各种大型设备的安装工程，主要包括为生产、运输、试验、安全与防护等项目提供所需的各种机械设备的安装、维护和运行调试等。

　　③ 在铁路建设项目内的各种材料，设备和工、器具的购置等。

　　④ 铁路建设项目的申请、规划、立项及勘测设计等工作。

　　⑤ 与铁路建设相关的其他附属工程的建设工作，如铁路企业人员的培训、征用土地以及相关机构的设置等。

　　铁路基本建设资产按照其管理方式的不同，可以分为固定资产和非固定资产两大类。固定资产与非固定资产是相对而言的。固定资产是在生产活动过程中长期并持续发挥作用的劳动资料和在非生产活动中长期使用的物质资料。固定资产在生产过程中保持其原有的实物形态，直至磨损陈旧或因其他原因报废。非固定资产是指可以在一定的营业周期内转变形态或耗用的资产，如银行存款、短期投资、辅助材料等，它在一个生产周期中就会全部消耗，并将价值转移到产品中去，而其原有的形态也不复存在。因此，固定资产在长期生产过程中是不断变化的。

　　固定资产根据其生产性质又可以分为生产性固定资产和非生产性固定资产。确定一个物品是否属于固定资产，不仅要看它是否在生产过程中长期发挥作用，是否保持原来的实物状

态，还要同时满足以下规定：使用期限在 1 年以上；单位价值在国家或各个主管部门规定的限额以上。

0.1.1.2 铁路工程基本建设的作用

铁路工程基本建设是国家基本建设的一个重要组成部分，是建立和扩大铁路固定资产再生产的重要手段，它对改变铁路网结构、扩大铁路运输能力、促进国民经济的发展有着不可或缺的作用。

① 它为铁路各个部门建立固定资产，提供生产能力，扩大再生产，促进国民经济的快速发展。

② 提高国民经济技术装备水平。

③ 有计划地调整旧的部门结构，建立新的生产部门。

④ 基本建设是合理分布生产力的重要途径。

⑤ 产业规模逐步扩大，产业地位进一步提高。

⑥ 产业组织结构充分得到优化，产业素质不断得到提高。

⑦ 改善和提高了人民的物质文化生活，并创造出了丰富的物质条件等。

0.1.1.3 铁路工程基本建设的特点

铁路工程基本建设是一项综合性的经济活动，具有广泛的社会性，它不仅涉及生产和非生产建设等各个部门的相关利益，同时也涉及土地、工业、农业、交通运输、环境保护等外部因素。所以，在铁路建设中必须按照国家规划和发展要求，从实际出发，正确处理好经济与发展、技术与进步等各种因素之间的关系。

铁路工程基本建设的特点如下：

① 建设周期长，物资消耗大。一个铁路建设项目从规划到审批、从施工到竣工、从交工到运营，往往要经过几年的时间才能完成。

② 涉及面很广，必须协调各方面的关系，取得各方面的配合和协作，做到综合平衡。

③ 建设产品的固定性。任何一条铁路的建设完成后都是不可移动的，因此，在规划时必须要进行多方案比选，以最低的投入获得最大的经济和社会效益。

④ 建设过程必须要有连续性。每一条铁路的建设，从开工到完成，一定要保持一定的连续性，尽量节省社会资源。

⑤ 建设产品的单件性。铁路建设项目都有各自不同的目的和用途，所以通常情况下只能单独设计，不能批量生产。

⑥ 产品生产的流动性。即生产者和生产工具会随着工程的流动而发生转移。

0.1.2 铁路工程基本建设的分类

工程项目是指在一定的资源、时间、质量要求等约束条件下，具有特定明确目标的一次性任务。铁路工程基本建设项目是指在一个总体设计或初步设计范围之内，由一个或若干个单项工程所组成的，经济上实行统一核算、行政上实行统一管理的基本建设单位。

0.1.2.1 按项目的性质划分

（1）新建项目：指铁路企业为扩大项目生产或再生产所要进行的各项建设工作。一个项目从无到有，从立项到实施完成，扩大建设规模超过原固定资产 3 倍以上的，称为新建项目。

（2）扩建项目：指原有生产企业为了扩大原有产品的生产能力或效益而新建的工程项目。如为增加原有铁路枢纽的能力而新建的联络线、编组站及复线等。

（3）改建项目：指铁路企业为了提高生产效益、改进产品质量等而对原有设备或工程技术进行改造的项目。

（4）恢复项目：指由于自然因素或人为因素而使得铁路固定资产受到损坏或报废，通过评估后，又按铁路基本建设投资规模重新恢复建设的项目。

（5）迁建项目：指现有铁路企业由于国家整体规划、改变铁路布局或环保、安全等特殊原因需要迁移到他处的建设项目。

0.1.2.2　按项目的用途划分

（1）生产性建设项目：指直接用于物质生产或直接为物质生产服务的建设项目。它主要包括工业建设、建筑业建设、农林建设、水利建设、气象建设等项目。

（2）非生产性建设项目：指直接用于人民物质文化生活以及社会福利需要的建设项目。它主要包括住宅建设、文教卫生建设、公用生活服务事业建设以及其他相关建设等项目。

0.1.2.3　按项目的投资主体划分

铁路工程项目按照投资的主体可以划分为国家投资建设项目、地方政府投资建设项目、企业投资建设项目以及"三资"企业（中外合资企业、中外合作企业和外商独资企业）投资建设项目等。

0.1.2.4　按照项目建设规模的大小划分

按照建设规模的大小，工业建设项目一般可划分为大、中、小三种类型，非工业建设可分为大中型项目和小型项目两类，具体划分的依据可以参照国家《基本建设项目大中小型划分标准》。如铁路大中型项目是指新建的干线、支线、地下铁道及原有干线、枢纽的重大技术改造投资在1500万元以上的、地方铁路在100km以上的、货运量在50万吨/年以上的项目。

0.1.2.5　按工程管理及造价的需要划分

铁路项目按工程管理及造价需要可以划分为建设项目、单项工程、单位工程、分部工程以及分项工程五个层次。

（1）建设项目：指具有独立的行政组织机构并实行独立的经济核算，具有设计任务书，并按　个总体设计组织施工的一个或几个单项工程所组成的建设工程，建成后是完整的系统，可以独立地形成生产能力或具有使用价值的建设工程。

（2）单项工程：是建设项目的组成部分，具有独立的设计文件，竣工后可以独立发挥生产能力或使用效益的工程。

（3）单位工程：单项工程的组成部分，它是具有单独设计，可以独立组织施工的工程。通常单项工程包括不同性质的工作内容，可以根据其能否进行独立施工，将其划分为若干个单位工程。如铁路建筑中的一个车间，某段铁路中的一段路基、一座桥涵等。

（4）分部工程：单位工程的组成部分，指不能独立发挥能力或效益，又不具备独立施工条件，但具有结算工程价款条件的工程。如房屋建筑单位工程，可按其部位划分为土石方工程、混凝土及钢筋混凝土工程、屋面工程、装饰工程等分部工程。

（5）分项工程：分部工程的组成部分，是按照工程的不同结构、不同材料和施工方法等因素划分的，如基础工程可划分为围堰、挖基础、砌基础、回填等分项工程。

0.1.3　铁路工程基本建设的程序

0.1.3.1　基本要求

铁路建设是指新建、改建铁路建设项目的立项决策、勘察设计、工程实施、竣工验收等全部建设活动。铁路建设必须贯彻执行国家有关方针政策，严格执行国家法律、法规、规章及工程建设强制性标准，严格执行国家规定的建设程序，全面实现质量、安全、工期、投资、环保和稳定等建设目标。铁路建设实行项目法人责任制、招标投标制、工程监理制、合同管理制，同时应全面推行标准化管理，切实加强质量安全管理，提升铁路建设管理水平；重视环境保护、水土保持和防灾减灾，节约能源和土地，做好文物保护、职业病危害防护等工作，并且应坚持科技创新，积极推广使用先进技术、先进设备、先进工艺、新型建筑材料。

0.1.3.2 铁路工程基本建设程序

铁路建设项目必须按照立项决策、勘察设计、工程实施和竣工验收的基本程序组织建设，各阶段工作要达到规定的要求和深度。

（1）立项决策阶段 依据中长期铁路网和铁路建设规划，对拟建项目进行预可行性研究，编制项目建议书；根据批准的项目建议书，在初测基础上进行可行性研究，编制可行性研究报告。项目建议书和可行性研究报告按规定报批。工程简易的建设项目，可直接进行可行性研究，编制可行性研究报告。

（2）勘察设计阶段 根据批准的可行性研究报告，在定测基础上开展初步设计。初步设计经审查批准后，开展施工图设计和审核工作。

初步设计文件是确定建设规模和投资的主要依据，根据批准的可行性研究报告开展定测、现场调查，通过局部方案比选和比较详细的设计，提出工程数量、主要设备、材料数量、拆迁数量、用地总量与补偿费用、施工组织设计及工程总投资估算的编制等。初步设计文件应满足主要设备采购、征地拆迁和施工图设计的需要。初步设计概算的静态投资部分原则上不得突破已批复的可行性研究报告的静态投资。

施工图文件是工程实施和验收的依据，根据审批的初步设计文件进行编制，为工程建设提供施工图、表、设计说明和工程投资检算等。

（3）工程实施阶段 在初步设计文件审查批准后，成立建设单位，组织工程招投标，确定施工单位，编制开工报告。开工报告批准后，依据批准的建设规模、技术标准、建设工期和投资，按照施工图和施工组织设计文件，组织项目建设。项目在实施之前应做好各项准备工作，其主要内容包括征地拆迁、"三通一平"（即通水、通电、通路及施工场地平整），组织设备、材料订货以及其他准备，如必要的施工图纸、文件等。

（4）竣工验收阶段 铁路建设项目按批准的设计文件全部竣工或分期、分段完成后，按规定组织竣工验收，办理资产移交或维管交接。铁路建设项目由验收机构组织验收，验收机构按照国家规定设立。验收内容包括初验、正式验收和固定资产移交。限额以下项目或小型项目也可以一次性验收。

工程验收后，项目承包企业应按照合同的要求，对工程进行服务与保修，提供技术咨询，进行工程回访，负责必要的维修工作。工程施工承包企业应对保修范围和保修期限内发生的质量问题，按规定实施保修义务，并对造成的损失承担赔偿责任。

0.1.3.3 铁路工程基本建设管理单位及职责

（1）铁路建设组织管理单位 中国铁路总公司负责组织铁路建设，统一管理建设项目前期工作，统一安排、推进铁路建设项目实施。中国铁路总公司相关部门和单位按照职责分工对建设项目实施管理。

中国铁路总公司建设管理职责主要包括：

① 负责制定铁路建设管理制度和建设标准并监督实施。

② 负责组织编制总公司中长期和五年发展规划，编制并下达年度投资计划，组织重大项目的前期技术论证和评价，负责铁路建设项目前期立项审批（或报批）、初步设计审批、Ⅰ类变更设计审批、概算调整等工作，按规定办理基本建设项目开工报告批复。

③ 组织铁路建设资金筹集，指导建设单位做好建设资金筹集工作，对建设资金使用情况进行监督检查。

④ 组织指导建设项目推进工作，负责施工图审核管理，审核施工组织设计并监督实施。直接派出项目管理机构对特殊结构、地质特别复杂等特殊项目实施管理。

⑤ 负责实施铁路建设项目工程招标、合同履约、质量安全等监管工作。指导建设项目竣工

验收工作，组织客运专线和重点建设项目初步验收和安全评估，协调建设过程中的重大问题。

⑥ 指导协调建设项目征地拆迁、规模调整、方案变更以及协调地方政府或其他出资人相关工作，指导监督铁路建设项目环保、劳保、水保和节能工作。

⑦ 组织铁路建设技术攻关以及相关的新技术、新产品研究开发和应用等工作。

⑧ 负责组织总公司管理的建设物资联合采购和供应管理工作，处理物资招标采购及产品质量问题的相关投诉。

⑨ 负责铁路建设管理机构设置及人员编制管理，组织建设管理人员培训，对建设单位工作进行指导、监督和考核。

（2）铁路建设实施单位　铁路建设项目的建设单位是建设项目的组织实施机构，是建设项目的法人，包括总公司管理的合资铁路公司（以下简称"铁路公司"）和铁路局。建设单位是铁路建设项目管理的实施主体，按照专业化、职业化、区域化的管理要求，履行建设单位职责，对项目实施过程及结果负责。

建设单位的主要职责包括：

① 贯彻国家有关工程建设方针政策、法律法规、工程建设强制性标准和总公司制度标准，根据批准的建设规模、建设方案、技术标准、建设工期和投资，组织铁路工程项目建设，对质量、安全、工期、投资、环保、稳定等全面负责。

② 参与建设项目前期工作，审查勘察大纲，验收勘察资料，核实征地拆迁数量和补偿费用，与产权单位签订道路（管线）改移等有关协议，负责初步设计文件初审和施工图审核。

③ 依法选择具备相应资质的勘察设计、施工、监理、咨询等单位承担相关工作，负责物资设备招标，与中标企业签订合同。

④ 组织办理规划选址、环评、水土保持、土地、节能、社会稳定风险评估、文物、立交、压覆矿产补偿等手续，以及实施过程中相关手续补允、变更工作；组织开展职业病防护有关工作。

⑤ 负责建设项目的征地拆迁工作，落实总公司与有关方面的合作要求，负责与地方实施部门签订征地拆迁协议，督促落实地方征地拆迁工作推进和资金到位；落实项目沿线综合开发的有关工作。

⑥ 组织编制指导性施工组织设计，组织制订营业线施工实施方案和安全措施，组织设计交底，办理批准单项工程开工手续；按规定编报工程项目建设期内滚动投资计划和年度投资计划，严格按批准的投资计划组织实施；按规定筹集使用建设资金，负责验工计价，及时办理工程价款等资金的拨付与结算；负责统计、报告工程进度，按规定办理变更设计。

⑦ 负责合同管理，认真履行合同，加强合同履约检查，实行动态管理。

⑧ 负责申办质量监督手续，健全落实质量、安全管理体系，建立事故处置机制，报告质量、安全事故，参与质量、安全事故的调查和处理，组织营业线施工安全培训。

⑨ 按规定负责工程竣工验收相关工作，编制工程竣工文件、竣工决算和工程总结；办理资产移交或维管交接、文件归档和档案移交手续。

⑩ 负责建设项目维护稳定和廉政建设等工作。

0.2　铁路工程项目管理

0.2.1　工程项目

0.2.1.1　含义

项目是指特定的一次性任务，它具有一次性（单件性）、明确性和整体性三个特征，且三个特征缺一不可。按照项目的最终成果划分，项目的种类通常有科研开发项目、基本建设项目、航空航天项目以及大型维修项目等。工程项目是以工程建设为载体的项目。

0.2.1.2 项目管理

项目管理是指为使项目取得成功（实现所要求的质量、所规定的时限和费用）所进行的全过程、全方位的规划、组织、控制与协调。项目管理的职能等同于所有的管理职能。项目管理与其他管理活动相比有以下显著特征：

① 项目管理实行的是项目经理责任制。

② 项目管理对象是一次性的。

③ 项目经理是项目管理的核心。

0.2.1.3 项目管理的基本职能

项目管理的基本职能主要包括计划、组织、控制与激励等。

0.2.2 工程项目管理

0.2.2.1 工程项目管理的任务

工程项目管理的目标是在确保承包合同规定的工期和质量要求的前提下，降低工程成本。项目管理的基本任务是合理地组织项目的施工过程，充分利用人力、有效使用时间和空间，保证综合协调施工，按期、保质并以较低的成本完成工程任务。

0.2.2.2 工程项目管理的内容

项目管理的目标确定了其内容，主要包括进度控制、质量控制、费用控制、合同管理、信息管理、安全管理和组织协调，简称"三控三管一协调"。广义的工程项目管理是指从规划、立项到交付使用之后评价的全过程管理，而狭义的工程项目管理是指工程项目实施阶段的管理。

0.2.2.3 工程项目施工管理的工作内容

① 施工准备阶段。主要工作包括建立施工的技术条件、物质条件，组织施工力量，做好项目管理的基础工作以及施工现场的场地准备工作等。

② 施工阶段。施工阶段的管理工作主要包括按施工总进度计划，组织综合施工以及对施工过程进行全面控制等。其中，施工过程中的全面控制主要包括工程进度控制、工程质量控制、工程成本管理及安全控制。

③ 工程竣工验收。工程竣工验收主要包括竣工验收准备、竣工验收工作、技术总结和建立技术档案等内容。

0.2.3 铁路工程项目管理的特点

0.2.3.1 铁路工程项目的界定

铁路基本建设项目一般是指在一个总体设计或初步设计范围内，由一个或若干个相互有内在联系的单项工程组成，实行统一核算、统一管理的建设项目。凡属于一个总体设计中的主体工程和相应的附属配套工程、综合利用工程、环境保护工程等，只能作为一个单项工程，如铁路通信设施、安全应急设施等，它附属于主体工程，不能作为一个工程项目，同时也不能把不属于一个总体设计内的分别核算的项目作为一个建设项目。构成工程项目的主要条件如下：

① 按是否属于一个总体设计或初步设计范围，是否统一核算以及是否统一管理作为划分工程项目的依据。

② 工程项目有明确的目标和任务：

a. 主要包括建设工期目标；

b. 按质量标准和设计要求完成项目，并达到交付验收的标准；

c. 投资控制目标，即项目必须在预算投资控制范围内完成。

③ 必须是兴工动料的施工活动。

④ 工程项目是按照任务而不是按照职能组织起来的，且任务是一次性的。

⑤ 尽管工程项目类型繁多，但项目的建设程序是一致的。

0.2.3.2　铁路工程施工企业生产经营的特征

① 生产计划对铁路公司的依附性。

② 生产经营的综合性。

③ 生产对象和条件的非固定性。

④ 工程施工的标准性。

⑤ 既有线改造工程施工的特殊性。

0.2.3.3　铁路工程施工项目管理的特征

① 施工项目的一次性。

② 组织机构的临时性。

③ 以项目经理为管理核心。

④ 经济核算的对象性。

0.2.4　铁路工程变更设计管理

0.2.4.1　铁路工程变更设计的原则

铁路工程变更设计，指铁路工程建设项目施工图审核合格后至工程初步验收合格后半年以内变更设计的活动，包括对已经审定铁路项目的设计文件进行变更、增减等活动。一般情况下，无论是铁路的什么项目，一旦其工程设计文件鉴定批准成立，任何单位和个人就不得擅自变更，确实需要变更的，必须按照法律法规办理变更设计手续。办理铁路工程变更设计应遵守以下原则：

① 变更是因为原设计不合理，包括水文、地形、地质情况与设计文件有较大的差异；或因为施工条件所限；或因为材料的规格、品种、质量与设计要求不相符合。

② 保持或提高原技术标准，并能节省材料；或少占用耕地，便于施工，或缩短工期而使投资节省。

③ 能提高技术标准，减少工程病害；能提高工程使用年限，或提高服务等级而不增加投资。

④ 坚持"先批准，后变更；先设计，后施工"的原则。

0.2.4.2　铁路工程变更设计的分类

铁路建设项目变更设计分为Ⅰ类和Ⅱ类。

① 符合下列条件之一者为Ⅰ类变更设计：

a. 变更批准的是建设规模、主要技术标准、重大方案、重大工程措施。

建设规模是指工程范围，车站（段、所）规模；

主要技术标准是指铁路等级、正线数目、设计行车速度、线间距、最小曲线半径、限制坡度或最大坡度、牵引种类、机车类型或动车组类型、牵引质量、到发线有效长度、闭塞类型或行车指挥方式与旅客列车运行控制方式、建筑限界；

重大方案及重大工程措施是指批复的线路、站位、重点桥渡、站房建筑方案、重要环保水保措施等。

b. 变更初步设计批复主要专业设计原则的。

c. 调整初步设计批准总工期的。

d. 建设项目投资超出初步设计批准总概算的。

e. 国家、铁路总公司相关规范、规定重大调整的。

② 除Ⅰ类变更设计外的其他变更设计为Ⅱ类变更设计。

0.2.4.3 铁路工程变更设计项目划分的原则

Ⅰ类变更设计以变更设计原因划分，一项变更设计原因为一个变更设计。

Ⅱ类变更设计以工点划分，同一工点或同一病害引起的不可分割的一次性变更为一个变更设计。同一工点中的不同变更内容、同一病害类型的不同工点、同一变更内容的不同段落应分别划分为不同的变更设计，严禁合并或拆分变更设计。

0.2.4.4 铁路工程变更设计的程序

（1）Ⅰ类变更设计程序　Ⅰ类变更设计程序分为提出变更设计建议、会审变更设计方案、编制变更设计文件、初审变更设计文件、批准变更设计文件、审核下发变更施工图等。

① 提出变更设计建议。施工图审核合格并交付后，建设、施工、监理以及勘察设计单位均可就设计文件中符合Ⅰ类变更设计条件的内容向建设单位提出变更设计建议，变更设计建议应在变更内容实施前提出，并填写《变更设计建议书》。

② 会审变更设计方案。建设单位应就Ⅰ类变更设计建议组织勘察设计、施工、监理等单位进行现场勘察、研究会审，详细分析变更设计原因，研究提出变更设计类别及变更设计方案，确定责任单位及费用处理意见，形成由参审人员签字的《变更设计会审纪要》。

建设单位应履行内部程序，对《变更设计会审纪要》的主要内容进行确认，需要履行董事会决策程序的应履行决策程序。

建设项目在实施过程中发生危及安全需要立即处理的变更设计，建设单位应组织勘察设计、施工、监理等单位提出方案，并进行应急处理，属于Ⅰ类变更设计的需同时按规定向铁路总公司有关部门报告；重大的或必要的，由鉴定中心、工管中心现场确定变更设计方案，建设单位先按确定的方案进行施工准备和应急处理。

③ 编制变更设计文件。勘察设计单位应严格按照铁路总公司相关规定和《变更设计会审纪要》以及确定的安全应急方案编制变更设计文件，Ⅰ类变更设计文件应包括变更设计原因、变更设计方案及工程数量和概（预）算、原设计方案及工程数量和概算、有关原设计文件和变更设计图纸、经济技术比较资料和分析说明；Ⅰ类变更设计的设计深度为初步设计深度，其中工点按初步设计阶段的重点桥渡、重点隧道等设计要求进行设计。

Ⅰ类变更设计文件一般应在会审纪要下发后30日内完成，特殊情况下Ⅰ类变更设计文件完成时间由建设单位与勘察设计单位协商确定。

④ 初审变更设计文件。建设单位应对Ⅰ类变更设计文件进行初审，涉及环保水保的重大问题的变更设计，应先向铁路总公司环保水保主管部门报告，经同意后，再形成初审意见连同Ⅰ类变更设计文件一并报送铁路总公司。

⑤ 批准变更设计文件。初步设计审查部门收到Ⅰ类变更设计文件后，应尽快组织现场核实，提出明确要求。对符合审批条件的，一般在30个工作日内完成批复；需要补充资料的部分，应及时提出补充要求，并在资料补充后20个工作日内另行批复。

⑥ 审核下发变更施工图。建设单位根据Ⅰ类变更设计批复组织勘察设计单位完成施工图并组织对施工图进行审核，将审核合格的施工图随同《变更设计通知单》下发施工及监理单位，并就非施工单位责任的部分与施工单位签订施工补充协议。

（2）Ⅱ类变更设计程序　Ⅱ类变更设计程序分为提出变更设计建议、进行现场核实、确定变更设计方案、审核下发变更施工图等。

① 提出变更设计建议。施工图审核合格并交付使用后需进行Ⅱ类变更设计的，建设、

施工、监理以及勘察设计单位等均可提出变更设计建议，填写《变更设计建议书》，并详细说明Ⅱ类变更设计理由。

② 进行现场核实。建设单位收到《变更设计建议书》后，应组织现场核实确认，对现场现状进行照相摄影，对照变更设计建议客观提出核实确认意见，确认人在确认意见上签名。签名后的确认意见和影像资料纳入变更设计档案保管。

③ 确定变更设计方案。建设单位应组织勘察设计、施工、监理等单位对变更设计建议及现场确认结果进行会审，详细分析变更设计原因，研究确定变更设计方案并确认变更设计分类，确定责任单位及费用处理意见，形成由参审人员签字的《变更设计会审纪要》。

建设单位应履行内部程序，对《变更设计会审纪要》的内容进行确认，主管领导或主要领导签署后实施。

危及安全的Ⅱ类变更设计，建设单位应在现场组织确定变更设计方案，按确定的方案进行施工准备和应急处理。

④ 审核下发变更施工图。建设单位组织勘察设计单位按确定的变更设计方案编制施工图。勘察设计单位一般应在《变更设计会审纪要》下发后10日内完成施工图。

建设单位应组织对施工图进行审核，并将审核合格的施工图随同《变更设计通知单》下发施工及监理单位。

能力训练题

一、填空题

1. （　　　　　　　）是在生产活动过程中长期并持续发挥作用的劳动资料和在非生产活动中长期使用的物质资料。

2. 铁路基本建设是一项综合性的（　　　　　　），具有广泛的社会性。

3. （　　　　　　）是指铁路企业为扩大项目生产或再生产所要进行的各项建设工作。

4. 单位工程是指具有（　　　　　　）、可以独立组织施工的工程。

5. 铁路建设项目必须按照（　　　　）、（　　　　）、（　　　　）和（　　　　）的基本程序组织建设，各阶段工作要达到规定要求和深度。

6. 按照建设规模的大小，工业建设项目一般可划分为（　　　　　）、（　　　　　）、（　　　　）三种。

7. （　　　　　　）的建设项目，可直接进行可行性研究，编制可行性研究报告。

8. "三通一平"指的是通水、通电、通路及（　　　　　　）。

9. （　　　　　　）负责组织铁路建设，统一管理建设项目前期工作，统一安排、推进铁路建设项目实施。

10. 铁路建设项目的（　　　　　　）是建设项目的组织实施机构，是建设项目的法人。

二、选择题（单选）

1. 铁路建设项目由（　　）组织验收，验收机构按照国家规定设立。验收内容包括初验、正式验收和固定资产移交。

　　A. 验收机构　　B. 设计机构　　C. 质检机构　　D. 建设机构

2. 具有独立的设计文件，竣工后可独立发挥生产能力或使用效益的基本建设项目称为（　　）。

　　A. 建设项目　　B. 单项工程　　C. 单位工程　　D. 分部工程

3. 某学校新建食堂的土建施工部分属于（　　）。

　　　　A. 建设项目　　　B. 单项工程　　　C. 单位工程　　　D. 分部工程

　　4.（　　）是为使项目取得成功所进行的全过程、全方位的规划、组织控制与协调。

　　　　A. 项目决策　　　B. 项目实施　　　C. 项目管理　　　D. 项目规划

　　5. 项目管理的目标主要包括（　　）、质量控制、费用控制、合同管理、信息管理、安全管理和组织协调。

　　　　A. 人员控制　　　B. 进度控制　　　C. 计划控制　　　D. 机械控制

　　6.（　　）的管理工作主要包括按施工总进度计划，组织综合施工以及对施工过程进行全面控制等。

　　　　A. 决策阶段　　　B. 勘察阶段　　　C. 设计阶段　　　D. 施工阶段

　　7. 铁路工程变更设计，指铁路工程建设项目施工图审核合格后至（　　）合格后半年以内变更设计的活动。

　　　　A. 线下工程验收　B. 工程初步验收　C. 竣工验收　　　D. 生产验收

三、简答题

　　1. 铁路工程基本建设的特点有哪些？

　　2. 铁路工程按照工程管理和造价需要可划分为哪几个层次？

　　3. 铁路工程变更设计应遵守哪些原则？

　　4. 中国铁路总公司建设管理职责有哪些？

　　5. 铁路工程施工项目管理的特征有哪些？

上篇　铁路工程施工组织

第1章　铁路工程施工组织设计

知识目标

理解施工组织设计的概念、作用及分类；掌握施工组织设计的主要内容；了解施工组织设计的编制方法。

能力目标

能看懂铁路工程建设项目的施工组织设计；会编制简单单位工程的施工组织设计。

1.1 铁路施工组织设计概述

施工组织设计是针对建筑施工过程的复杂性，用系统的思想并遵循技术经济规律，对拟建工程的各阶段、各环节以及所需的各种资源进行统筹安排的技术经济文件。它努力使复杂的生产过程通过科学、经济、合理的规划安排，达到建设项目能够连续、均衡、协调地进行施工的目的，满足建设项目对工期、质量及投资方面的各项要求。由于建筑产品具有单件性的特点，所以，根据不同工程特点编制相应的施工组织设计是施工管理中的重要一环。

1.1.1 铁路施工组织设计的基本概念

1.1.1.1 施工组织设计的概念

施工组织设计是指在工程项目开工前，根据设计文件及业主和监理工程师的要求，以及主客观条件，对拟建工程项目施工的全过程在人力和物力、时间和空间、技术和组织等方面所进行的一系列筹划和安排。它是指导拟建工程项目进行施工准备和正常施工的基本技术经济文件。

施工组织设计除了计划安排和指导施工之外，还是体现设计意图、编制预算及检查施工单位工作的依据。因此，施工组织设计必须具备下列特征：

① 合理性。施工组织设计的编制，应当符合当前施工队伍的技术水平和装备能力，具备一定的先进性，并且是通过合理的组织完全可以实现的任务。

② 实践性。施工组织编制的原则和依据不是一成不变的，应贯彻从实际出发、认真调查研究的工作方法。施工组织设计应随着工人熟练程度及劳动生产率的提高，施工方法的改善，新工具、新设备的出现而不断改变，它与长期不变的结构设计是不同的。

③ 严肃性。任何一项铁路施工组织设计一经鉴定或审批成立，即具有法定效力，必须严格执行，不得随意违背；如遇特殊情况必须变更时，需提出理由报请原批准单位审查批准。

1.1.1.2 施工组织设计的任务

施工组织设计的主要任务是把工程项目在整个施工过程中所需用的人力、材料、机械、资金和时间等因素，按照客观的经济技术规律，科学地做出合理安排，使之达到耗工少、速度快、质量高、成本低、安全好、利润大的要求。具体体现在以下几个方面：

① 在工程项目施工中，应按照招标文件的实质性要求和条件，执行国家的法令和政策，遵守施工的有关规程、规范和细则。

② 从施工的全局出发，全面规划，选定施工方案，合理安排施工程序，做好施工进度计划，选择施工机具，使各环节、各工序互相衔接，协调配合。

③ 合理、科学地计算各项物资、设备和劳动力的需要量，安排好使用的先后次序，以便有效组织保证和及时供应。

④ 对施工项目必备的材料厂、砂石场、轨排场、制梁场等进行合理的分布和布置，以适应施工作业的需要。

⑤ 切实、有效地做好施工技术组织措施以及开工前的各项准备工作。

⑥ 对重点、难点、控制工期的工程以及工程中可能遇到的问题，分析、排队、构想对策，做到心中有数。

⑦ 严格制订防护措施，充分做好安全保护、环境保护以及相关的防护工作。

1.1.1.3　施工组织设计的作用

施工组织设计在不同阶段、不同进程、不同部门都有不同作用，主要是起规划、组织协调、指导作用及作为预算编制的依据，具体表现在以下几个方面：

① 施工组织设计是施工准备工作的一项重要内容，同时又是指导各项施工准备工作的依据。

② 施工组织设计可体现实现基本建设计划和设计的要求，进一步验证设计方案的合理性与可行性。

③ 施工组织设计是指为拟建工程所确定的施工方案、施工进度等，是指导开展紧凑、有秩序施工活动的技术依据。

④ 施工组织设计提出的各项资源需要量计划，可直接为物资供应工作提供数据。

⑤ 施工组织设计对现场所做的规划与布置，为现场的文明施工创造了条件，并为现场平面管理提供了依据。

⑥ 施工组织设计对施工企业的施工计划起着决定性和控制性的作用。施工计划是根据施工企业对建筑市场所进行的科学预测和中标的结果，结合本企业的具体情况，制订出的企业在不同时期应完成的生产计划和各项技术经济指标；施工组织设计是按具体的拟建工程对象的开竣工时间而编制的指导施工的文件。因此，施工组织设计与施工企业的施工计划两者之间有着极为密切、不可分割的关系。施工组织设计是编制施工企业施工计划的基础，反过来，制定施工组织设计又应服从企业的施工计划，两者是相辅相成、互为依据的。

⑦ 施工组织设计是统筹安排施工企业生产的投入与产出过程的关键和依据。铁路工程和其他工业产品的生产一样，都是按要求投入生产要素，通过一定的生产过程，生产出成品，而中间转换的过程离不开管理。铁路施工企业也是如此，从承担工程任务开始到竣工验收交付使用为止的全部施工过程的计划、组织和控制的投入与产出过程的管理，其基础就是科学的施工组织设计。

⑧ 通过编制施工组织设计，可充分考虑施工中可能遇到的困难与障碍，主动调整施工中的薄弱环节，事先予以解决或排除，从而提高了施工的预见性，减少了盲目性，使管理者和生产者做到心中有数，为实现建设目标提供了技术保证。

铁路施工组织设计是各阶段进行投资测算的依据，它对企业的施工计划起着决定性和控制性的作用，也是统筹各施工企业生产的投入与产出过程的关键和依据。

1.1.2 铁路施工组织设计的分类

施工组织设计因项目的类别、工程规模、编制阶段、编制对象和范围的不同，在编制的深度和广度上也有所不同，一般有以下几种分类方式。

1.1.2.1 按编制单位不同分类

① 设计单位的施工组织设计；

② 招标单位的施工组织设计；

③ 施工单位的施工组织设计；

④ 监理单位的施工组织设计。

1.1.2.2 按编制对象范围不同分类

（1）施工组织总设计

施工组织总设计是以某地区中标的某一个标段或同时中标的多个标段、一个建筑群或一个建设项目为编制对象，在初步设计或扩大初步设计阶段，用以指导其施工全过程各项活动的技术、经济等综合性文件；它是整个建设工程的总体战略部署，涉及范围较广，内容比较概括，是单位工程施工组织设计的编制依据。

（2）单位工程施工组织设计

单位工程施工组织设计是以一个单位工程为编制对象，用以指导其施工全过程的各项施工活动的综合性技术经济文件。它是施工单位编制季度、月份及分部分项工程作业设计的依据。当同时承担几个施工项目且工程量较小时，可以合编一个施工组织设计，以有利于综合组织人力、物力的投入和使用。

（3）分部（分项）工程施工组织设计

分部（分项）工程施工组织设计是以分部（分项）工程为编制对象、用以具体实施其分部（分项）工程施工全过程的各项施工活动的技术、经济和组织的综合性文件。通常以施工难度较大、技术较复杂的分部、分项工程为编制对象，用来指导其施工活动的技术、经济文件。它可以结合施工单位的月、旬作业计划，把单位工程施工组织设计进一步具体化，它是专项工程的具体施工文件。

施工组织总设计、单位工程施工组织设计和分部（分项）工程施工组织设计，是同一建设项目不同广度、深度和作用的三个层次。

1.1.2.3 按施工组织深度不同分类

（1）指导性施工组织设计

指导性施工组织设计是指施工单位在参加工程投标时，根据工程招标文件的要求，结合本单位的具体情况编制的施工组织设计。中标后，在施工开始之前，施工单位还要进行重新审查、修订或重新编制施工组织设计，这个阶段的施工组织设计称为指导性施工组织设计。

指导性施工组织设计的主要任务是：

① 确定最合适的施工方法和施工程序，以保证在合同工期内完成或提前完成施工任务。

② 及时而周密地做好施工准备工作、供应工作和服务工作。

③ 合理地组织劳动力和施工机具，使其需要量没有骤增骤减的现象，同时尽量发挥其工作效率。

④ 在施工场地内最合理地布置生产、生活、交通等一切设施，最大限度地节约临时用地，节省生产时间，同时方便生活。

⑤ 施工进度计划及劳动力、机具、材料供应计划，要详细到按月安排，以便于进行具体组织供应工作。

指导性施工组织设计是编制施工预算的主要依据，是组织施工的总计划，所以应使其尽可能符合客观实际，并随时根据客观情况的变化不断调整和修改。

指导性施工组织设计编制的要求：

① 编制指导性施工组织设计要做到"四个一致"。投标人的施工组织设计必须满足业主的要求。工程招标文件对编制施工组织设计一般都有很细致的规定，不符合规定的、违背业主意图的投标书，被视为严重错误，作为废标处理。为了避免这种情况的出现，编制指导性施工组织设计必须做到"四个一致"，即与招标文件的要求一致，与设计文件的要求一致，与现场实际情况一致，与评标办法一致。

② 施工组织设计要能反映企业的综合实力，施工方案应科学、合理，先进可行，措施得力可靠。

投标施工组织设计的目的就是要让业主了解企业的组织和管理水平，反映企业的综合实力。施工组织设计中的施工方案、施工方法及各项保证措施，反映了一个企业施工能力的强弱，施工经验的丰富与否，能否让业主放心。为此，参加编制的人员应掌握技术、管理方面的信息，了解施工现场情况，熟悉和了解当今国内外的先进施工机械、施工方法、施工工艺和新材料等，掌握施工程序及施工方法，科学合理地编制施工进度、安排施工顺序、优化配置劳动力和机械设备，做到在保证合同工期的前提下，充分发挥资源作用。

③ 指导性施工组织设计要注重表达方式。在标书中的施工组织设计一定要有其独到的表达方式。如果太冗长、重点不突出，提纲紊乱、不一致，逻辑性不强，那么施工方法再先进、方案再科学，评委也不会给高分。

④ 施工组织设计按程序审核和校对。指导性施工组织设计的编制是一个紧张的过程，人们的注意力容易偏重在自己工作的狭窄方面，形成定式思维，对低级错误视而不见。消除低级错误的方法之一是依靠编制人员的细心和经验，按照程序自行检查校对；方法之二是要坚持换手检查和校对，很多低级错误换人检查很容易发现，换手检查效果非常明显。一般容易犯的低级错误有：关键名词采用口语化、简略化，不按招标文件写；开工、竣工时间与招标文件有差异，施工进度前后不一致（尤其是修改工期后，总有一部分工期被遗漏改正）；摘抄其他标书时地名、工程名称不能完全改过来，多人编写的标书前后不一致。

（2）实施性施工组织设计

工程中标后，对于单位工程和分部工程，应在指导性施工组织设计的基础上分别编制实施性施工组织设计。

实施性施工组织设计的任务有：

① 它是用来直接指挥施工的计划，因此应具体制订出按工作日程安排的施工进度计划，这是它的核心内容。

② 根据施工进度计划，具体计算出劳动力、机具、材料等的日程需要量，并规定工作班组及机械在作业过程中的移动路线及日程。

③ 在施工方法上，要结合具体情况考虑到工程细目的施工细节，具体到能按所定施工方法确定工序、劳动组织及机具配备。

④ 工序的划分、劳动力的组织及机具的配备，既要适应施工方法的需要，又要考虑工作班组的组织结构和设备情况，要最有效地发挥班组的工作效率，便于实行分项承包和结算，还要切实保证工程质量和施工安全。

⑤ 要考虑到当发生意外情况时留有调节计划的余地。如因故中途必须停止计划项目的施工时，要准备机动工程，调动原计划安排的班组继续工作，避免窝工。

实施性施工组织设计，必须具体、详细，以达到指导施工的目的，但应避免过于复杂、烦琐。

（3）特殊工程的施工组织设计

在某些特定情况下，针对工程的具体情况有时还需要编制特殊的施工组织设计，如：

① 某些特别重要和复杂，或者缺乏施工经验的分部分项工程，如复杂的桥梁基础工程、站场的道岔铺设工程、特大构件的吊装工程、隧道施工中的喷锚工程等。为了保证其施工的工期和质量，有必要编制专门的施工组织设计。但是，编制这种特殊的施工组织设计，其开工与竣工的工期，要与总体施工组织设计一致。

② 对一些特殊条件下的施工，如严寒、雨季、沼泽地带和危险地区（如隧道中某段通过瓦斯地层的施工）等，需要采取一些特殊的技术措施，有必要为之专门编制施工组织设计，以保证施工进行和质量要求以及人员的安全。

③ 某些施工时间较长的项目，即跨越几个年度的项目，在编制指导性施工组织设计或实施性施工组织设计时，不可能准确地预见到之后年度里各种施工条件的变化，因而也不可能完全切实或详尽地进行施工安排。因此，需要对原定项目施工总设计在某一年进行进一步具体化或做相应的调整与修正。这时，就有必要编制年度的项目施工组织总设计，用以指导施工。

指导性项目施工组织设计是整个项目施工的龙头，是总体的规划。在这个指导文件规划下，再深入研究各个单位工程，从而制定实施性的施工组织设计和特殊的施工组织设计。在编制项目指导性施工组织设计时，可能对某些因素和条件未预见到，而这些因素或条件却是影响整个部署的。这就需要在编制了局部的施工设计组织后，有时还需要对全局性的指导性施工组织设计做必要的修正和调整。

1.1.3 铁路施工组织设计的内容

1.1.3.1 施工组织作业的工作内容

铁路基本建设作业的工作内容包括整个建设项目施工过程中的所有环节，主要由准备作业、辅助作业以及基本作业三部分组成。它们之间既有联系，又有区别。

（1）准备作业

准备作业是指线路施工必要的准备工作，即通常所说的施工准备，是指在施工前为了保证整个工程能按计划顺利实施，必须提前做好的各项必要的准备工作，它是施工程序中重要的环节，应保证其在基本作业施工之前全部完成。

准备作业的基本任务是调查研究各种相关工程施工的原始资料、施工条件以及业主要求等，全面合理地部署施工力量，从计划、技术、物资、资金、人力、设备、组织、现场以及外部施工环境等方面，为拟建工程的顺利施工建立一切必要的条件，并对施工中可能发生的各种变化做好应变准备。因此，所有的建设项目或单项工程，或者是其中的任何一个单位工程，甚至单位工程中的分部、分项工程，在开工之前都必须进行施工准备。施工准备工作是施工阶段的一个重要环节，也是施工管理的重要内容。

施工准备的工作内容通常包括技术准备、物资准备、劳动组织准备、施工现场准备等。根据工程施工对象的性质、规模不同，施工准备工作的内容和组成也不尽相同。施工准备工作的基本内容主要有两个方面：一是制定施工组织设计；二是在施工组织设计的指导下，进行施工条件的落实。

（2）辅助作业

辅助作业主要是指为铁路建设施工而修建的临时工程，包括混凝土搅拌站、钢筋加工厂、焊轨厂等。辅助作业应于基本作业开工前完成，也有部分与基本作业同时进行。在施工前应进行现场调查，现场调查工作完毕后，再整理好资料，并由调查组负责写出施工调查报告。由于全部辅助作业所占投资比重较大，因此，在保证基本作业施工的同时，应合理安排辅助作业，尽量减少其种类和数量。

铁路工程辅助作业的主要内容，按其使用性质可分为大型临时设施和过渡工程、临时房屋及小型临时设施两大类。临时工程的修建主要包括以下几类：

① 临时用房。临时用房通常由生产用房和生活用房两部分组成。生产用房主要包括机械电力房、工作车间、材料库房、车辆棚等；生活用房主要包括办公用房、职工宿舍、文化福利建筑等。临时用房的建筑面积可以根据工程的实际情况，参考铁路相关文件（指标）进行建设。

② 临时道路。一般利用既有道路进行施工，如无法满足施工要求，根据实际情况修建临时道路。

③ 铁路便线、岔线。铁路便线与岔线可分为临时通车便线、临时运料便线和临时岔线。修建时标准不需很高，但必须确保行车安全。便线的最大坡度为 15‰（困难地段 18‰），坡段最小长度 200m（困难地段 100m），最小曲线半径 300m（困难地段 200m），竖曲线半径 5000m，土质路基宽度 4.9m，轨道标准尽量与既有铁路相同。

④ 临时给水。临时工程给水用量包括生活用水、生产用水和消防用水。水的来源主要有地表水和地下水两种。工程用水在投入使用前必须进行水质检测。

⑤ 临时供电。临时供电负荷的计算有综合用电指标法和综合系数法。工程用电及费用可参照国家规定。

（3）基本作业

凡是为构成铁路工程本身建筑物而进行的施工作业，建成后作为固定资产移交的项目均为基本作业。铁路工程由于其管理的特殊性，它的基本作业大体可分为两大类：一类为关联作业，即必须按一定顺序或交叉进行施工，如修筑路基、桥梁、隧道、铺砟及路基加固等；另一类为彼此不关联或关联较少者，如房屋建筑、给水、通信设备的修建等。前者称为站前工程，后者称为站后工程。具体的组成和划分如下：

① 站前工程。站前工程主要包括路基（及其支挡结构）、桥梁、涵洞、隧道及明洞、轨道、站场建筑设备等。

② 站后工程。站后工程主要包括通信及信号、电力、电力牵引供电、房屋、运营生产设备及建筑物等。

1.1.3.2　施工组织设计的主要内容

（1）施工组织设计的组成

铁路施工组织设计一般由三部分组成。

① 文字说明，如编制依据、工程概况、现场施工组织及进度、主要项目施工方法、重点项目施工方法、各项保证措施（质量保证措施、技术保证措施、雨季施工保证措施、冬季施工保证措施、工期保证措施、安全保证措施、环境保护措施、廉政保证措施）等。

② 必要的图纸，如包括施工平面布置图、施工进度示意图、辅助工程的辅助设施设计图、现场组织机构图、网络计划图等。

③ 相关计划表，如临时用地计划表、临时用电计划表、主要施工机械表、试验及检测设备表、主要材料计划表、进度计划表等。

因为施工组织设计的任务和作用不同，需要编制不同内容的施工组织设计，因此，必须根据不同的工程项目特点和要求以及现有的施工条件等，从实际出发，决定各种生产要素的结合方式。所以，每个施工组织设计的具体内容，都会因工程项目的不同而有所差异。

（2）决策单位的施工组织设计

决策单位的施工组织设计主要包括预可行性研究、可行性研究等内容。通常情况下，为了节省时间，一般工程会将预可行性研究、可行性研究合并在一起进行。

可行性研究主要是制定施工组织的方案意见等内容，主要包括施工总工期，分段、分期施工安排的意见；施工区段（标段）划分意见；征地拆迁和移民安置意见；主要工程（指重点土石方地段、特大桥、高桥、长道、铺轨、铺砟等）和控制工程的施工方法、顺序、进度、工期及施工关键问题的措施意见；既有线施工与行车相互干扰的措施意见；包括改变运输组织的意见（如调整运行图、货物分流等）及安全措施；材料供应计划及运输方案；大型临时设施和过渡工程的设置意见及规模、标准和数量；主要工程数量，主要人工、材料、施工机械台班数量等。

施工组织方案比选的内容主要包括施工总工期，分段、分期施工安排的意见；铺轨及控制工程的施工进度与措施；改建铁路，解决施工与行车相互干扰的过渡方案；材料供应计划及运输方案；大型临时设施的设置、工程数量及费用；分年度完成的主要工程数量及投资划分；分年度主要人工、材料（三大材、轨料、梁）等。

（3）设计单位的施工组织设计

随着项目的推进，设计单位的施工组织设计主要集中在初步设计阶段编制较为详细的施工组织设计或施工组织计划。在施工图阶段，进行施工图预算或进行投资检算时，往往采用施工组织计划的相关成果，只对部分需要进行更改的内容进行局部调理，而不另行编制完整的施工组织设计；当然，也可以将修改部分纳入施工组织设计而形成新的施工组织设计或施工组织计划。其编制的主要内容如下：

① 施工总工期，分期、分段、分区间施工安排（包括施工顺序及进度）。

② 施工区段（标段）划分意见。

③ 征地拆迁、"三线"迁改和移民安置意见。

④ 控制工程和施工条件困难与特别复杂的工程所采取的措施。

⑤ 主要工程的施工方法、顺序、进度、工期及措施（包括土石方调配意见、重点土石方施工方法及重点取土场地点的选择）；施工准备工作（施工准备、砂石备料、临时设施等）与主要工程配合的措施及收尾配套工程的安排意见。

⑥ 材料供应计划及运输方法

a. 外来材料来源、运输方法及供应范围；

b. 当地材料的来源、生产规模、计划产量、运输方法及供应范围。

⑦ 大型临时设施和过渡工程

a. 铁路便线、便桥、岔线等的修建地点、标准及工程数量；

b. 大型临时辅助设施（包括材料厂、成品厂、轨节拼装场、存梁场、制梁场、路基填料集中场、混凝土拌和站、换装站、施工单位自采砂石场等）的设置地点、进度、规模及工程数量；

c. 临时电力、临时给水、临时通信、运输便道（包括渡口、码头、便桥等）的修建方案、修建地点、标准及工程数量；

d. 正式工程和临时工程的结合意见；

e. 改建铁路解决施工与行车相互干扰和维持通过能力的各项措施意见，过渡工程的修建规模、标准及数量；

f. 影响通航、公路交通等的工程，确定过渡工程（门洞等）的修建规模、标准及数量。

⑧ 主要工程数量和主要人工、材料、施工机械台班数量。

⑨ 分年度施工的主要工程数量及所需主要人工、材料、施工机械台班数量，分年度投资划分。

⑩ 单项工程施工组织设计主要内容包括施工场地的布置，材料供应方案，分部工程的施工顺序、进度、施工方法、措施意见以及有关注意事项等。

（4）施工单位的施工组织设计

① 施工单位施工组织的特点　施工单位各阶段编制的施工组织设计最大的特点是实施性，即使在投标施工组织设计中所提出的方案，也需考虑中标后的付诸实施。另外，此阶段编制施工组织设计时各种外界因素（如图纸、工期、施工资源、征地拆迁等）已基本确定，因此，施工单位的施工组织设计的特点可以用"现实、具体、深入、可行"来描述。

② 编制分工与审批权限

a. 投标施工组织设计由各级经营计划部门（投标小组）来编制，经主管经营的领导、决策人审批后，作为技术标书的主要内容之一。

b. 施工组织总设计，由总承包单位总经理组织有关部门制定与审查，批准成立后，上报下达，并指导中标工程总体施工。

c. 单项单位工程施工组织设计，由总经理部、项目经理部或项目工程队分管生产的项目经理或总工程师组织有关部门编制与审查，经批准成立后，上报下达，并指导本项工程施工。

d. 当工程大或复杂，涉及几个单位施工时，由上一级领导负责指定编制单位和参加编制单位，经负责编制单位组织会审，工程项目负责人批准成立后，上报下达，作为施工指导文件。分部分项工程施工组织设计由项目工程队编制，报上一级经理部门审批。

e. 凡通过邀请招标承揽的工程项目的施工组织设计，在本单位批准决定成立的同时还应根据招标文件要求提交建设单位或监理批准。

③ 实施与修正

a. 施工组织设计一经审查批准成立，各执行单位应维护施工组织的严肃性，保证其顺利实施，各执行单位要分年度向上级报告执行情况、存在的问题等。编制单位要对实施情况进行定期检查。

b. 如因投资、劳力、材料、设备及其他原因，情况发生变化，无法继续执行原施工组织设计时，可由编制单位调整修改。当客观条件改变，工期、投资有较大变动时，由编制单位全面调整，分管生产的领导审查批准后，上报下达有关单位执行。

c. 施工组织设计是编制月、旬作业计划的依据。在实施过程中，如有变化，可通过作业计划调整，但当基本条件有原则变化时，应由编制单位全面调整修改，经上级领导审查后执行。

d. 由两个以上单位配合施工的工程，其中一个单位要求调整修改施工组织设计时，由原编制单位主持修改，有关单位应积极配合。修改的施工组织设计按审批程序成立后，上报下达有关单位执行。

施工组织设计除了以上介绍的主要内容之外，也可以附加下列一些特殊的施工组织内容：

① 含"新技术、新工艺、新材料和新设备"部分的技术名称和简介、应用部位和范围、注意事项及采取措施、社会效益和经济效益等。

② 成本控制。含成本控制目标、降低成本的措施。

③ 风险防范。含项目施工风险、风险管理重点、风险防范措施、风险管理责任。

④ 总承包管理与协调。含总承包管理工作内容、管理计划、对各分包单位的管理措施与协调配合措施。

⑤ 工程创优计划及保障措施。含工程创优计划、创优组织机构、创优保证措施等。

1.1.4　铁路施工组织设计的管理

1.1.4.1　编制施工组织设计的注意事项

随着我国铁路建设事业的发展和经验总结，施工组织设计已得到各建设有关部门和单位的普遍重视。为了使施工组织设计起到组织和指导施工的作用，在编制施工组织设计时要注意以下几个问题：

① 编制时，必须对与施工有关的技术经济条件进行广泛和充分的调查研究，收集各方面的原始资料，必须广泛地征求有关单位群众的意见。

② 施工单位中标后，必须编制实施性的施工组织设计。

③ 对结构复杂、施工难度大以及采用新工艺和新技术的工程项目，要进行专业性的研究，必要时组织专门会议进行论证，邀请有经验的专业工程技术人员参加，挖掘专业知识，以便为施工组织设计的编制和实施打下坚实的群众基础。

④ 在施工组织设计编制过程中，要充分发挥各职能部门的作用，吸收他们参加编制和审定；充分利用施工企业的技术力量和管理能力，统筹安排、扬长避短，发挥施工企业的优势和水平，合理安排各工序间的立体交叉配合施工顺序。

⑤ 当施工组织设计的初稿完成后，要组织参加编制的人员及单位进行讨论，经逐项逐条地研究修改，最终形成正式文件，送有关部门审批。

1.1.4.2 施工组织设计的贯彻、检查和调整

（1）施工组织设计的贯彻

编制施工组织设计，给实施过程提供一个指导性文件，但在实际施工中，如何将设计变为实践，并且施工组织设计的经济效果如何，都必须通过实践验证。为了更好地指导施工实践活动，必须重视施工组织设计的贯彻与执行。在贯彻中要做好以下几个方面的工作：

① 做好施工组织设计的技术交底；

② 制定各项管理制度；

③ 实行技术经济承包责任制；

④ 搞好施工的统筹安排和综合平衡，组织连续施工；

⑤ 切实做好施工准备工作。

（2）施工组织设计的检查

施工组织设计的检查主要包括以下几方面：

① 任务落实及准备情况；

② 完成各项主要指标情况；

③ 施工现场布置合理性检查；

④ 安全、环保等措施及相关制度执行检查等。

（3）施工组织设计的调整

施工组织设计的调整就是通过检查后，将实际结果与计划内容进行比较，针对检查中发现的问题及时进行调整和处理，通过分析其原因，拟定改进措施和修订方案，对于实际进度偏离计划进度的情况，在分析其影响工期和后续工作的基础上，调整原计划以保证工期；对施工平面图中不合理的地方进行修正。通过调整和检查，使施工组织设计更切合实际，从而实现在新的施工条件下，达到施工组织设计的最优化目标。

1.2 铁路工程施工组织设计的编制方法

1.2.1 施工组织设计编制详述

1.2.1.1 施工组织设计的编制依据

不同的施工组织设计有着不同的编制依据，但其共同点是必须尽可能地拥有编制时的所有详细文件与资料，主要包括建设招标文件，设计文件，建设地区的资料调查，国家或业主

对工程工期的要求，上级批准施工组织设计及鉴定意见，现行的有关定额、指标以及施工总结等资料，施工单位的生产能力，有关技术标准、施工规范、操作规程等资料，相关协议、决定、合同、纪要以及上级文件等资料。

1.2.1.2　施工组织设计的编制原则

随着铁路工程管理理论的不断发展及管理水平的不断提高，施工组织设计的内容、内涵及外延的涉及范围越来越广，涉及内容也越来越多，相应地对编制者的专业水平要求也越来越高。同时，随着我国国民经济的发展，建设工程投资规模也越来越大，结构也越来越复杂，这更增加了施工组织设计的编制难度。但进行施工组织设计一般应遵守以下原则：严格执行基本建设程序；科学安排施工顺序；厉行节约、降低成本；尽量采用先进的施工方法和施工工艺，积极而慎重地采用新技术、新结构、新材料、新设备；采用网络计划技术组织连续均衡而有节奏的施工，保证人力、物力充分发挥作用；大力推行工厂、机械法施工；落实季节性施工措施，实现常年不间断施工；深入实际、深入群众，认真调查研究，做好施工方案比选；因地制宜，就地取材；支援工农业生产，节约用地，注意水土保持与环境保护。

1.2.1.3　施工组织设计的主要内容

施工方案、施工进度计划、资源需要量及其供应以及施工现场平面布置图是施工组织设计的主要内容，而施工方案是施工组织设计的核心，只有在确定了施工方案后，才能依次确定施工进度计划和资源需求。

（1）施工方案　它是施工组织设计的核心，是对施工技术与方法以及施工资源配置所进行的统筹规划。具体说来，包括施工方法、机具和施工顺序等内容的选择，从若干方案中选择一个切实可行的施工方案是编制施工组织设计首先要解决的问题，也是决定其他内容的基础。施工方案的优劣，在很大程度上决定了施工组织设计的质量和施工任务完成的好坏。

（2）施工进度计划　施工进度计划是施工组织设计的关键内容。进度计划是组织与控制整个工程进展的依据，是施工组织设计中关键的内容。因此，施工进度计划的编制要采用先进的组织方法（如立体交叉流水施工）、计划理论（如网络计划、横道图计划等）以及计算方法（如各项参数、资源量、评价指标计算等），综合平衡进度计划，规定施工的步骤和时间，以期达到各项资源在时间、空间上的合理利用，并满足既定的目标。施工进度计划包括划分施工过程、计算工程量、计算劳动量、确定工作天数和工人人数或机械台班数、编排进度计划表及检查与调整等多项工作。

（3）资源需要量及其供应　资源需要量是指施工过程中所必要消耗的各类资源的计划用量，它包括劳动力、材料、机械设备以及施工用水、电、动力、运输、仓储设施等的需要量，一般列表表示。各类资源是施工生产的物质基础，所以必须根据施工进度计划，按质量、品种、工种、型号等有条不紊地准备和供应。

（4）施工现场平面布置图　施工现场平面布置图是根据拟建项目各类工程的分布情况，对项目施工全过程所投入的各项资源（材料、构件、机械、运输、劳力等）和工人的生产、生活活动场地做出的统筹安排。通过施工现场平面布置图或总布置图的形式表达出来，它是施工组织设计在空间上的体现。因为施工场地是施工生产的必要条件，所以应合理安排施工现场，绘制施工现场平面布置图时应遵循方便、经济、高效、安全的原则，以确保施工顺利进行。

1.2.1.4　施工组织设计的主要环节

施工组织设计的编制根据工程类型的不同而有所差异，但其主要环节基本都包括以下几个方面：

① 计算工程量，拟定工程量清单。

② 选定重点或难点工程，确定施工方案。

③ 确定施工进度，计算资源需求。

④ 进行平面设计，平衡劳动力。

1.2.1.5 施工组织设计的编制方法

根据可行性研究阶段编制施工组织方案意见的方法，在批准的施工组织方案意见基础上，依据定测施工组织调查资料，优化、细化施工组织方案，对施工总工期进行必要调整，主要侧重以下内容：

① 施工区段的划分，应在考虑地形、工程量分布、控制工程的位置等因素后合理确定。

② 控制工程、施工条件困难和特别复杂的工程，应提出切实可行的措施和意见。

③ 主要工程应按路基、桥涵、隧道、铺架（包括架梁、铺轨、铺砟）、房屋、通信、信号、电力、电力牵引供电和其他运营生产设备及建筑物，逐项提出施工方法、顺序、进度、工期及措施。

④ 材料供应计划，主要确定材料来源、运输方法及供应范围。

⑤ 大型临时设施和过渡工程。

⑥ 根据分年度安排的工程数量，计算分年度人工、材料、施工机械台班数量以及分年度投资划分。

⑦ 施工组织进度示意图和施工总平面布置示意图，应根据定测资料和初步设计有关数据绘制。对单项工程施工组织设计工点，应绘制单项工程施工组织进度示意图。

1.2.2 施工方案

施工总体部署包括的内容很多，但概括起来主要有以下几项内容：①施工方法的确定；②施工机具的选择；③施工顺序的安排；④施工标段的划分。

其中，前两项属于施工方案中的技术内容，后两项属于施工方案中的组织内容，但由于技术与组织两方面的要求不同，先后顺序是可以调整的。技术方面是施工方案的基础，但它同时又必须满足组织方面的要求；施工的组织影响施工的技术，同时也会将整个的施工方案同进度计划联系起来，从而反映进度计划对于施工方案的指导作用，这两方面是互相联系而又互相制约着的。所以，施工技术组织措施也就成为施工方案各项内容中必不可少的延续和补充，也成为施工方案的有机组成部分。

1.2.2.1 施工方案的选择

施工方案的选择是施工组织设计中最重要的环节之一，它是决定整个工程全局的关键。因为施工方案一经决定，则整个工程施工的进程、人力、机械的需要和布置、工程质量及施工安全、工程成本、现场的状况等也就随之被确定下来。施工组织的各个方面都与施工方案有分不开的联系。施工方案的优劣，在很大程度上决定了施工组织设计的质量和施工任务完成的好坏。施工方案的基本要求是切实可行，满足工期，确保质量与安全，施工费用最低。

1.2.2.2 施工方法的确定

各个施工过程可以采用各种不同的方法进行施工，而每一种方法都有各自的优点和缺点，因此，确定施工方法的主要任务就在于从多个能够实施的施工方法中，选择适合于本工程的最先进、最合理、最经济的施工方法，从而达到降低工程成本和提高劳动生产率的效果。

施工方法的确定取决于工程特点、工期要求、外部环境等因素，所以，各种不同类型工程的施工方法有很大差异。对于同一种工程，其施工作业方法也有多种可供选择，所以，必须进行多种方案比选。

（1）方案比选应遵守的主要原则

① 统筹兼顾，全面安排，突出重点，照顾一般，解决需要与可能的矛盾；

② 合理利用顺序、平行、流水作业的优点，运用网络计划进行方案优化；

③ 合理调配劳动力、材料及机具设备，做到综合平衡、均衡生产；

④ 集中力量打歼灭战，做到修一段、通一段、用一段；

⑤ 采取有效措施，做到常年不间断施工，避免因劳动力大上、大下、停工、窝工等而造成的损失。

（2）方案比选的内容

不必将全部内容进行比选，只需对路基土石方、桥隧建筑物、铁路正线铺轨和铺砟等主要工程对象进行方案比选即可。方案比选一般应包括以下内容：

① 施工总期限及分期、分段施工安排的期限；

② 重点工程及控制工期工程的施工进度与措施；

③ 改建工程中，解决施工与行车相互干扰的方案；

④ 大型临时设施或过渡工程数量和费用；

⑤ 材料供应运输方案及运输费用；

⑥ 所需劳动力、材料、成品、施工机具的数量；

⑦ 工程造价是否经济合理和技术上是否可行的意见等。

1.2.2.3　施工机具的选择

施工方法一经确定，其机具的选择就应以满足它的需求为基本依据。但是，在现代化的施工条件下，机械化程度越来越高，许多时候是以选择施工机具为主来确定施工方法的，所以施工机具的选择往往成为主要的问题。因此，在选择施工机具时，应注意以下几点：

① 只能在现有的或可能获得的机械中进行选择；

② 所选择的机具必须满足施工的需要，但又要避免"大机小用"；

③ 选择机具时，要考虑互相配套，充分发挥主机的作用；

④ 在选择施工机具时，必须从全局出发，不仅要考虑在本工程或某分部工程施工中是否可以使用，还要考虑在同一现场其他工程或其他分部分项工程中是否也可以使用。

1.2.2.4　施工顺序的安排

施工顺序虽然不是一成不变的，但它也有一定的规律可循，要紧紧抓住决定施工顺序的基本因素，仔细分析各种不同施工顺序的前提条件和实施效果，作出最佳的施工顺序安排。

（1）安排施工顺序的原则

① 必须符合工艺的要求；

② 必须使施工顺序与施工方法、施工机具相协调；

③ 必须考虑施工的质量要求；

④ 必须考虑水文、地质、气候等的影响；

⑤ 必须考虑影响全局关键工程的合理施工顺序；

⑥ 必须遵从合理组织施工过程的基本原则；

⑦ 必须考虑安全生产的要求；

⑧ 应能使工期最短。

（2）施工顺序原则要求

在安排施工顺序时，首先要考虑施工队伍劳动力及主要机具、设备的转用，均衡生产、分期投资等因素。因此，应在总工期许可的范围内，分期分批施工。首先对节点工程（重点土石方、特大桥等）安排好施工顺序，然后再考虑一般工程。控制全线总工期的重点工程应先开工，必要时提前准备，提前开工；铁路邻近铺轨起点的工程也应首先开工，以保证铺轨循序向前推进。

① 施工准备　它是为施工创造条件，争取早日开展施工的一项重要工作，应从组织上、技术上、物资上全面规划，配备足够的力量，留有足够的时间，与基本工程配合，分批进行。施工准备应做到运输道路、电力、通信线路的尽快贯通。临时房屋、施工供水及工作场地等修建齐备，起到密切配合施工需要的作用，施工准备的时间一般为 1～2 个月。

② 路基工程　包括路基、路堤及与其有关的附属物等工程。每一施工区段准备工作完成后即可开工，亦可与小桥、涵洞同时开工，但竣工应落后于桥涵工程，并在铺轨前 10～15 天完成，以便进行复核水平、复测定线、整修路基面及边坡以及正线上铺底砟等工作。土石方工程与各项工程的施工都有关联，因此，必须相互配合、相互利用，减少干扰，降低费用，以保证施工质量。如路基填方，除应充分利用路堑挖方移挖作填外，也应尽量利用隧道弃渣，改河、改沟、改移道路、修建运输道路等弃方；桥涵等基础的大量挖方回填后有剩余者，也应考虑利用。同时路基的挖方弃土，亦可利用作为便线、便道、桥涵缺口、岔线等工程的填料。一般在隧道口的路堑应尽量提前施工，为隧道施工提前进洞创造有利条件，路堤配合隧道施工，最好与隧道统一管理。桥梁地段的土石方工程，如爆破开挖，对建筑物有影响者最好提前施工。站场范围内的土石方工程如数量过大，需火车运输，当采用大型机械施工，对工程列车或临时运营没有影响时，亦可考虑于铺轨后完成。

③ 桥涵工程　在土石方开竣工期限确定的基础上，根据基础类型及机具转用、材料运输等问题，同时应考虑季节原因，安排桥梁工程的开竣工期限及流水作业。一般应在路基土石方完工前 0.5～1.5 个月完工，以便有充分的时间，做好锥体护坡填土、桥头填土及洞顶部填土等工作。同时考虑混凝土及砌筑圬工的强度达到设计要求所需的时间，特殊情况尚需具体计算后确定。小桥涵的开工一般应安排在路基土石方之前，也可同时开工；必须在洪水期施工的桥梁工程，应采取一定措施，保证施工安全顺利地开展。桥、隧相连地段，应结合具体情况研究路基、桥梁、隧道施工顺序，注意石方爆破、隧道弃渣的干扰，石方的利用，施工场地的安排等因素。一般可先安排桥，待其基础圬工砌出地面后再进行路基施工。砌好的墩台，应避开爆破的影响，必要时可覆盖防护。有时因地形陡峻，施工场地布置困难，桥头、洞口的路基先施工，以便堆置料具及开辟施工场地。路堑弃渣应避免堆置于桥墩台基础附近，避免影响基础施工。

④ 隧道工程　长大隧道或隧道群地段，应提前施工并与隧道口的桥涵工程密切配合。一般应在桥基或涵洞完工后开工，在铺轨前 2～3 个月完工，以便有充分的时间进行检查整修、整体道床施工、场地清理等工作。一端洞口地形险陡，便道引入困难，另一端路基填土借土困难，在工期允许的条件下，可以考虑单口施工、一端出砟。短隧道有时为了配合长隧道的出砟和解决路基的填料问题，可以考虑提前打通，利用其作为运输通道，解决施工困难。

⑤ 轨道工程　应在土石方完工后半个月开始铺轨。一般正、站线铺轨可分别进行，也可同时进行，但在正线铺轨时尚应考虑包括站线的一股道及两副道，以便铺轨及运料列车的利用，而其他站线则可利用架桥间隙铺设。

⑥ 铺砟工程　应事先落实砟源及运输方案。若控制工期，则需采取措施，优先安排铺砟进度线，然后再考虑铺轨方案。铺第一层道砟后，必须经过充分的碾压后才能铺设第二层道砟，一般必须通过 50 对列车的碾压。

⑦ 铁路站后工程　站后工程施工安排，根据项目建设单位的统一安排，应配合通车需要或铺轨进度逐步完成，并在交付使用前 1～2 个月全部完成。

⑧ 结束工作　结束工作主要是指最后一层面砟铺完到正式交付使用的收尾工作，包括

线路沉降整修、交接验收工作等，一般应有 1～2 个月时间。

（3）铁路铺轨方案

① 铺轨方案与各类工程施工的关系　铺轨必须在总工期内进行。全线铺通后要预留一段时间，作为站后配套工程施工和进行验收交接工作。考虑铺轨作业时，首先要考虑控制工期的关键工程，要集中人力、物力和机械，以确保工程按期完工。在不能连续铺轨时，可先铺轨到关键工程附近，待完成关键工程后再继续铺轨。也可采取便线绕行，待关键工程完工后，再转入正线铺轨。对一般路基、桥涵、隧道，应在铺轨前完工。房建、给排水以及电气化预埋构件等部分站后工程，可与线下工程同时施工。

② 铺轨方案的确定　对于新建铁路干线，因线路较长，多采用分期施工、分段铺轨。铺轨的起始点要考虑铺架基地和接轨站的位置，而终点一般安排在编组站或区段站，便于机车作业。如果由接轨站向终点站单向铺架时，必须考虑满足总工期和分段工期的要求，同时又要考虑铺架基地的位置和规模。另外，当两端均与既有线接轨或在线路中间与现有线接轨时，可采用从两端或多头铺轨的方法，但应考虑轨料供应、储存及轨节拼装场等各方面的条件。

1.2.2.5　施工标段的划分

（1）划分的范围

标段划分，不仅是概算编制单元的主要依据，同时也涉及招标投标的系列工作、区段或管段划分，涉及施工单位的施工计划与任务的安排。因此，标段划分必须审慎、全面地进行调查研究和分析。

（2）划分的原则

① 根据沿线工程分布、工程量大小，结合施工单位劳动力、机具配备情况来考虑。

② 最好与地方行政区划分相结合，考虑省、市、自治区、县所辖范围。

③ 控制工期的重点工程及地段可单独划为一个区段。

④ 从全线及总工期全面考虑，各标段的工作任务要平衡，工程量要饱满。

⑤ 考虑不同地区工资的划分，便于概算的编制与调整、成本分析、指标统计。

（3）划分时应注意的事项

① 应考虑土石方调配中废渣的利用。

② 对长大干线和既有线技术改造，应考虑铁路局的管辖范围。

③ 在线路展线中还应考虑相互之间施工干扰的因素。

④ 一般不应在桥隧建筑物中间、车站内、高填方中间及曲线上分界，最好在直线地段填挖交界处划分。

⑤ 通常以独立施工的单位工程为界。

⑥ 具体划分时，应考虑各项目作业队伍的工作平衡、施工中的总体性、管理上的合理性等因素，不可硬性划分。

1.2.3　施工进度计划的编排

1.2.3.1　施工进度计划的作用

施工进度计划是根据施工部署，对整个工地上的各项工作在时间上进行安排，是控制工程施工进度和工程竣工期限等各项施工活动的依据，施工组织工作中的其他有关问题都要服从进度计划的要求，如计划部门提出的月、旬作业计划，平衡劳动力计划；材料部门调配材料、构件；设备部门安排施工机具的调度；财务部门的用款计划等；它们均需以施工进度为基础。

施工进度计划不仅反映了工程从施工准备工作开始，直到工程竣工为止的全部施工过程，同时也反映了工程建筑与安装的配合关系，分部工程及工序之间的衔接关系。所以，施工进度计划有助于管理部门抓住关键，统筹全局，合理布置人力、物力，正确指导施工生产活动的顺利进行；有利于施工队伍明确目标，更好地发挥主动精神；有利于施工企业内部及时配合，协同作战。

1.2.3.2 施工进度计划的编制步骤

施工进度计划是根据工程的全部施工图纸及有关资料，以及合同规定的开竣工日期、主要工程的施工方案、劳动定额和机械使用定额、劳动力及机械设备供应情况等编制的。其具体编制程序如下：

（1）划分施工项目，确定施工方法

在编制单位工程施工进度计划时，首先将施工项目划分为细目，即划分为若干种工序、操作，并填入相应的栏内。划分时应注意：

① 划分施工项目应与施工方法相一致，使进度计划能够完全符合施工实际进展情况，真正起到指导施工的作用。

② 划分施工项目的粗细程度一般要按施工定额（施工图阶段按预算定额）的细目和子目来填列，这样既简明清晰，又便于查定额计算。

③ 施工项目在进度计划表内填写时，应按工程的施工顺序排列（指横道图），而且应首先安排好主导工程。

④ 施工项目的划分一定要结合工程结构自身特点分项填列，不可漏填，以免影响进度计划的准确性。

选择施工方法首先要考虑工程的特点和机具的性能，其次要考虑施工单位所具有的机具条件和技术状况，最后还要考虑技术操作上的合理性。另外，确定施工方法后，还应根据具体条件选择最先进合理的施工组织方法。

（2）计算工程量与劳动量

根据编制对象的全部项目内容拟定工程数量清单，或核算已有工程量清单中的工程量。子项目划分的粗细应根据施工组织的种类来决定，应突出主要项目，一些附属、辅助工程，小型工程及临时建筑物可以合并。计算各子项目工程量的目的是为了正确选择施工方案和主要的施工机械，计算各项资源的需要量。因此工程量计算只需粗略计算，可按初步（或扩大初步）设计图纸并根据各种定额手册进行计算。常用的定额、资料有以下几种：

① 概算指标和扩大结构定额。这两种定额分别按建筑物的结构类型、跨度、层数、高度等分类，给出相应的劳动力和主要材料消耗指标。

② 万元或十万元投资工程量、劳动力及材料消耗扩大指标。这种定额规定了某一种结构类型建筑，每万元或十万元投资中劳动力、主要材料等消耗数量。

③ 标准设计或已建的同类型建筑物、构筑物的资料。在缺乏上述相关定额手册的情况下，可采用标准设计或已建成的类似工程实际所消耗的劳动力及材料加以类推，按比例估算。但是，由于和在建工程完全相同的已建工程是没有的，因此在采用已建工程资料时，一般都要进行换算调整。这种消耗指标都是各单位多年积累的经验数字，实际工作中常用这种方法估算。

（3）确定各建筑物或构筑物的施工期限

建筑物或构筑物的施工期限，应根据合同工期、施工单位的施工技术力量及管理水平、施工项目的建筑结构特征及建筑面积或体积大小、现场施工条件、施工人员、资金与材料供应等情况综合确定。

① 确定各建筑物或构筑物的开竣工时间和相互衔接关系 在施工部署中已确定了总的

施工期限、总的展开程序，再通过上面对各建筑物或构筑物的施工期限（即工期）进行分析确定后，就可以进一步安排各建筑物或构筑物的开竣工时间和相互搭接关系及时间。在安排各项工程搭接施工时间和开竣工时间时，应考虑下列因素：

a. 同一时间进行的项目不宜过多，以避免人力物力分散。

b. 安排施工进度时，应尽量使各工种施工人员、施工机械在全工地内连续施工，尽量组织流水施工，从而实现人力、材料和施工机械的综合平衡。

c. 要考虑特殊季节影响，以减少施工措施费。如一般大规模土方和深基础施工应避开雨季，水中桥墩要避开洪水季节，大批量的现浇混凝土工程应避开冬季。

d. 结合网络图和进度垂直图进行，以使施工连续均衡。

② 安排施工进度　施工总进度计划可以用横道图表达，也可以用网络图表达。施工总进度计划起到的是控制性作用，因此不应过细。若把计划编得过细，由于在实施过程中情况复杂多变，调整计划反而不便。当用横道图表达总进度计划时，项目的排列可按施工总体方案所确定的工程开展程序排列。横道图上应表达出各施工项目的开竣工时间及其施工持续时间。施工总进度计划表绘制完后，应对其进行检查。

（4）施工进度图的绘制

在绘制施工进度示意图时要特别注意以下几个问题：

① 严格遵守施工期限，合理安排，留有机动时间；

② 分清工程主次，统筹兼顾，保证主体工程和关键工程按期完成，其他工程要为关键工程创造有利条件，并同步完成；

③ 按施工方案确定的施工顺序，均衡地安排好辅助工程的施工时间，做到人力、物力、财力合理利用，求取最大经济效益；

④ 重视各项准备工作，使施工进度建立在可行的基础上；

⑤ 尽可能使各项工程在有利的条件下进行，避免冬季、雨季、夏季产生的不利于施工的影响因素，并采取措施全天作业。

1.2.4　资源需求量的计算

准确的资源需求量计算，是高水平施工组织设计的基本要求，也是施工方案和进度计划合理和恰当的基础，一般应满足下列原则：

① 资源估测要最大限度地接近企业当时当地承揽工程的实际需要；

② 可通过网络计划进行资源分配与平衡；

③ 要考虑本企业当时既有的机械化程度；

④ 参照企业历年的工作效率水平、工人的基本素质和最大可能发挥的操作水平；

⑤ 考虑工程自身的难易程度、工期要求、工程特点等；

⑥ 注重主要工程、关键工序，确保重点，兼顾一般；

⑦ 准确计算主要资源，合理估测一般资源；

⑧ 尽可能采用企业定额，尤其是企业施工定额。

1.2.4.1　劳动力计算

劳动力数量的确定，是安排施工、绘制施工进度图、计算工人数、估算临时房屋、检算施工组织安排合理性的基础。因此，要正确计算劳动力数量，须从下列几个方面来考虑。

（1）现场施工人员的组成

我国基建工程项目管理模式主要有项目总承包、施工总承包、单项或阶段性项目管理。不同的管理模式，其现场人员不仅组成不一样，而且所占比例也各不相同。但施工总承包单位通常由生产人员、管理人员、服务人员、其他（如病、事假）人员、临时劳动力等组成。

（2）定额手册中劳动定额包含的内容

劳动定额也可以称为人工定额、工时定额或工日定额，它反映了建筑安装工人劳动生产率的平均先进水平，不仅体现了劳动与产品之间的相互关系，而且还体现了劳动配备与组织之间的关系，它是计算完成单位合格产品或单位工程量所需人工数的依据。

（3）正确处理定额水平

定额水平是对一个企业在一定时期内，在一定的物质技术条件下，对生产技术水平、劳动生产率水平和职工的管理水平的综合反映。企业要根据自身的情况，制定符合自身水平的企业定额，才能为施工组织设计提供准确的数据。

（4）劳动力计算

通过以上分析，在计算劳动力时，我们所依据的依然是定额，但要对所计算的结果进行校正、分析和处理，而最基本的是先计算各分部分项工程的基本劳动力。

① 计算分部分项工程劳动力　分部分项工程劳动力是完成基本工程所需的劳动力（包括工地小搬运及备料、运输等劳动力），除备料运输劳动力需另行计算外，其余均可根据定额计算，无论当时当地采用何种定额，都能较为准确地计算出劳动力，但应注意正确处理相关系数。

施工劳动力的需要量可按下式计算：

$$P = \frac{W_r q}{T_z} S_1 S_2 S_3 S_4 \tag{1-1}$$

式中　P——相关工程劳动力，人；

W_r——工程数量；

q——工程劳动定额；

S_1——不同定额之间的幅度差；

S_2——不同时间之间的定额幅度差；

S_3——企业定额与统一定额的幅度差；

S_4——不可预见因素的修正系数；

T_z——日历施工期内的实际工作天数（按 8h 计）。

T_z 等于日历天数 T_e 乘以工作日系数 ｛除去工作日和国家法定假日，即 ［365－104－10（或 29）］/（12×30）＝0.7（或 0.6）｝，再乘以气候影响系数 K、出勤率 c 及作业班次 n，即

$$T_z = T_e \times 0.7（或 0.6）Kcn \tag{1-2}$$

② 计算定额未包括人员　定额未包括人员主要有材料采购及保管人员，材料到达工地以前的搬运、装卸等人员，驾驶施工机械、运输工具的司机及养护维修等人员，由管理费支付工资的人员。具体方法如下：

a. 施工干扰增加劳动力。根据有干扰的工程及不同行车对数的劳动定额增加的百分比，分别计算；可以把增加的劳动定额放到单项定额内，也可以使用统一定额计算后，另计增加部分。

b. 机械台班中的劳动力。该项劳动力及司机人数，随着机械化程度而变，可按各类机械台班总量乘以台班劳动定额求得，也可以按机械配备数量，根据各种机械特点，配备司机人数。根据以往经验资料，该项劳动力占基本劳动力的 4%～7%。

c. 备料、运输劳动力。此项劳动力随着圬工数量的多少而变化，并随着机械化、工厂化水平的不断发展而减少。为了简化计算工作，各企业应自己统计约占基本工程劳动力的百分比（如 20%～30%），或根据项目特点，对外发包。

d. 管理及服务人员。可按项目定员估算，一般为基本劳动力的 15%～25%，项目越大，

所占比例越小。

（5）绘制时标网络计划，统计劳动力数量

当分部分项工程劳动力求出后，便对其分析统计，得出相应单位或单项工程的劳动力数量，进而再分析统计出工程项目所需劳动力数量。该方法是根据施工组织设计所拟订的方案绘制时标网络计划，并按工期一定、资源均衡的原则进行优化与调整。即在工期不变的情况下使劳动力分配尽量均衡，力求每天的劳动力需求量基本接近平均值。只有按这种方法对劳动力进行配备，才不会造成现场的劳动力短缺，也不会形成窝工现象。

（6）综合估算

直接参加施工的劳动力工作天数，可按定额或综合指标估算，编制施工组织总设计。当时间紧或要求不高时，也可采用劳动力指标进行估算，劳动力指标是本企业在实际施工过程中总结积累出来的，也可根据定额计算后综合扩大，再结合本企业实际进行编写。

1.2.4.2　主要材料计算

（1）内容

它包括各类工程（施工准备、基本工程、辅助工程等）的主要材料、成品、半成品等。

（2）计算方法

① 主要材料和特种材料　材料的计算可用定额估算，部分材料也可直接通过图纸进行统计，材料计算最准确的方法就是用设计图纸逐项进行计算，所以施工组织设计中有条件用设计图纸时，尽量通过图纸计算。但三种主要材料（钢材、水泥、砂石料）和特种材料（如防水剂、铁路道砟等）不宜用定额估算，需要通过图纸计算得出，方法如下：

a. 钢材：数量大，单价高，是材料计算的重点，可根据设计图纸所提供的数据逐项分类进行统计，至分类点数量得出后，再根据损耗定额计算损耗量。净用量加损耗量即为所需数量。

b. 水泥：可先计算圬工总量，再按基本定额计算水泥用量。

c. 砂石料：首先将已统计的圬工方中所需砂石算出，再统计非圬工方所用砂石数量，二者相加即为所求。

d. 特种材料：据设计图统计或计算相加即得。

e. 工地成品厂预制的成品、半成品，应计列原材料数量。外购的成品、半成品，则仅计其不同品种的数量。

f. 利用本建设项目拆除或开挖出来的材料，另行列表，注明来源、数量。

g. 大型临时设施和过渡工程的用料，应考虑周转倒用等情况计列数量，并加以说明。

② 一般通用材料　当无法根据设计图计算材料时，或对于资源计算中一般通用性材料（如木材、火工品、工具用料等）的计算，只能根据定额或综合指标计算，分别汇总。另外，因材料项目繁多，不必逐一计列，仅列其主要者即可。但应注意下列各点：

a. 工地成品厂预制的成品、半成品，应计列原材料数量，并注明预制品的品名、数量。

b. 利用本建设项目拆除或开挖出来的材料，另行列表，并注明来源及数量。

c. 周转料（如脚手架、木模板、钢模板等），按定额计算。

d. 大型临时辅助建筑物和过渡工程的用料，应考虑周转调用、折旧等情况计列数量，并应加注说明。

e. 临时房屋及小型临时设施，可按临时房屋及小型临时设施的概算总额以"万元三材指标"计算。

f. 采用定额时，同样要考虑不同定额、不同时间、不同企业的幅度差问题，方法与劳动力计算相似。

1.2.4.3 施工机具数量计算

在施工组织设计中，机具数量的计算许多人往往依赖于定额，而实践证明，运用定额计算施工机械远较计算劳动力困难，因为工程机械很难保证满负荷工作状态，其用途也很单一。同时，机械的工作效率还取决于操作人员，因此，主要施工机具需要量的计算可由下列几种方法综合完成。

（1）按项目法管理定作业队

现在的工程施工，大多以项目法施工为主，而机械设备的管理往往以作业队为单位的配备，不同工种的作业队有其不同的配备，同样作业队因其任务不同，配备也有不同，在具体计算时，可按流水作业线安排相应的作业队并计算其队数，然后对各种作业队的各项目进行机械配备。

（2）以工程项目定机械种类

确定工程项目之后，便可根据工程项目确定相应的机械类型，这时的机械配备还只是进行种类的配备，例如路基土石方需要推土机、挖掘机、自卸汽车、铲运机等；桥涵施工需要拌和机、振捣器、抽水机、卷扬机、电焊机等；隧道施工需要空压机、锻钎机、装砟机、电瓶车等。这些机械设备的配备由施工方案确定，但配备情况反过来又制约施工方案，因为机械的配备除考虑工程需要外，还要考虑本单位的既有情况，即尽可能用既有机械解决工程问题，确实需要时才考虑新购。

（3）以工程数量定机械数量

机械数量的确定一般通过下列两种方法完成，施工机具全线汇总后，可能会产生专业队间的相互调拨、拆装、运转等因素，一般可考虑增加10%以上的备用量。

① 按使用需要配备：有的施工机械按定额计算需要量很少，但施工工艺要求配备或局部工点需要配备。

② 可用定额计算的机械（如路基土石方作业机械、混凝土机械等），用定额计算其数量。

1.2.4.4 资源的表达方式

当资源需求计算完成后，需要通过适当的方式在施工组织设计中表达，以便阅读。通常人工数量可通过文字叙述、列表明确或在进度图的劳动力曲线中表达，而机械设备表及材料表是施工组织设计"两表"中的主要内容，要求按照不同的用途、不同的型号、不同的来源列表表达清楚。

1.2.5 施工现场平面布置图的设计与绘制

1.2.5.1 绘制目的及作用

施工现场平面布置图是施工过程空间组织的具体体现，它是根据施工过程空间组织的原则，对施工过程所需的工艺路线、施工设备、原材料堆放、动力供应、场内运输、半成品生产、仓库、料场、生活设施等进行空间的特别是平面的科学规划与设计，并以平面图的形式表达。

施工平面布置图将线路通过地区或工点附近范围内的施工现场情况及研究确定的主要施工布置反映在图纸上，便于了解线路地区内的工程分布、材料产地、交通运输情况，拟修建便道、既有线路、便线、施工基地、厂矿企业位置，供水、供电方案以及施工区段、行政区段划分等情况，并为施工组织设计、材料供应计划提供资料，便于企业领导及相关工程技术人员有效地安排和指导施工。

1.2.5.2 绘制依据、设计原则和设计步骤

（1）绘制依据

① 工程平面图；

② 施工进度和主要施工方案；

③ 各种材料、半成品的供应计划和运输方式；

④ 各类临时设施的性质、形式、面积和尺寸；

⑤ 各加工车间、场地规模和设备数量；

⑥ 水系资料、电力线路资料；

⑦ 其他有关的设计资料。

（2）设计原则

施工平面布置是一项综合性的规划工程，很大程度上取决于施工现场的具体条件。它涉及的因素很广，不可能轻易获得令人满意的结果，所以，必须通过方案的比较和必要的计算与分析才能决定。一般施工平面图规划设计应遵循下列原则：

① 在保证施工顺利的前提下，尽量少占用农田、森林、草原并考虑洪水、风向等自然因素的影响，所有临时性建筑和运输线路的布置，必须便于为基本工作服务，并不得妨碍地面和地下建筑物的施工。

② 将材料直接运达工地，减少二次搬运和场内的搬运距离，并将笨重的和大型的预制件或材料设置在使用点附近，所有货物的运输量和起重量必须减至最小。

③ 工厂等附属企业基地应尽可能设在原料产地或运输集汇点（如车站、码头）。

④ 所属企业内部的布置应以生产工艺流程为依据，并有利于生产的连续性。

⑤ 符合安保和消防的要求，同时要考虑避免自然灾害（山洪、泥石流等）的措施。

⑥ 施工管理机构的位置必须有利于全面指挥，生活设施要考虑工人的休息和文化生活。

⑦ 工地布置应与施工进度、施工方法、工艺流程和机械设备相适应。

⑧ 绘制之前，根据线路走向和地区交通网，先在一个总的轮廓布置，使图表位置安排均匀适当。

⑨ 图幅大小随线路长度及包括内容而定。以清晰匀称为度，一般长度不宜超过 1.0m。

（3）设计步骤

① 综合分析有关调查资料；

② 合理确定起重、吊装及运输机械的布置（它直接影响仓库料场半成品制备场的位置和水、电线路以及道路的布置）；

③ 确定混凝土、沥青混凝土搅拌站的位置；

④ 考虑各种材料、半成品的合理堆放；

⑤ 布置水、电线路；

⑥ 确定各临时设施的平面位置及尺寸；

⑦ 决定临时道路位置、长度和标准。

1.2.5.3　绘制类型及主要内容

（1）施工总平面图

施工总平面图是以整个工程为对象的施工平面布置方案，通常应包括以下内容：

① 原有河流、居民点、交通路线（公路、铁路、大车道等）、车站、码头、通信、运输点等及工地附近与施工有关的建筑物。拟修便线、便道、便桥等的位置及各种交通线路。

② 线路平面缩图及主要城镇位置。

③ 施工用地红线范围和重点工程位置及其中心里程、长度、孔跨以及重点取、弃土场的位置；车站位置及其中心里程；公路沿线里程的大中桥、隧道、渡口、交叉口、集中土石方等的位置；道班房、加油站等运输管理服务建筑物位置。

④ 将施工组织设计的成果，如取土场、附属工厂和基地、仓库、临时动力站（如抽水

站、发电所、供热站等）、电源线路、变压器位置以及大型机械设备的停放、维修场直接标在图上。

⑤ 其他与施工有关的内容，如地质不良地段、国家测量标志、气象台、水文站、防洪、防风、防火、安全设施等需要表示的内容。

⑥ 施工区段划分及施工管理机构，如工程局、工程处、施工队及工程指挥系统的驻地。

⑦ 省、县界位置。

⑧ 既有线技术改造和增建第二线的项目，应标明设计线与既有线的关系。

⑨ 复杂的展线地段及站场改建，同时可以附放大的平面示意图。

⑩ 图例、附注等。

（2）单项工程、分部分项工程施工平面图

该类平面图的布置有两种情况，一种是在施工总平面图的把控下进行布置；一种是以施工总平面图为依据，即基本上按照施工总平面有关内容进行布置，但不论哪一种情况都应比施工总平面图更加深入、更加具体。

① 重点工程施工场地布置图。一般说来，大桥、隧道、立交枢纽等都是重点工程，其施工场地布置图应在有等高线的地形图上按比例绘制。图上应详细给出施工现场、辅助生产生活等区域的布置情况，给出原有地物情况。

② 其他单项局部平面布置图。对于大型项目，施工周期较长，管理工作量较大，所以附属、辅助企业多，必要时应绘制其他的平面布置图。这类图主要有以下几种：

a. 沿线砂石料场平面布置图；

b. 大型附属企业如沥青混合料拌和厂、预制构件厂、主要材料加工厂（木工厂、机修厂）等平面布置图；

c. 临时供水、供电、供热基地及管线分布平面图；

d. 主要施工管理机构的平面布置图等。

1.3 铁路主要单项工程施工组织设计

1.3.1 路基工程施工组织设计

路基是以土石材料为主体结构建造的一种建筑物，它与桥涵、隧道、轨道或路面等组成铁路的整体。在铁路工程建设中，路基土石方工程所占比重较大，必须合理组织。主要做好如下工作：

① 合理确定工期　路基工程施工的工期，应按照全线指导性施工组织设计及承发包合同规定的工期完成，必须在铺轨前给路基填土留有一个自然沉降的过程。

② 精心安排土石方调配　铁路设计规范规定："路基土石方调配，应移挖作填，减少施工方，节约用地。"具体的调配原则包括施工方最少、节约用地、保护环境、技术经济保障等。

③ 计算施工机械用量及有关人员数量　根据施工地点的实际情况，确定净工作日，即施工工期内要除去法定节假日，预计雨雪天数和严寒季节影响的天数。

④ 路基附属工程的施工安排　路基附属物应根据与路基主体的关系，来确定其施工顺序，例如天沟要在路堑开挖之前施工；路肩挡墙要配合土石方工程的进度平行作业；路堑开挖工程视地质条件而定，地质条件好的可安排在土石方工程基本完工后施工，地质条件差的要避开雨季，随挖随砌；抗滑桩建筑物要安排在土石方工程之前施工；侧沟安排在土石方工

程完成后施工；植树种草安排在土石方工程完工后，适时种植。

⑤ 土石方工程的排水　填方地段，应先做正式排水工程施工，当时间紧迫来不及修正式排水工程时，可以利用做临时排水设施过渡。站场路基工程中的小桥涵，应提前施工，并考虑临时排水措施。

1.3.2　桥涵工程施工组织设计

（1）桥涵工程施工的特点

① 桥涵工程类型多。从桥跨结构上说，有简支梁桥、连续梁桥、斜腿刚构桥、斜拉桥、框架桥、拱桥、悬桥、组合体系桥等。桥跨结构又分钢筋混凝土梁、预应力钢筋混凝土梁、钢板梁、钢桁梁、系杆拱、石砌拱等。桥梁基础有明挖、挖井、挖孔柱、钻孔柱、沉井、管柱等。通渠有明渠、圆管涵、盖板涵、矩形涵、拱涵、渡槽、倒虹吸管等。随着科技的进步、机械化程度的提高，将不断设计出新的桥梁、涵渠。不同类型的桥涵，施工方法各不相同。

② 施工技术复杂。由于桥涵种类较多，并且桥涵工程多在野外施工，受地形、地质、水文、气候的制约，施工复杂、难度大，特别是深水桥基础的施工，常会遇到不良地质，给施工带来很大困难。另外架梁采用悬拼、悬浇、顶推等新方法，施工技术都比较复杂。

③ 施工人员和机械集中，工作面狭小。桥涵工程（特别是大桥、特大桥、高桥和大型涵渠）从基础开始到工程全部完工，需要众多人员参与施工，专业多、工种多、工序更多，而且相互交叉，立体作业。因施工场地受制于峡谷、水流以及高空作业等条件，在狭小施工场地上要聚集相当数量的劳力、建材和机具设备，更需要精心组织和合理设置。

（2）桥涵工程施工顺序安排应注意的事项

① 首先要研究确定桥涵工程总体施工方案，才能具体安排各分部分项工程施工顺序；

② 应综合考虑季节、气候、水文条件安排施工顺序；

③ 要遵守施工程序和操作工艺的客观规律，这种客观规律是结构本身所必需的，是不能随意改变的；

④ 要根据施工方法和采用的机械设备确定施工顺序；

⑤ 施工顺序的安排要确保施工安全和工程质量；

⑥ 合理选择工作面；

⑦ 桥涵工程施工时间和施工顺序的安排应考虑桥涵附近其他建筑物施工的协调配合。

1.3.3　隧道工程施工组织设计

隧道工程施工特点如下：

① 由于隧道是深埋地层之下的建筑物，工程集中，受工程地质和水文地质条件的影响较大，因而施工环境差，难度大，技术复杂，要求高。

② 隧道工程是一种多工序、多工程联合的地下作业，工作面狭窄，出渣、进料运输量多、施工干扰大，为加快施工进度，需以横洞、斜井、竖井、平行导坑增加工作面，施工复杂而艰巨。因此，必须全面规划，科学地组织施工，编制切实可行的实施性施工组织设计。

③ 隧道工程大部分地处深山峻岭之中，场地狭小，要使用多种机械设备相互配合，需要相当数量的洞外设施来保证洞内施工，而洞外往往受地形限制，场地布置困难较大。

④ 由于工作环境差，劳动条件恶劣，常有塌方、涌水、瓦斯等诸多不安全因素，因此，要制订出切实可行的安全技术组织措施。

⑤ 由于地质、水文地质以及围岩压力复杂多变，在施工过程中往往需要改变施工方法

同时也要求隧道施工必须不间断连续地进行。

⑥ 开工前，隧道本身及其辅助导坑中线和高程无法预先贯通，永久结构又要紧跟开挖工序及时浇筑，因此要求测量工作万无一失。

⑦ 长大隧道和桥隧相连地段以及复杂地区，由于工作量大，工期紧，难度也大，临时工程多，经常作为节点工程，所以需周密安排、合理部署等。

1.3.4 既有线改建工程施工组织设计

铁路既有线改建工程的内容比较广泛，包括增建第二线，原线增建双线插入段，改建、扩建站场，改建桥涵，既有线改建电气化铁路，改造轨道等。

（1）既有线改建工程施工组织设计的特点

① 既有线改建工程的施工作业，是在正常运营的条件下进行的，运营对施工作业有一定的干扰，同时施工也影响着运输能力以及行车安全。

② 在施工方案和施工顺序的安排上，必须会同设计部门和运营部门的运输、工务、电务、机务、车站、水电等单位，由设计、运营、施工三方共同协商研究。

③ 编制各类既有线改建工程施工组织设计，无论是在区段、站场及单位工程上，还是在编制程序、编制方法、编制内容上，都与新建铁路工程施工组织设计基本相同，所不同之处在于既有线改建工程施工必须充分考虑运营行车和施工的关系，必须统筹兼顾、综合安排。所以，既有线改建工程施工组织设计编制后，需要在报送上级审批的同时，还报送有关铁路局。

（2）既有线改建工程施工组织设计的原则

① 在确保运输安全的前提下，优先安排可以迅速提高区段和站场通过能力的改建工程。

② 优先安排有助于提高运输能力的区段、区间及站场改建工程。站场内应先安排道岔咽喉区，后安排股道；区间内应先安排桥涵，后安排土石方，先安排与行车有关的工程，后安排其他附属工程。

③ 站场工程完工交付的同时，工务、电务、站房等站前站后有关工程和设施，必须配套同时完成。

④ 制订施工方案时，应尽量减少过渡工程，缩短过渡时间，减少对运营行车的干扰，并尽早恢复和提高运输能力。

⑤ 充分利用既有线的运输优势，为工程运输提供条件，减少公路与其他方式的运输，以节省时间、降低成本。

⑥ 车站过渡施工时，股道数量必须满足运营要求，至少有三股道确保三交会。

（3）既有线各类改建工程施工组织设计的重点要求

① 增建第二线工程施工组织设计的铺轨方案。根据铺轨里程长短和换边的位置，选择便于作业和运输的轨排场及轨料堆放场地；采用机械铺轨时，为尽量减少对既有线行车的干扰，应该避免换边或减少换边次数，增建第二线工程铺轨作业；为了保证既有线的正常营运，零星改道应尽量分期、分步骤安排，利用列车间隔和少量"天窗"时间进行。

② 既有线站场改建工程。站场改建工程施工，应满足运营部门对列车进路、客货运业务、行车安全的要求；实行过渡方案时，应充分利用既有线的有关设备和新增线路设备，也可安排一些对既有站场干扰不大的工程来代替既有设备，以便对既有设备的改建施工；对于局部小量的改进工程施工，应进行零星开天窗施工，必要时短时间封闭既有设备；对于改建工程量大、工程复杂且需中断运营方能进行改建施工的既有线，必须要上级主管部门会同运营主管部门协商决定，一经同意，施工单位必须严格组织，精心部署，集中优势，抓紧一切有效时间，突击施工；加强与工务、电务单位的配合，共同研制过渡方案，尽量减少过渡方

案的废弃工程，站场改建工程量大、工程材料需用量多时，在不妨碍站场作业的条件下，应为施工单位修建临时站线，以便卸料。

③ 既有线桥涵改建工程。既有线桥涵改建工程，由于施工比较复杂，必须制订确保原有建筑物安全和行车安全的施工方案；既有线桥涵改建施工组织设计应明确工程结构的特征、施工方法、施工程序、施工时间，对正常运输的干扰程度，保证行车安全的措施，施工防护办法等，并要经运输部门同意；在既有线正常行车条件下施工，可采取限速运行、开天窗封锁线路等施工方法，必要时也可限载限高、复线改为单线行车；利用便线、便桥临时通车。

1.4　施工组织设计示例——芳家山特大桥施工组织设计

为圆满完成芳家山特大桥（DK271＋935.905～DK273＋502.965）段工程，根据我单位目前所掌握的相关资料，以及在对施工现场进行实地踏勘和详细调查的基础上，以信守合同、确保工期和质量、合理控制工程造价、优质高效文明施工为指导思想，编制本工程施工组织设计。

在施工过程中立足专业化、机械化、标准化施工，重点工序重点安排，特殊部位特殊考虑，并结合工期和工程实际进行统筹安排，做到合理布置现场，方案切实可行，施工组织科学得当，为优质高效完成该项工程奠定基础。

1.4.1　编制说明

1.4.1.1　编制依据
① 新建高速铁路杭州至长沙铁路招标文件及招标补遗书。
② 杭长高速铁路公司编制的《指导性施工组织设计》。
③ 芳家山特大桥［杭长高铁施图（桥）-HKZJVⅡ-22］及设计交底、答疑资料。
④ 设计施工图纸指定的通用图集。
⑤ 桥涵工程施工规范、验收标准、技术指南等。
⑥ 国家有关方针政策，以及国家和地方的相关法律法规。

1.4.1.2　编制原则
① 遵循招标文件的原则。严格按照招标文件要求的工期、质量等目标编制技术标文件，使发包人的各项要求均得到有效保证。
② 遵循设计文件的原则。在编制施工组织计划时，认真阅读核对所获得的技术设计文件资料，了解设计意图，掌握现场情况，严格按设计资料和设计原则编制施工组织计划，满足设计标准和要求。
③ 遵循"安全第一、预防为主"的原则。严格按照铁路施工安全操作规程，从制度、管理、方案、资源方面编制切实可行的施工方案和措施，确保施工安全。
④ 选择合理的施工方案、工艺，合理配置资源，遵循一切围绕"便于施工，少占耕地，减少投入，严格控制工程项目投资"的原则。
⑤ 遵循施工生产与环境保护同步规划、同步建设、同步发展原则。
⑥ 遵循贯标机制的原则，确保质量、环境与职业健康安全综合管理体系在本项目工程施工中自始至终得到有效运行。

1.4.1.3　编制范围
新建高速铁路杭州至长沙站前工程芳家山特大桥（DK271＋935.905～DK273＋502.965）

的桥梁下部结构及连续梁施工。

1.4.2 工程概述

芳家山特大桥起讫里程为 DK271＋935.905～DK273＋502.965，具体工程内容为芳家山特大桥桩基础及扩大基础、承台、墩身、桥台、连续梁施工。其地势平坦、开阔，略有起伏，多为农田、树木、植被及房屋，分布有水塘，有水泥路通过，交通便利；基础采用钻孔桩基础及扩大基础，下部结构采用圆端形桥墩、圆端形空心墩，矩形空心桥台，上部结构为 24m、32m 双线简支箱梁，本桥于 DK272＋084.375 处与老 S48 省道交叉，以（40＋56＋40）m 连续梁跨越该路，其结构形式复杂，工艺复杂，施工难度大。

具体工程数量为桩基约 352 根，扩大基础 3 个，承台 49 个，墩柱 47 个，桥台 2 个，连续梁 1 联。

1.4.2.1 自然地理特征

（1）地形地貌

主要为河流阶地，地势平坦、开阔，多为农田、居民区等，两侧桥台处为低丘区，丘坡自然山坡 5°～15°，植被发育，分布有水塘，有水泥路通过，交通便利。

（2）工程地质

桥址区低丘表层覆盖第四系全新统残破积粉质黏土，谷地分布有第四系全新统冲洪积粉质黏土，灰黑色、灰黄色，主要成分为粉黏粒，局部见植物根系，层厚 0.8～10m，分布在芳 3# 桥墩附近；芳 17#～芳 22# 桥墩段，层面标高 98.54～114.33m；粗砂：灰褐色、灰黄色，中密，含量约 80%，层厚 0～2.3m，见于芳 20# 桥墩，层面标高 94.66m；细角砾土：土黄色，稍湿，稍密，含量约 65%，主要成分为砂岩，余为黏性土，厚层 2～3.2m，分布于芳 18#～芳 21# 桥墩段，层面标高 95.87～98.22m。

（3）水文地质

该桥处于低山丘陵地区，地表水主要为水塘水、水田、水沟及河流水，地表水发育；其中 DK273＋002.5～DK273＋249 处为水塘，水深 3～5m。地下水类型为第四系孔隙潜水及基岩裂隙水。

（4）地震动参数

根据 1：400 万《中国地震动参数区划图》（GB 18306—2015），沿线杭州至诸暨地震动加速度为 0.05g；其他地区均小于 0.05g；全线地震动反应谱特征周期均为 0.35s。

（5）气象特征

本桥位于浙江省江山市境内，洪峰一般均由雨季的长历时暴雨形成，其余中小河流除受雨季的影响外，也间或遭受热雷雨和台风雨的袭击。

芳家山特大桥所处的江山市属亚热带季风气候，温暖湿润，四季分明，雨量充沛，日照充足，无霜期长，冰冻期短，春雨、梅雨比较明显。年平均气温 16～18℃，夏季平均气温 33.8℃，冬季平均气温 3.6℃，极端最高气温 39.8～42.9℃，极端最低气温 －15～－7.1℃，年均降雨量为 1449mm，最大降雨量 192.5mm，年平均相对湿度 76%～81%，最大积雪 20cm。本线所经区域气象灾害四季都有可能发生，春季倒春寒，梅雨期洪涝，盛夏高温，伏秋干旱，冬季冻害与大雪、冰雹、大风等灾害性天气出现得比较频繁。

1.4.2.2 地区卫生防疫情况

本桥所经地区没有发现涉及施工人员身体健康的污染水源、区域性传染病。

1.4.2.3 沿线水源、电源、燃料等可供利用的情况

① 施工用水 沿线地下水埋深较浅，水质较好，对混凝土无侵蚀性。铁路工程施工用水，可采用河中取水和打井取水与铺设供水干管相结合的措施。

② 施工用电 沿线用电来源于华东及华中电网，电力资源丰富，DK272＋025 处有 10kV 高压电力线或交错线路分布，施工用电可就近引入。

③ 施工用燃料 本段线路沿线燃料供应比较充足，施工机械使用的燃料可就近购买。

1.4.3 工程特点与难点

（1）工程任务重，工期紧张

根据总工期和架梁施工计划安排，工程任务重与施工工期短的矛盾尤为突出，特别是跨 S48 省道（40＋56＋40)m 连续梁一处为分部重点工期控制工程。

桩基础、承台、墩身工程量较大，其施工工期较长，工期压力大。

（2）施工便道进入难

前期无现有道路进场，施工便道大部分要经过池塘、山体，必须填筑大量池塘及开挖爆破山体土石方才能进入施工。

（3）施工干扰多，安全防护任务重

管段线路待改迁高压线路及光缆较多，施工干扰多，安全防护及配合协调任务重。

（4）环保要求高，文明施工要求高

沿线流域植被茂密，河塘众多。施工中，保护好周围环境，减少对既有交通及城镇居民的影响。

1.4.4 总体施工方案

1.4.4.1 施工组织机构设置及施工队伍的分布

（1）施工组织机构设置

根据分部管段任务安排，为确保全面实现工期、质量、安全、环境保护等建设目标，分部成立如下组织机构：

设经理（1人）、书记（1人）、总工程师（1人），下设工程管理部、计划合同部、财务部、安全质量部、物资设备部和综合办公室；下辖 4 个架子队、1 个工地实验室、1 个测量班。

（2）施工管理区段划分及队伍部署

根据本工程特点、施工环境条件、工程量和工期要求，按照架子队管理模式进行管理，由桥梁综合一队负责芳家山特大桥（DK271＋935.905～DK273＋502.965）范围内桩基、扩大基础、承台、墩柱、连续梁施工任务。

1.4.4.2 施工场地布置

（1）施工场地布置原则

① 经济性原则：充分利用工程所在区域既有道路加以拓宽改造，以节约土地，尽量减少临时工程的投入。

② 实用性原则：现场布置规划设计尽量靠近施工工点，实用方便，不重复建设，确保各项设施的高效使用。

③ 方便管理原则：便于施工管理，便于劳动力、机具设备和材料等调配，有利于减少施工干扰，有利于文明工地建设。

④ 安全性原则：符合有关安全生产、劳动保护、防火等法律、法规和要求，必须制订切实、有效的安全措施，确保安全。

⑤ 环保性原则：根据现场调查获得的当地有关施工环境的资料，结合当地环保部门要求，有利于环境保护和水土保持，尽可能减少施工对环境产生的不利影响。

（2）芳家山特大桥施工总平面布置图

施工总平面布置见图 1-1。

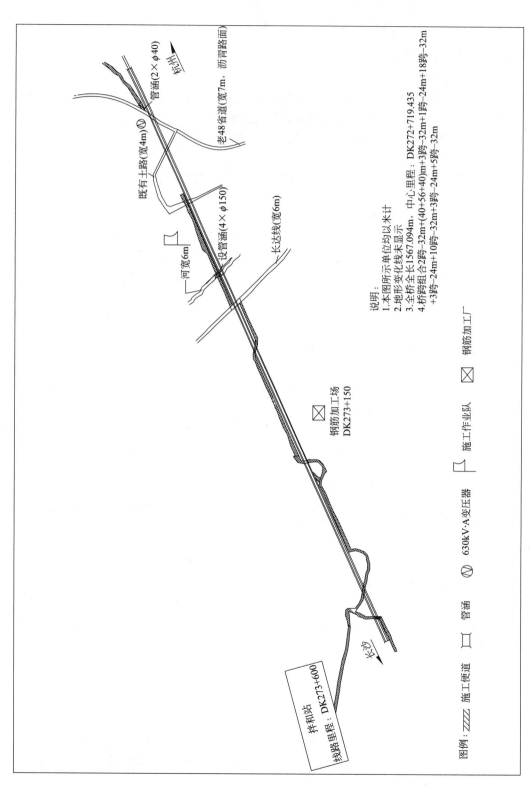

图 1-1 芳家山特大桥施工总平面布置图

图例：ZZZ 施工便道　口 管涵　Ⓝ 630kV·A变压器　⌐ 施工作业队　⊠ 钢筋加工厂

说明：
1.本图所示单位均以米计
2.地形变化线未显示
3.全桥全长1567.094m，中心里程：DK272+719.435
4.桥跨组合2跨-32m+(40+56+40)m+3跨-32m+1跨-24m+18跨-32m+3跨-24m+10跨-32m+3跨-24m+5跨-32m

拌和站：
线路里程：DK273+600

钢筋加工场
DK273+150

河宽6m
设管涵(4×φ150)
长达线(宽6m)
既有土路(宽4m)Ⓝ
管涵(2×φ40)
老48省道(宽7m，沥青路面)

长沙
杭州

1.4.4.3　大型临时设施方案

三分部下辖 1 个施工作业队施工芳家山特大桥，1 个混凝土集中拌和站、1 座钢筋加工场。大型临时设施位置、电力分部及营区位置见平面布置图 1-1，主要临时工程数量见表 1-1。

表 1-1　主要临时工程数量表

序号	临时设施名称	单位	数量
1	汽车运输便道	km	1.6
2	电力干线	km	1.6
3	混凝土搅拌站	座	1
4	钢筋加工场	处	1
5	施工队营地	m²	600

（1）混凝土搅拌站

根据现场实际情况，分部在 DK273＋600 线路右侧集中设置混凝土拌和站，供应（DK271＋305～DK282＋945）范围内所有结构物的混凝土需求，拌和站内建两座 HZS120 拌和楼，拌和站占地 20 亩。

拌和站场区内分四个区：拌和区、场内道路、地材堆放区和生活办公区。

该拌和站位置地势平坦，直接填铺一层碎石垫层找平后，碾压密实，拌和区、场内道路、地材堆放区浇筑 20cm 厚 C20 混凝土，生活办公区浇筑 15cm 厚 C20 混凝土做面层，场地四周做 40cm×40cm 的排水水沟。

混凝土拌和站内建两座独立 HZS120 型拌和楼，每座拌和楼设置 4 个灰料仓、4 个地材进料斗，地材堆放区分 6 个单元，每个单元可存放地材 1000m³ 左右，可满足高峰期混凝土用量需求。地材堆放区顶部及地材进料斗顶部搭设防雨棚，避免地材温度过高和含水率的变化给混凝土拌和控制带来难度。

（2）钢筋加工场

钢筋加工场共分 4 个区：原材堆放区、加工区、半成品堆放区及场区道路。场内地基全部硬化，基层采用厚度 50cm 的砂砾石，面层浇筑 20cm 厚 C20 混凝土。

（3）汽车运输便道

便道路基以既有公路作为汽车运输主干道，纵向施工便道由既有公路引入，需新修建施工便道 1.6km。

考虑到本桥桥墩较高及红线范围小的实际情况，计划将施工便道全部设置在红线外侧，施工便道按照单车道修建，每隔 200m 修筑一处会车道，路面宽度按照 4.0m 设计，便道厚度 70cm，基层采用 50cm 厚山皮土，根据土方开挖时间及节点工期要求，一部分便道考虑采用土方填筑，面层为 20cm 厚泥结碎石。便道外侧设置排水沟，跨越沟渠地段埋设过水涵管。桥梁一般地段施工便道工程数量见表 1-2。

表 1-2　桥梁一般地段施工便道工程数量

部位	长度/m	累计方量/m³	累计方量计算式
面层	1600	1312	1600×(4＋4.2)×0.2/2
基层	1600	3560	1600×(4.2＋4.7)×0.5/2

一般地段便道路基横断面示意图如图 1-2 所示。

芳家山特大桥沿线穿越大小水塘、河道 9 处，给便道铺设带来很大的难度，水塘及小水沟可直接铺山皮土通过，而一些较大水沟需做管涵通过，详细部位见表 1-3。

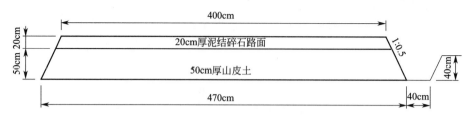

图 1-2　便道路基横断面示意图

表 1-3　沿线跨池塘、河道一览表

序号	里程	类型	深度/m	宽度/m
1	DK271＋497	小河	0.6	3.5
2	DK272＋225	塘	3.5	30
3	DK273＋430	小河	0.3	3

（4）施工用电计划

根据招标文件及施工方案要求，现场施工采取以外接电源为主，自发电为辅的用电方案。用电需求计划见"外部电力需求计划表"（表 1-4）。

同时，为保证施工进度和预防停电，还准备了 200kW 柴油发电机组 1 台和 75kW 的柴油发电机组 1 台。

表 1-4　外部电力需求计划表

用途类别	需求电量/kW·h	地区或里程	所需时间		编号
			起始日期	结束日期	
桥梁工程（芳家山特大桥）	630	DK272＋025 右	2015 年 6 月 15 日	2018 年 6 月	1#
混凝土搅拌站	400	DK273＋600 右	2015 年 6 月 15 日	2018 年 6 月	2#
钢筋加工场	550	DK274＋150 左	2015 年 6 月 15 日	2018 年 6 月	3#

（5）施工排水及排污

施工产生的固体废料由汽车运至指定地点处理。

钻孔桩施工时，对沉淀池中的沉渣及浇筑混凝土时溢出的废弃泥浆随时清理，严防泥浆溢流，并用汽车弃运至指定地点倾泻，防止钻孔泥浆对周围环境造成污染。

（6）消防设施

根据消防要求，在办公区、生活区及其他各主要作业区域按规定配备足够数量的手持灭火器、防火砂等消防器材。

（7）施工用水

施工用水利用地表水或地下水，对跨越河流的桥梁工程，主要采取河中取水的方式。

（8）通信联络

项目经理部安装固定电话一部，并配备传真机一部，以方便施工过程中与业主、监理及其他部门的联系。分部和施工队配 20 部对讲机以方便施工测量和现场调度，其他人员配手机并 24h 开机。

1.4.5　施工进度安排

1.4.5.1　施工总体进度安排

计划开工日期为 2015 年 6 月 28 日，计划竣工日期为 2018 年 6 月 30 日；总工期、阶段工期均满足业主工期要求。

　　总体施工进度计划分施工准备阶段，主体工程施工阶段，配合铺轨、四电、轨道精调、联合调试阶段及竣工收尾阶段，各阶段具体完成的内容见表 1-5。

表 1-5　总体施工进度安排表

序号	阶段名称	具体内容
1	施工准备阶段	2015 年 4 月 20 日至 2015 年 6 月 19 日，主要完成施工便道、供水、供电、生产生活用房、交接桩和本标段线路复测及控制测量，复核技术资料，混凝土配合比的选择及进场材料的试验，办理征地拆迁以及组织机械设备、人员、材料进场，大临工程开始建设等
2	主体工程施工阶段	2015 年 6 月 20 日至 2016 年 2 月 12 日，主要完成芳家山特大桥线下工程
3	配合铺轨、四电、轨道精调、联合调试阶段及竣工收尾阶段	2016 年 2 月 13 日至 2018 年 6 月 30 日，完成无砟轨道、预埋过轨管线、电缆沟槽、接触网立柱基础等。配合铺轨、四电、轨道精调、联合调试，完成工程验收、临时占地的恢复及竣工资料的整理、编制等工作

1.4.5.2　芳家山特大桥施工进度安排

（1）桥梁工程进度指标

桥梁工程施工进度指标见表 1-6。

表 1-6　桥梁工程施工进度指标

序号	项　目	施工周期
1	钻孔桩冲击钻成孔	砂卵石 3～5 天/根，砂卵石+嵌岩 4～6 天/根
2	明挖、挖井基础	10～15 天/座
3	承台	6～10 天/座
4	实体墩	10m 以下 9 天/座，10～20m 12 天/座，20m 以上 15 天/座
5	空心墩	采用翻模，平均 3 天/节
6	连续箱梁悬灌现浇	0# 块施工：30 天；挂篮安装调试：15 天；节段悬浇：10 天/段；合拢段施工：20 天，边跨直线段现浇：30 天

（2）桥梁工程进度计划

桥梁工程（不含制架梁）施工进度计划安排见图 1-3。

1.4.6　芳家山特大桥施工方案、施工方法

　　芳家山特大桥下部及特殊结构工程施工方案详见表 1-7。具体施工方案此处省略。

表 1-7　桥梁工程主要项目施工方案

序号	结构部位	结构类型	施工方案
1	桥梁基础	钻孔桩基础	主要采用冲击钻机成孔。钢筋笼现场集中制作，吊车安装就位；混凝土由拌和站集中搅拌，混凝土搅拌运输车运输，导管法灌筑水下混凝土。浅水或水塘区采取草袋围堰筑岛施工。深水区采取钻孔桩平台施工
		承台	陆地墩承台根据土层性质和实际情况，采取放坡开挖或支护基坑开挖；水中部位墩承台根据具体的地质条件，选择草袋围堰、钢板桩围堰等围挡结构施工承台
2	墩台身	实体墩	墩高小于 15m 的墩身采用整体大块拼装式模板一次浇筑成型，墩高大于 15m 的墩身多次浇筑成型，墩身钢筋、模板采用汽车吊或塔吊垂直吊装就位，混凝土由输送泵泵送入模
		空心高墩	墩身采用翻模施工，墩身钢筋、模板采用汽车吊或塔吊垂直吊装就位，混凝土由输送泵泵送入模
		桥台	台身施工采用大块组合钢模板，钢管架加固支撑。台身钢筋和模板采用汽车吊进行吊装，混凝土由输送泵泵送入模
3	现浇梁	连续梁挂篮悬灌	0# 块及边跨直线段采用支架施工，其余各节段均采用菱形挂篮悬臂灌筑施工。按设计合拢顺序进行合拢，合拢段采用体外刚性支撑和张拉临时合拢束锁定方案。完成体系转换后进行桥面施工
4	桥面系		桥面系安装用的遮板、电缆槽盖板混凝土预制构件采用预制场集中预制、现场安装的方法施工。防撞墙、电缆槽竖墙现浇施工

芳家山特大桥施工进度计划

序号	工作名称	持续时间/天
1	杭州台～1#墩	25
2	26#～长沙台墩柱	50
3	26#～长沙台承台	38
4	6#～15#墩柱	57
5	16#～25#墩柱	45
6	杭州台～1#承台	10
7	杭州台～1#桩基	46
8	26#～长沙台桩基	56
9	6#～15#承台	32
10	6#～15#桩基	40
11	16#～25#承台	20
12	16#～25#桩基	45
13	直线段浇筑	30
14	合拢段浇筑	15
15	节段浇筑	70
16	挂篮安装调试	15
17	0#块施工	30
18	施工准备	8
19	56m连续梁桩基	50
20	56m连续梁承台	20
21	56m连续梁墩柱	30

图 1-3　芳家山特大桥施工进度计划横道图

1.4.7　确保工程质量和工期的措施

1.4.7.1　确保工程质量的措施

（1）组织措施

选派具有丰富施工经验、懂技术、精管理的人员担任架子队队长，由技术精湛、经验丰富的专业人员担专业工程师（技术主管），组建精干高效的架子队机构，保证工程的领导力量。

建立健全"横向到边，纵向到底，控制有效"的质量保证体系。分部设安全质量部，配专职质量检验专业工程师，施工队设专职质检员，工班设兼职质检员。施工中严格实行"三检制"，形成分部、架子队、工班、作业人员四级质量自检流程。自检小组业务流程见图1-4。

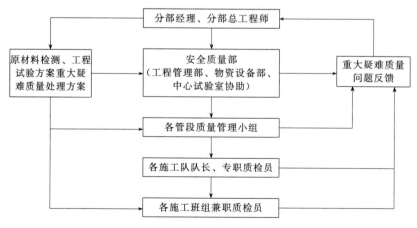

图 1-4　自检小组业务流程

建立以分部总工程师为首的技术责任制，健全技术管理体系，实行分部、各作业管段、施工队三级技术质量管理机制。

（2）PDCA 循环控制质量

积极推行全面质量管理，采用 PDCA 循环控制原理，通过质量计划（P）、实施（D）、检查（C）、处置（A）四个阶段，使工程质量在计划控制下逐步上升，实现预期质量目标。

（3）"三阶段控制"质量

项目质量管理严格执行"三阶段控制"质量程序，即事前控制、事中控制、事后控制，通过三阶段控制，确保工程质量始终处于监控状态。

① 施工前的质量控制　依据 ISO 9001：2000 质量管理标准，结合工程特点，制订项目质量计划，做好机构设置和建立、专业人员配备、施工材料调查和检验、施工设备选型、场地布置、技术交底、图纸审核、规范标准和图表选定等工作。

② 施工中的质量控制　组织业务精湛的测量人员进行测量控制。严格按照质量管理体系中对测量质量控制的要求，实行从放线到竣工"一条龙"质量控制程序，严格执行复核制度、交底签认制度、向监理工程师报批制度，以"放准，勤复测，点、线、面通盘控制"的方法，确保测量工作的准确无误。

按照"设计、施工互动"的原则进行施工质量控制。按照施工图设计中的编制关键工序施工工艺设计来指导施工，将施工和检测数据及时反馈给设计单位，不断修改完善设计，通过互动不断循环上升，达到提高工程质量的目的。

严格按照施工组织设计和操作规程，高起点、高质量地做好每一道工序的"第一个"，将每个"第一个"的检验数据结果定在全优起点上，并以此作样板，通过高标定位的全方位控制手段，确保每道工序、每部位、整项工程最终达到合格标准。

通过严把过程检验和试验关，保证工程施工的每一段、每个部位的质量在施工的过程中受到控制。严格按照"过程检验和试验控制程序"的内容和要求保证三级验证制度的效能；及时组织质检员、施工人员和有关技术人员对各工序进行自检，按有关规程规范进行检验、试验、标识和记录；对出现的问题，及时组织有关人员进行研究分析，制订出纠正和预防措施，以确保达到其实施效果；及时通知业主和监理单位，经现场认可后，才能进行下一工序的施工。

积极开展全面质量管理活动，把工程的质量重点、难点和特殊点列为技术攻关项目，发动群众集思广益，把好各道工序的质量关，达到设计图纸、技术文件和验收规范规定的技术要求和质量标准。

③ 施工后的质量控制　每项工序质量控制结束后，要及时对控制结果进行评价和对质量偏差进行纠正。为了消除不合格的原因，防止不合格情况的再发生，应按照纠正措施控制程序对不合格情况进行评审，分析原因，制订纠正措施，跟踪和记录纠正措施的结果，并对其有效性做出评价。

（4）"三全"质量控制

"三全"质量控制指全面控制、全过程质量控制和全员参与控制。从每个环节上全面控制工程质量，从质量源头抓起，实现施工图设计、材料采购、施工组织准备、检测设备标定计量、施工过程检验试验、工程质量验收、工程竣工与交付、工程回访与维修的全过程控制，保证质量总目标的实现。

1.4.7.2　工程材料质量控制

为了保证工程质量，我方对材料的采购，在贯彻甲方要求的同时，根据 ISO 9001 质量体系及贯标要求，逐一对每一种工程材料供货厂家的材料质量、信誉、供货能力进行评估，以确保采购材料的质量。

材料采购工作的重点：一要保证所采购的材料质量符合要求，二要保证所采购的材料价格合理。要做到这样两点，必须严格执行如下采购工作流程。

(1) 材料供应管理制度

掌握材料信息，优选供货厂家，掌握材料质量、价格、供货能力的信息可以获得质量好、价格低的材料资源，从而确保工程质量，降低工程造价。这是企业获得良好社会效益、经济效益，提高市场竞争能力的重要因素。

合理组织材料供应，确保施工正常进行，合理、科学地组织材料的采购、加工、储备、运输，建立严密的计划、调度体系，加快材料的周转，减少材料的占用量，按质、按量、如期地满足建设需要。

(2) 材料、设备验收制度

① 材料、设备进场前审核 本工程所有材料，包括多种原材料、半成品及成品材料，需先将生产厂家简介、材料技术资料和试验数据及材料样品、实地试验结果等各种技术指标报监理工程师审批。凡是资料不齐全或未经批准的材料，一律不准进入施工现场。

用量大且对质量至关重要的原材料，具备上述各种资料后，仍需对生产厂家的生产工艺、质量控制的检测手段进行实地调查。

② 材料、设备进场验收

a. 当所有材料进场时，物资部、质量员等根据有关技术指标对进场材料进行严格验收，包括材料出厂合格证、与材料设备相符合的标牌、质量检验报告、厂家批号等。

b. 按规定应进行抽样复验的材料，严格按规定比例、抽样方法进行抽样，送实验室进行试验，试验合格后方可用于工程。

c. 项目部验收合格后，及时连同合格证等技术资料提交监理工程师进行材料验收。杜绝不合要求的材料进入现场。

d. 凡标志不清或认为质量有问题的材料，对质量保证资料有怀疑或与合同规定不符的材料应及时清退出场。

e. 进场设备开箱前，包装必须完好。除了应持有合格证书、产品说明书外，酌情应有随机附件、保修卡或安装、使用说明书等。设备开箱应有开箱记录。

f. 无生产厂名和厂址或牌证不符的设备，不用于本工程。进场设备到达施工现场后应保持其原有的外观、内在质量和性能，在运输和中转过程中发生外观质量和性能损坏的设备不用于工程。

g. 对材料性能、质量标准、适用范围和施工要求必须充分了解，以便谨慎选择使用材料。凡是用于重要结构、部位的材料，使用时必须仔细核对、认证其材料的品种、规格、型号、性能有无错误，是否适合工程特点和满足设计要求。

1.4.7.3 重 (难) 点工程保证工期的措施

① 跑步进场，缩短施工准备期，组织精干、高效的专业化架子队伍，保证人员到场即能施工。

② 对控制工期的重点工程建立工期领导负责制。每月由分部经理或主管生产的副经理主持生产总调度会，调度室每周定期召开一次由各施工队有关负责人参加的生产调度会，各施工队坚持每天一次的生产布置会，及时总结上一施工周期的施工进度情况，安排下一施工周期的施工生产计划；对施工机械设备、生产物资和劳动力做出总体计划安排，并对资金进

行合理分配，保证施工进度的落实和完成。在整个工程的实施过程中，坚持"日保周，周保月"的进度保证方针，确保总工期的实现。

③ 针对重（难）点工程提前做好节假日和季节性施工期间的材料计划，此期间的材料采购提前进行，并做好充足的准备，保证冬、雨季物资的供应，不影响施工进度。

④ 对重（难）点工程制订详细的资金使用计划，进场前准备充足的启动资金，设立专项资金用于材料的采购工作，确保材料的供应，任何个人或部门均不得擅自挪用该资金。

⑤ 桥梁工程下部结构采取分段平行施工、多开工作面的方法，长桥短修，保证整桥工期，对大跨连续梁结构部分，在开工后将其作为整座桥梁工程的重点部分优先考虑。

1.4.8　质量目标和保证措施

1.4.8.1　质量目标

各分项工程符合国家和铁道部有关标准、规范及设计文件要求，检验批、分项、分部工程施工质量检验合格率达到 100%，单位工程一次验收合格率达到 100%，主体工程质量零缺陷，实车最高检测速度达到设计速度的 110%，开通速度达到设计速度。

1.4.8.2　质量保证体系

（1）质量保证体系及说明

集团公司已通过 ISO 9001：2000 质量管理体系认证，将依据建设单位、监理工程师的要求，结合单位质量、环境与职业健康安全综合管理体系建立具有针对性、实用性的有效质量保证体系，编制本项目质量计划，并通过开展日常质量活动以及内部、外部质量体系审核，保证质量体系有效运行。

在施工过程中，认真贯彻执行质量体系标准，加强过程控制，不断完善质量保证体系和质量自检体系，随时接受甲方及监理工程师的监察、检验，确保实现工程质量目标。质量保证体系框图见图 1-5。

（2）质量管理组织机构

成立以分部经理为组长，总工程师和分部副经理为副组长，安全质量部质量负责人、专职质量检验专业工程师、架子队队长为组员的全面质量管理领导小组，责任到人，督查督办。

分部设安全质量部，配置专职质量检验专业工程师，全权负责项目施工质量监察及工程检查，行使监督权、检查权和质量一票否决权。

分部下设工地实验室、测量队，配备专业试验、测量人员，通过先进的检测试验手段，配合工地质检工程师和监理工程师进行全面的施工质量控制。

架子队设专职质检员，工班设兼职质检员，形成体系完善、责任明确的质量检查体系。

质量管理组织机构见图 1-6。

1.4.8.3　创优规划及创优保证措施

（1）创优规划

根据质量目标要求，创优规划目标是：确保部优，争创国优。

（2）创优保证措施

为保证创优目标实现，分部、架子队逐级签订工程创优包保责任状，认真组织工程创优。

按照 GB/T 19001—2016（idt ISO 9001：2000）质量体系要求标准，建立项目质量保证体系。配备精干高效的项目管理指挥系统，以创新的理念、全新的模式实施工程质量管理。

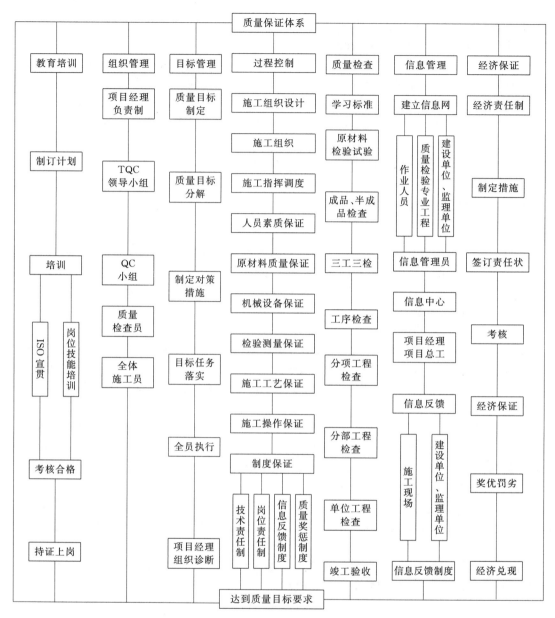

图 1-5 质量保证体系框图

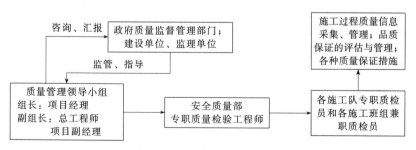

图 1-6 质量管理组织机构图

① 加大资源投入，优化资源配置 按照工程需要和投标承诺，调集经验丰富的工程技术、质量管理人员，配备先进适用的机械设备，严格优选工程材料，优化施工工艺，做好工

艺性试验和科技开发工作，进一步完善创优措施。

②　加大科技攻关和科技投入　依靠科学管理和科技进步，研究开发推广新技术、新工艺、新材料、新设备，不断提高施工工艺水平，进而保证和提高工程质量，确保创优目标的实现。做好科研成果转化和新技术引进工作，联合国内高等院校、科研机构，进行现场科研攻关。

③　成立质量控制和科技攻关 QC 小组　运用排列图、因果图、直方图、控制图、矩阵等数理统计技术，按照 PDCA 循环的基本方法，分析研究影响质量波动的原因，采取对策进行控制，使工程质量达标，工程创优。

④　成立创优工程领导小组　分部、架子队均成立创优工作领导小组。制定各级小组的工作职责，细化创优规划，落实创优负责人、责任人，完善创优措施，监督创优工作的资源投入，跟踪阶段性创优工作。

⑤　强化领导，夯实创优基础工作　工程开工，加强职工创优意识的培训，从原材料入手，严格工序控制，加强过程管理，做好隐蔽工程验收，严格进行工艺试验，做好创优工作记录（尤其是重点部位、关键环节的影像资料）。

⑥　样板引路　工程开工前均要做好样板工程，用样板工程总结的工艺指导施工，施工中不断优化工艺，寻求优质高效的施工方法。

⑦　制定验收标准　制定创优验收标准，建立严格的工序监督和分项分部工程检查、验收制度。严把工序关，实现检验批创优；严把检验批关，实现分项工程创优；严把分项工程关，实现分部工程创优；严把分部工程关，实现单位工程创优。

（3）克服质量通病的针对性措施

提高工艺质量是保证工程质量的重要途径，为了提高工艺质量，通过以往同类工程的总结，对桥梁各分项工程进行了认真细致的通病分析，制订相应的预防措施。桥梁工程质量通病原因分析及预防措施见表 1-8。

表 1-8　桥梁工程质量通病原因分析及预防措施

通病现象	原因分析	预防措施
桥梁墩台顶面流水坡不平	①测量工作不细，标高标志不清晰；②混凝土灌筑顶面时未认真检查灌筑标高位置	①灌筑混凝土前测量技术人员应认真向工班交代清灌筑位置、模板上的钉线位置和排水坡的要求；②混凝土灌至顶面标高要大致抹平和找出流水坡，混凝土初凝前要进行复测和二次压光；③及时进行养护，注意保护压光层，防止破坏、变形
螺栓孔位置不准确	没有采取有效方法控制	①在井架上固定孔模，经常检查，发现移动，立即纠正；②混凝土终凝前，做检查孔模两次，确保孔模位置准确
桥梁墩台表面不平整	模板拉筋过紧或过松，拉筋过稀，造成混凝土表面不平	①圆端形桥墩进行模板设计，加强支撑检查；②严格按规定串筒下料，减少混凝土对模板的冲击力；③用整体模板
钻孔桩施工出现坍孔、钻孔倾斜、桩基混凝土空洞	①护壁泥浆不合格；②钻机不水平；③混凝土施工操作不当，原材料不合格	①选择良好的造浆黏土，保证钻孔内泥浆顶标高始终高于外部水位或地下水位 1.5～2.0m。严格控制黏土的种类，泥浆配合比的选择，泥浆的各项性能指标达到要求；②遇松散砂土钻进时，低速钻进，控制进尺，经常检查钻机底座水平、钻杆接头，并及时调正；③正确执行水下混凝土的灌筑程序，严格执行混凝土的灌筑工艺标准，同时严把混凝土的原材料关

1.4.8.4 劳动力组织

根据本标段的实物工程数量和进度安排以及配备的机械设备，结合工程专业特点和现代科学管理理论，以充分发挥和调动每个人的劳动积极性，精心筹划，科学安排，进行动态管理、弹性编组、灵活组织，实施平行、流水、交叉作业。

1.4.9 冬季和雨季的施工安排

本线所经区域的气象特征见前面。根据总体施工进度计划安排和该地区的气候特点，桥梁下部及特殊结构等工程冬季、雨季、夏季施工在所难免，为此，做好冬季、雨季、夏季施工的防护措施是至关重要的，我单位将采取如下措施，保证施工安全和工程质量。

1.4.9.1 冬季施工安排及保证措施

混凝土工程冬季施工受影响较大，需从配合比、材料选择、拌和工艺、运输、浇筑、养护等各过程严格控制，保证混凝土工程冬季施工质量。

① 当连续 5 天室外昼夜平均气温低于 $+5℃$ 或最低气温低于 $-3℃$ 时，应采取冬季措施进行混凝土施工。

② 加强混凝土原材料控制，保证砂石料中无冰块。对水泥、外掺料、外加剂、骨料进行篷布覆盖保温，避免受冻；拌和站骨料仓设立棚盖维护及热源供应。

③ 尽可能缩短混凝土运输时间，且在运输机具上采取保温措施。

④ 浇筑完毕的混凝土表面及时覆盖，桥梁下部结构充分利用高性能混凝土自身水化热特点，采取蓄热养护。

⑤ 高度重视冬季施工的组织管理，根据各单项工程特点制订具体实施方案，进行施工工艺设计。切实落实各项冬季施工方案和措施，保证施工安全和工程质量。

1.4.9.2 雨季施工安排及保证措施

（1）施工管理措施

① 分部成立抗洪防汛领导小组，建立雨季值班制度。在雨季来临之前，建立雨季施工领导小组，责任到人，分片包保。在雨季施工期间定期检查，严格雨季施工"雨前、雨中、雨后"三检制，对发现的问题及时整改。

② 架子队成立防洪抢险突击队，平时施工作业，雨时组织防汛抢险。每个施工现场均备足防汛器材、物资，包括雨衣、雨鞋、铁锹、草袋、水泵等，做到人员设备齐整、措施有力、落实到位，防洪抢险专用物资任何人不得随意调用。

③ 雨季及洪水期间，与当地气象水文部门取得联系，及时获得气象预报，掌握汛情，合理安排和指导施工，做好施工期间的防洪排涝工作。制定雨季值班制度，专人负责协调与周边部门、企事业单位的防汛事宜。

④ 编制雨季施工作业指导书，制定防洪抗汛预案，作为雨季施工中的强制性执行文件，严格执行。

⑤ 在雨季施工期间，加强对桥梁支架、施工脚手架的检查，防止倾倒和坍塌。对处于洪水可能淹没地带的机械设备、材料等做好防范措施，保证施工人员安全撤离。长时间在雨季中作业的工程，应根据条件搭设防雨棚。施工中遇暴风雨时暂停施工。

⑥ 雨季时派专人在危险地段值班，重点加强对深基坑的观测，加强对跨河道、航道、邻近公路、铁路施工段等施工的安全巡视，并派专人对施工区排水系统进行检查和清理，确保排水系统排水通畅。

⑦ 现场中、小型设备必须按规定加防雨罩或搭防雨棚，机电设备要安装好接地安全装置，机动电闸箱的漏电保护装置安全可靠；施工电缆、电线尽量埋入地下，外露的电杆、电

线采取可靠的固定措施；雨季前对现场设备做绝缘检测。

⑧ 对停用的机械设备以及钢材、水泥等材料采取遮雨、防潮措施，现场物资的存放台等均应垫高，防止雨水浸泡。

⑨ 加强对临时施工便道的维护与整修，确保其路面平整、无坑洼、无积水。

（2）桥梁工程雨季施工措施

① 水中墩台施工要避开雨季汛期，洪水到来前，完成栈桥和墩位平台等大型临时设施的施工，同时施工完成大部分主桥桩基，以便安全渡洪，洪水期过后，迅速施工完成主桥承台和墩身。

② 桥梁基础工程雨季施工，要在坑顶外侧预设一道土埂，防止雨水倒灌；已开挖的基坑槽应及时进行封闭，并配备抽水机排水，防止基坑槽被水浸泡。桥梁基础施工完成后，应对桥址处施工场地进行平整，基坑回填后及时做好天然水流的导流措施，确保基坑附近不积水，避免地基沉陷。施工时注意防洪措施，备足防洪物资，防止钢筋锈蚀和模板、支架变形、下沉，做好工程材料的管理工作。

③ 防水层不在下雨天施作，找平层的干燥度符合防水层的铺设条件后再施作防水层。

④ 雨天施工时，由于脚手架湿滑，要加强对高空作业的安全管理，设置足够的防护网、护栏等安全设施，并采取其他防滑保护措施。

（3）混凝土工程雨季施工措施

① 对于混凝土的雨季施工，为保证混凝土的质量，混凝土开盘前根据混凝土含水率调整施工配合比，适当减少加水量。施工要保持连续性，施工作业面混凝土安排一次浇筑完，并经常检查砂石料的含水率，控制水灰比。混凝土、砂浆在终凝前要进行覆盖，防止雨淋而影响质量。

② 雨季进行的混凝土及圬工作业，严格执行施工规范要求，拌和站及砂石料仓均设遮雨棚，墩台混凝土施工设避水棚，随时掌握天气预报，尽量避开雨天浇筑混凝土。

1.4.9.3　夏季施工安排及保证措施

做好施工区域的防暑降温工作，由专人收集天气预报，根据天气情况合理安排施工，施工尽量避开每天温度最高的中午时段，在不扰民的情况下适当增加夜间施工时段，并做好防护工作。

为了降低混凝土入模温度，在炎热季节拌和混凝土时加入适量冰水进行降温处理，并做好混凝土运输环节的协调工作，尽量缩短混凝土的运输时间，在运输过程中做好防晒工作。

炎热季节混凝土灌注尽量安排在下午至夜间时段进行，并搭设遮阳棚防晒，混凝土浇筑完成后及时进行遮盖养生。

1.4.10　安全目标和安全保证体系及措施

1.4.10.1　安全目标

① 杜绝较大事故，控制一般事故，消灭人身伤亡责任事故，实现零死亡；

② 消灭铁路营业线 B 类及以上交通事故。

1.4.10.2　安全保证体系

（1）安全管理组织机构

分部经理部成立以项目经理为组长，安全总监、总工程师为副组长的安全领导小组。职能部门和施工队负责人为组员，设立专门机构负责工地安全生产现场管理，组织日常检查。

施工现场按施工人员的 $1‰ \sim 3‰$ 配置专职安全管理人员，分部经理部设专职安检工程师，施工队设专职安全员，班组设兼职安全员，全员参与管理。

安全管理组织机构框图见图1-7。

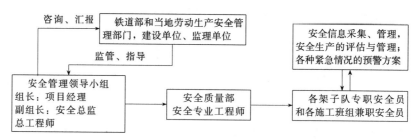

图1-7　安全管理组织机构框图

（2）安全管理职责分配

① 分部经理职责　分部经理对承包工程项目的安全生产负全面领导责任；认真贯彻落实安全生产方针、政策、法规和各项规章制度，结合项目特点提出有针对性的安全管理要求，严格履行安全考核指标和安全生产奖惩办法；认真落实施工组织设计中安全技术管理的各项措施，严格执行安全技术审批制度、施工安全交底制度和设施、设备交接验收使用制度；领导组织安全生产检查，对存在问题落实解决；发生事故时保护好现场，及时总结，接受教训。

② 安全总监职责　正确贯彻国家及地方各项政策和法令，执行业主和上级制定的有关工程施工安全规范和规定；协助项目经理做好安全生产，对安全负有重要监督管理责任；督促检查和指导推进项目安全管理责任体系的落实；组织进行危险源辨识、风险评估，根据风险情况组织制订预控措施，编制应急预案，并监督实施；参加项目专项安全施工方案的审核、安全技术交底和各项安全评价、验收工作；对现场安全环保进行督查，参加或组织定期检查。

③ 总工程师职责　认真贯彻执行国家和上级有关劳动保护安全生产方面的法规和技术标准，对本单位施工中的一切安全技术上的问题负全面的责任。编制施工组织设计时，应包括安全技术措施方案内容，并要作出具有针对性的技术和物资保证，落到实处并检查执行情况。在安全技术攻关和技术改造活动中，对使用新技术、新材料、新工艺要进行安全可行性研究、分析，从技术上负责。对职工进行安全知识的教育与考核，把提高广大职工安全技术素质和预防事故能力，列为教育的内容和目的。组织制订安全技术操作规程和单位、分部工程安全技术措施，并检查执行和实施情况，在组织施工技术鉴定时，必须把安全技术措施列为重要内容，同时审查鉴定。参加重大伤亡事故、机械事故的调查，从技术分析事故原因，提出鉴定意见和改进措施。参加施工现场的安全检查，及时解决施工中的安全技术问题。

④ 安全质量部部长职责　认真传达贯彻落实上级及项目经理有关安全工作的决定、文件指示、会议精神，定期组织职工进行具体的安全教育，定期组织安全检查，组织召开安全例会，分析并向工地领导小组报告安全生产形势；组织开展具体的安全劳动竞赛活动，大力推广安全生产的先进经验，对存在的安全隐患及时提出整改措施，落实到人，并进行限期整改后的复查；组织开展安全文明标准化工地建设活动，建立各项安全管理台账；发生事故时保护好现场，写出事故报告；负责组织编写事故救援预案，事故调查、抢险预案。

⑤ 专职安全专业工程师职责　认真学习并执行有关规章制度，根据本工程的实际情况，

制订项目和重点工程、专项工程的安全预防措施，负责对施工过程的安全工作进行检查监督，对职工进行安全教育培训考核，并有安全检查和教育的记录；编写安全事故救援预案，事故调查、抢险预案；及时解决安全工作中存在的问题，总结安全、质量工作，及时提出防范措施。

⑥ 专职安全员职责　对所管辖区段的施工安全负直接责任。对施工队职工进行安全教育，对辖区施工队的施工安全进行检测并有记录，负责监督施工队及班组的安全状况，对违反安全操作规定的行为进行制止，并向安全管理工程师及安全质量部报告；参加编写安全事故救援预案，事故调查、抢险预案；及时提出安全工作中存在的问题，提出防范措施；负责对施工过程中的安全设施进行检查，对检查不合格的工序有权勒令停工，报告安全管理工程师及安全质量部，并提出处理意见和整改措施。

⑦ 兼职安全员职责　对所在工班的安全负责。具体落实各项安全措施，对施工人员进行安全教育，对施工的工序进行安全检查并有记录，及时报告专职安全员及工班长有关的施工安全隐患；对施工人员违反安全规定的行为进行制止并报告专职安全员，提出处罚意见。

（3）安全保证体系及说明

遵循"安全重于泰山，抓生产必须抓安全，以安全促生产"指导思想，按照《职业健康安全管理体系　要求》（GB/T 28001—2011）建立、健全安全保证体系。贯彻国家有关安全生产的法律、法规，严格执行现行《铁路工程施工安全技术规程》，制定安全包保责任制，逐级签订安全承包合同，使各级明确安全职责和安全目标，充分体现"安全生产、事事相关、人人有责"，达到全员参与、全面管理的目的。

1.4.10.3　安全保证措施

此处省略。

1.4.11　施工坏境保护、水土保持措施

1.4.11.1　方针和目标

（1）施工环境保护、水土保持（以下简称环、水保）方针

全面规划，合理布局，预防为主，综合治理，强化管理。严格贯彻执行"谁污染谁治理，谁破坏谁恢复"的环保原则。

（2）施工环、水保目标

环境污染控制有效，土地资源节约利用，工程绿化完善美观，节能、节材和水土保持措施落实到位，努力建成一流的资源节约型、环境友好型客运专线铁路。

1.4.11.2　环、水保管理体系

贯彻执行《环境管理体系　要求及使用指南》（GB/T 24001—2016），针对工程及环境特点，从人、机、料、法、环、测六个方面，建立完整的环境保护和水土保持保证休系，保证环保管理体系的有效运行。

环境保护和水土保持管理体系见图 1-8。

1.4.11.3　环、水保管理机构及职责分配

（1）环、水保管理机构

环境保护和水土保持组织机构框图详见图 1-9。

成立以项目经理为组长的施工环、水保领导小组，制订施工环境保护、水土保持措施，项目经理部、工区、施工队分级管理，负责检查、监督各项环、水保工作的落实。

（2）环、水保人员配置

项目经理部配备 1 名环、水保专业工程师，负责识别、评价环境因素，制定环保方案和措施，并检查和监督措施的落实；各作业工区配备 1 名环、水保专业工程师，组织全体施工

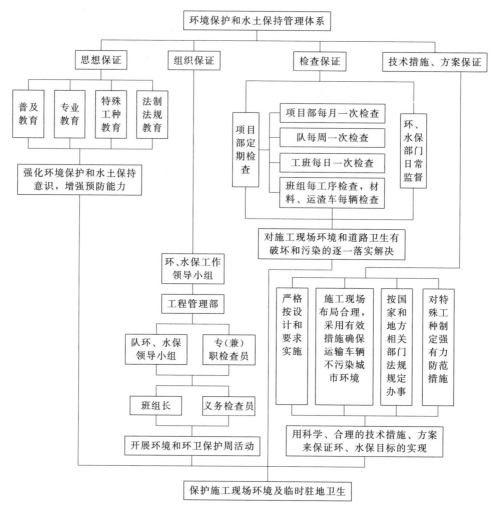

图 1-8 环境保护和水土保持管理体系图

人员学习有关环、水保法规和相关知识，并经常进行宣传教育。各施工队配备 1 名兼职环、水保监察员，负责协助环保工程师工作，并在施工中执行环保方案和措施，及时反馈环保信息，为环保方案和措施的调整提供资料。

（3）环、水保管理职责分配

项目经理对施工环、水保工作负全责，其职责是：监督检查各部门环保工作措施的落实情况，检查环保措施是否有效、全面，是否存在隐患，然后进行宏观控制。

图 1-9 环境保护和水土保持组织机构框图

各部门负责制定具体的施工环保措施、工作制度，并检查各队的执行情况，及时上报环保工作动态和指导下级工作。

各队环保监察员负责执行各项环保措施的落实工作，检查工班环保员的工作是否到位，效果是否满足环保措施要求。

工作上，一级保一级，确保环保工作不流于形式，使各项环保措施落实到位。

1.4.11.4 施工环境保护内容及措施

（1）施工环境保护内容

环境的影响有两层含义：一层是指内部环境，即对施工作业环境的影响；另外一层是指外部环境，即对周边环境的影响。对周边环境的影响主要指因各种原因引起的地表下沉，水文条件变化如枯水、水位降低、水质污染等，对周边结构物的影响，对社会、生活环境的影响。

环境保护是按照法律法规、各级主管部门和企业的要求，保护和改善作业现场的环境，控制现场的各种粉尘、废水、废气、固体废弃物、噪声、振动等对环境的污染和危害。环境保护是文明施工的重要内容之一，它对保证人们的身体健康和促进社会文明，消除外部干扰、保证施工的顺利进行，节约能源，保护人类生存环境，保证社会和企业的可持续发展都具有重要的意义。

在本工程施工中，我方将严格遵守《中华人民共和国环境保护法》以及相关的法律、法规、规章制度，严格执行"三同时"（同时设计、同时施工、同时使用）原则，不留尾巴、不留后患，采取一切合理措施保护现场内外的环境，确保环保目标圆满实现。

本桥环保工作的重点是施工噪声、振动、污水、泥浆、扬尘、施工固体废弃物的管理控制，工程跨越的主要河流水体的保护等。

（2）环境保护措施

① 水污染的防治　施工过程中对水的污染主要是施工产生的污水，污水中含悬浮物、油类物质、石屑及石粉。

溶蚀性废水，混凝土在生产、运输、浇筑时产生的污染，施工机械设备产生的污染，劳动力高度集中产生的污染以及其他相关配套设施产生的污染等均将对水源产生较大影响，在施工中要采取有效措施，保护水源不受污染。

a. 施工及生活废水的排放遵循清污分流、雨污分流的原则；各种施工废油、废液集中储积，集中处理；施工生产废水进行处理，对污水受纳水体实施有效保护。

b. 现场存放油料的地面进行防渗处理，如采用防渗混凝土地面、铺防油毡等措施。在使用过程中，要采取防止油料跑、冒、滴、漏的措施，防止土壤受到污染。

c. 施工现场 100 人以上的临时食堂，污水排放设置有效的隔油池，定期清理，防止污染。

d. 工地临时厕所的化粪池采取防渗措施，并尽可能利用既有建筑物内的水冲式厕所，同时做好防蝇、灭蛆工作。

e. 化学用品、外加剂等材料应库内存放，妥善保管，防止污染环境。

f. 施工物料堆放应严格管理，防止在雨季中暴雨将物料随雨水径流排入地表及附近水域造成污染。

g. 加强对地表水和地下水水质的监测，配合当地环境监测部门搞好舆论宣传和监督工作，加强对沿线施工废水的控制，发现新的污染问题及时进行处理，防止水质恶化。

② 大气污染的防治　施工期间的运输车辆及施工机械是大功率的设备，且施工场地又是一个相对封闭而狭长的空间，车辆设备在行驶和作业过程中会扬起尘土，在场内会产生大量有害气体。为避免对当地人员和房屋、树木、农作物等造成损害，必须采取切实有效的措施对施工现场的空气污染进行防治。

a. 施工过程中采用先进设备，使用清洁能源，在设备选型时选择低污染设备，并安装空气污染控制系统。

b. 对施工机械车辆加强维护，以减少废气排量；对汽油等易挥发物品要密闭存放，并尽量缩短开启时间。

c. 在运输、储存水泥和粉煤灰等易飞扬物时，采取覆盖、密封等措施防止和减少扬尘。

d. 车辆进出工地不得超限运输，防止沿途撒、漏。

e. 在对混凝土拌和站、水泥库、填料集中拌和站等对环境有重要影响的设施进行布置时，要充分考虑本地区的季节风向，采取远离居民区并在拌和站的进料仓上安装除尘装置，控制粉尘污染。

f. 严禁在现场焚烧任何废弃物及有毒废料（废机油、废塑料等）。生活营地使用清洁能源，保证炉灶烟尘排放符合标准。

g. 配备专用洒水车，对施工现场和运输道路经常进行清扫和洒水湿润，减少扬尘。

③ 噪声污染防治　施工噪声主要包括施工现场、机械作业时和车辆运输时产生的噪声。

为减少噪声影响，机械设备选型配套时优先考虑低噪声设备，尽可能采取液压设备和摩擦设备代替振动式设备，并采取消声、隔声、安装防振底座等措施。加强机械设备的维修保养，保证机械设备的完好率，确保施工噪声达到环境保护标准要求。

合理布置施工和生活区域。进入施工现场的机械车辆少鸣笛，不急刹，不带故障运行，减少噪声。机械车辆途经居住区域时减速慢行，禁鸣喇叭。

在固定机械设备附近修建临时隔声屏障，控制噪声传播。

合理安排邻近居民区、学校等噪声敏感地带的施工作业时间，尽量降低夜间车辆出入频率，夜间施工避免安排噪声很大的机械。

适当控制机械布置密度，条件允许时拉开一定距离，避免机械过于集中形成噪声叠加。

钢筋加工厂、混凝土拌和站、填料集中拌和站、制板厂、梁场等高噪声作业场地设置尽量避开居民集中区。

合理安排施工人员在高噪声区和低噪声区的作业时间，并配备劳保用品。

制定噪声管理规章制度，对随意造成噪声损害和影响的单位、个人进行经济处罚。

④ 固体废弃物污染防治　施工营地和施工现场的生活垃圾，按环保要求运至指定地点（垃圾场）或集中堆放掩埋。营地、场地、便道在使用完毕后立即恢复。

工地厕所派专人清理打扫，并定期对周围喷药消毒，以防蚊蝇滋生、病毒传播。

对于施工中废弃的零碎配件、边角料、水泥袋、包装箱等，及时收集清理并搞好现场卫生，保护自然环境与景观不受破坏。

施工中的废弃物，按设计和环保要求进行外运处理。

⑤ 植被保护措施　对植被及地下水资源进行保护，是施工中环境保护和水土保持的重点。

对合同规定施工区域内的植被、树木等尽量维持原状。需砍除树木和其他经济作物时，须事先征得环境保护和水土保持部门、所有者和甲方的批示或同意，严禁超范围砍伐。

对施工区域外的树木、植被制订防护措施，严禁损害。

对有害物质（如燃料、废料、垃圾等），按规定进行处理，防止对动、植物造成损害。

⑥ 大型临时工程的环保

a. 认真规划施工道路，做好临时道路的管理、使用，并做好道路的排水和边坡防护，避免雨水冲刷，引起水土流失。

b. 临时道路使用时没有扬尘、积水，避免破坏植被。

1.4.12　职业健康安全保障措施

通过对重大危险源的严格监控，降低重大危险源的风险，杜绝职业病和群体急性中毒事件，隐患整改率达到 100%。

能力训练题

一、填空题

1.（　　　　　　）是指工程项目在开工前，对拟建工程项目施工的全过程在人力和物力、时间和空间、技术和组织等方面所进行的一系列筹划和安排。

2. 施工组织设计必须具备合理性、实践性、（　　　　　）的特征。

3. 铁路施工组织是各阶段进行投资测算的依据，它对企业的施工计划起着决定性和控制性的作用，也是统筹各（　　　　　）生产的投入与产出过程的关键和依据。

4. 单位工程施工组织设计是以一个单位工程为编制对象，用以指导其施工全过程的各项施工活动的（　　　　　）。

5.（　　　　　）是指施工单位在参加工程投标时，根据工程招标文件的要求，结合本单位的具体情况编制的施工组织设计。

6. 编制指导性施工组织设计必须做到"四个一致"，即与招标文件的要求一致，与设计文件的要求一致，与现场实际情况一致，（　　　　　）。

7. 铁路基本建设作业的工作内容，主要是由（　　　　　）、辅助工作以及基本作业三部分组成的。

8. 施工准备的工作内容通常包括技术准备、物资准备、劳动组织准备、（　　　　　）等。

9. 临时用房通常由生产用房和（　　　　　）两部分组成。

10. 凡是为构成铁路工程本身建筑物的施工作业，建成后作为固定资产移交的项目均为（　　　　　）。

二、选择题（单选）

1.（　　）的施工组织设计主要包括预可行性研究、可行性研究等内容。
    A. 决策单位　　　　　　B. 勘察单位　　　　　　C. 设计单位　　　　　　D. 施工单位

2. 施工单位各阶段编制的施工组织设计最大的特点是（　　　）。
    A. 控制性　　　　　　B. 实施性　　　　　　C. 统筹性　　　　　　D. 计划性

3. 由两个以上单位配合施工的工程，其中一个单位要求调整修改施工组织设计时，由（　　）主持修改。
    A. 原编制单位　　　　B. 监理单位　　　　C. 施工单位共同　　　D. 设计单位

4. "三图两表"中的"三图"指的是（　　　）、施工进度计划图和网络计划图。
    A. 消防设施平面布置图　　　　　　　　　　B. 施工平面布置图
    C. 临时设施布置图　　　　　　　　　　　　D. 生活区布置图

5. 施工现场平面图是根据拟建项目的具体情况，对项目施工全过程所投入的各项资源和工人的生产、生活活动场地做出（　　　）。
    A. 统筹安排　　　B. 全面安排　　　C. 控制性安排　　　D. 详细安排

三、简答题

1. 施工组织设计的主要内容有哪些？

2. 施工组织设计的作用有哪些？

3. 施工组织设计的编制步骤有哪些？

4. 施工方案的编排包括哪些内容？

5. 绘制施工进度示意图时要注意哪些问题？

6. 施工组织设计的管理包括哪几方面内容？

第2章 铁路工务施工组织设计

知识目标

　　了解线路设备修理和大修的工作内容；知道线路大修施工组织设计的内容组成。

能力目标

　　能看懂铁路工务施工组织设计；会编制简单大修工程的施工组织设计。

2.1 线路设备修理工作内容

　　线路设备修理分为线路设备大修和线路设备维修。线路设备修理应实行科学管理，建立和健全责任制，提高机械化施工作业程度，采用新技术、新设备、新材料、新工艺；改进施工作业方法，优化劳动组织，充分利用信息化手段，提高劳动生产率和施工作业质量，降低成本，改善检测手段；严格执行检查验收制度。

2.1.1 线路设备大修

　　线路设备大修的基本任务是根据运输需要及线路设备损耗规律，有计划地、周期性地对线路设备进行更新和修理，恢复和提高线路设备强度，增强轨道承载能力。

　　线路设备大修应有大修施工和设计专业队伍，装备必要的施工机械和运输车辆，安排与施工项目相适应的施工天窗。

　　线路设备大修分类如下：

　　① 线路大修。线路上的钢轨疲劳伤损，轨型不符合要求，不能满足当前或近期铁路运输需要时，必须进行线路大修。

　　线路大修分为普通线路换轨大修和无缝线路换轨大修，无缝线路换轨大修按施工阶段可分为铺设无缝线路前期工程和铺设无缝线路。

　　② 成段更换在用轨（整修轨）。

　　③ 成组更换道岔和岔枕。

　　④ 成段更换混凝土枕。

　　⑤ 道口大修。

　　⑥ 隔离栅栏大修。

　　⑦ 其他大修。

　　⑧ 线路中修。

在线路大修周期内，道床严重板结或脏污，其弹性不能满足铁路运输需要时，应进行线路中修。对石灰岩道砟地段，应结合中修有计划地更换为一级道砟。

在无路基病害、一级道砟、道床污染较轻、使用大型养路机械按周期进行修理的区段，通过有计划地进行边坡清筛，可取消线路中修。

2.1.2　线路设备维修

线路设备维修的基本任务是保持线路设备完整和质量均衡，使列车能以规定速度安全平稳和不间断地运行，并尽量延长线路设备使用寿命。

线路设备维修应实行天窗维修制度，并逐步实行检修分开的管理体制。

线路设备维修分类如下：

（1）综合维修　综合维修指根据线路变化规律和特点，以全面改善轨道弹性、调整轨道几何尺寸和更换、整修失散零部件为重点，以大型养路机械为主要作业手段，按周期、有计划地对线路进行的综合性维修，以恢复线路完好技术状态。

（2）经常保养　经常保养指根据线路变化情况，以中小型养路机械为主要作业手段，对全线进行有计划、有重点的经常性养护，以保持线路质量处于均衡状态。

（3）临时补修　临时补修指以小型养路机械为主要作业手段，及时对线路几何尺寸超过临时补修容许偏差管理值及其他不良处进行的临时性整修，以保证行车安全和平稳。

2.2　施工调查

2.2.1　线路维修的施工调查

线路设备状态调查是线路维修的基础工作，它是获得线路设备状态信息，掌握线路设备变化规律，编制维修作业计划和分析设备病害的主要依据。只有认真、细致、真实地进行调查，才能反映出设备的实际状态，计划任务才能准确，做到有的放矢。

线路设备状态调查分为静态检查和动态检查。

2.2.1.1　线路设备静态检查

（1）检查周期　设有线路设备专业检查车间的工务段，应由线路设备专业检查车间有计划地对工务段管辖线路设备进行月度周期性检查，线路车间负责线路设备专业检查车间检查内容以外的检查和巡视工作。未设线路设备专业检查车间的工务段，应由线路车间组织线路设备专业检查工区有计划地对线路车间管辖线路设备进行月度周期性检查，组织线路工区进行线路设备专业检查工区检查内容以外的检查和巡视工作。

（2）检查内容

① 线路和道岔，每月应检查 2 次（当月有轨检车检查的线路可减少 1 次）；其他线路和道岔，每月应检查 1 次。检查时轨距、水平、三角坑应全面检查、记录，轨向、高低及设备其他状态应全面查看，重点记录，对伤损钢轨、夹板和焊缝应同时检查。

② 线路正矢，每季应结合线路检查至少全面检查 1 次并填写记录。同时应对线路高低和直线轨向用弦线重点检查，重点记录。

③ 无缝线路轨条位移，每月应观测 1 次，并填写记录，发现固定区累计位移量大于 10mm 时，应及时上报工务段查明原因，采取相应措施。对普通线路爬行情况，每季应检查 1 次，爬行量大于 20mm 时，应及时整修。

④ 钢轨焊接接头的表面质量及平直度，每半年应检查 1 次。

⑤ 重线路病害地段和薄弱处所，应经常检查。

工务段段长、副段长、指导主任及检查监控车间主任、线路车间主任和线路工长应定期检查线路、道岔和其他线路设备，并重点检查薄弱处所，具体办法由铁路局规定。

2.2.1.2 线路设备动态检查

线路设备动态检查是指通过轨道检查车的检查，了解和掌握线路局部不平顺（峰值管理）和线路区段整体不平顺（均值管理）的动态质量，指导线路养护维修工作。

（1）检测周期 检测周期根据运量和线路状态确定。

① 铁路总公司轨道检查车，应根据铁路总公司运输局安排，对容许速度大于120km/h的线路及其他主要繁忙干线进行定期检查。

② 铁路局轨道检查车，对容许速度大于120km/h的线路每月检查不少于2遍（含铁路总公司轨道检查车检查），对年通过总重不小于80Mt的正线15～30天检查1遍，对年通过总重为25Mt～80Mt以内的正线每月检查1遍，对年通过总重小于25Mt的正线每季检查1遍，对状态较差的线路，可适当增加检查遍数。

（2）轨检车对线路局部不平顺（峰值管理）检查评定标准

① 各项偏差等级扣分标准：Ⅰ级每处扣1分；Ⅱ级每处扣5分；Ⅲ级每处扣100分；Ⅳ级每处扣301分。

② 线路动态评定标准。线路动态评定以千米为单位，每千米扣分总数为各级、各项偏差扣分总和。每千米线路动态评定标准：

优良——扣分总数在50分及以内；

合格——扣分总数在51～300分；

失格——扣分总数在300分以上。

（3）检测报告

① 铁路总公司轨道检查车检测中发现的问题，应及时通知有关单位，检查后及时将检测报告提交有关单位，每月末向铁路总公司提报月度（或年度）检测、分析报告（含轨检车线路评分统计报告表）。

② 铁路局轨道检查车检测中发现的问题，应立即通知工务段，检查后向有关单位通报检测结果，每月上旬向铁路总公司提报上月（或上年度）检查、分析报告（含轨检车线路评分统计报告表）。

（4）检测问题的处理

① 工务段或施工单位对轨检车查出的Ⅲ级超限处所应及时处理，对查出Ⅳ级超限处所应立即限制行车速度，并及时封锁处理。

② 应重视以下轨道不平顺的判别，并及时处理。

a. 周期性连续三波及多波的轨道不平顺：幅值为10mm的轨向不平顺，12mm的水平不平顺，14mm的高低不平顺。

b. 在50m范围内有3处大于以下幅值的轨道不平顺：12mm的轨向不平顺，12mm的水平不平顺，16mm的高低不平顺。

c. 轨向、水平逆向复合不平顺。

d. 速度大于160km/h的区段，高低、轨向的波长在30m以上的长波不平顺；当轨道检查车检查其高低幅值达到1mm或轨向幅值达到8mm时。

工务段段长（或副段长）、线路车间主任对管内正线每月应用添乘仪至少检查1遍。发现超限处所和不良地段，应及时通知线路车间或工区进行整修，并在段添乘检查记录簿上登记。

2.2.2 线路设备大修施工调查

线路设备大修施工调查的关键在于认真地进行实地勘查。勘查的目的不仅是摸清现场情况，正确编制计划，而且还应该注意设计有无错误，能于事先得到纠正。

调查的内容主要有道床厚度、坡度衔接、起道量与桥面坡度和道口坡度的配合，对电务信号设备、行车设备、机务设备和旅客设备等的影响及解决办法，道口、桥隧及绝缘接头位置等轨道的构造状态，路基断面及排水情况，道岔类型及轨道与道岔的连接形式，起落道量对路基断面及站场排水的影响，曲线轨道拨道量对路基的影响，石料的来源、数量和运距以及施工时占用车站股道、宿营地的确定、车辆停站条件和职工生活条件等。

通过施工调查，掌握情况，明确工作量，摸清用料量，并对可能发生的问题预先给予关注并提出处置措施，在此基础上审核预算，以期圆满地完成生产任务。

基于外业调查资料直接影响大修设计的质量，故在此择其要点分述如下。

（1）钢轨调查　钢轨调查主要是正确鉴定损伤钢轨及其数量。损伤钢轨按其损伤程度分为轻伤和重伤两类。轻伤钢轨是仍具有足够的强度和抗弯性能，尚能继续正常使用的钢轨；重伤钢轨是因伤损而强度减弱，不宜继续使用的钢轨。伤损标准主要看钢轨是否具有轨头下颚透锈、波浪形磨耗、核伤等特征。在调查时应严格按规定的标准，正确鉴定伤损钢轨及其数量，并记录其里程、轨型、轨号、左右股、长度及根数。

（2）轨枕调查　调查时，失效的木枕和混凝土枕要分开记录。混凝土枕又需根据类型、扣件类型分别统计，以免混铺混用，并且同时调查严重伤损的混凝土枕。

轨枕的配置和失效、严重伤损的标准均按《铁路线路修理规则》规定。对混凝土枕主要是考虑轨枕是否断透，是否能固定螺旋道钉，是否影响保持轨距和水平；对木枕主要是考虑能否承压、持钉，是否失去保持轨距和水平的能力。

（3）联结零件调查　主要调查钢轨扣件的类型、规格、位置及延长，螺旋道钉锚固种类、位置及延长，失效状态及数量等。对大（小）胶垫的失效数，每千米至少调查 2 处，每处连续查 $100 \sim 200 \mathrm{m}$，计算失效百分率。

（4）轨道加强设备调查　对防爬器、防爬支撑、轨距杆、轨撑要全面调查，并按规格、现有数、补充数、失效数分别统计。

（5）道床调查　通过横断面测量可以了解道床横断面的现有尺寸。每千米选有代表性的处所 $1 \sim 2$ 处，在轨枕间靠近轨底开挖道床，左右股交错挖至轨枕底下 50cm 或路基面，挖取道砟试样不少于 $0.04 \mathrm{m}^{3}$，然后对道床进行实际筛分（筛径 20mm），根据筛分重量比确定道床脏污百分率。

（6）标志和常备轨调查　全面调查所有线路标志和信号标志，以便抽换、补充、修理和油漆刷新。全面调查沿线常备轨和钢轨架的现状，以便更换补充。

（7）其他调查　站场调查仅调查与正线大修有关的技术资料。成组更换新道岔和新岔枕列入单项大修。此外还有路基及排水调查、道口调查、桥隧涵调查、其他项目调查等。以上调查结果应分别填写在相应的调查表格中供设计使用。

2.3　铁路工务施工组织

2.3.1　线路设备维修组织

2.3.1.1　线路的管辖范围

工务段管辖的范围：正线延长单线以 $500 \sim 700 \mathrm{km}$ 为宜，双线以 $800 \sim 1000 \mathrm{km}$ 为宜；特殊情况下由铁路局规定；山区铁路或管辖范围内有编组站或一等及以上车站时，管辖的正线长度可适当减少。

线路车间管辖的范围：正线延长单线以 60～80km 为宜，双线以 100～120km 为宜。

线路工区管辖的范围以正线延长 10～20km 为宜。

工务段应按检修分开的原则，下设线路车间、检查监控车间和综合机修车间，根据需要还可设机械化维修、道口、路基等车间。

线路车间下设线路工区和机械化维修工区，未设检查监控车间的工务段应在线路车间设置检查监控工区。其他车间可根据需要设置工区。

2.3.1.2 线路设备维修制度

线路设备维修实行检修分开制度。

检修分开的基本原则是实行专业检查和机械化集中修理，实现检查与维修的异体监督。检查监控车间（工区）应按规定的项目和周期进行设备检查分析，并及时传递检查信息；线路车间负责安全生产组织实施；线路工区主要负责线路设备巡查、临时补修、故障处理；机械化维修车间（工区）负责综合维修、配合大机维修作业和计划维修；综合维修车间负责钢轨、道岔焊补，养路机械的维修保养，工具制作、修理及线路配件修理等工作。

2.3.1.3 综合维修组织形式

① 工务机械段负责综合维修的大型养路机械作业项目，工务段配合施工，并负责其他作业项目和质量验收。

② 当大型养路机械维修不能覆盖时，由工务段按检修分开的原则组织综合维修和质量验收。

2.3.1.4 路基维修工作的管理组织

工务段设有路基工区时，路基工区负责路基维修工作、线路工区工作并根据路基设备数量配置相应定员。

凡影响行车的线路设备施工作业均应在天窗内进行。铁路局应安排与修理工作相适应的天窗，应做到平行作业、综合利用。

2.3.1.5 线路设备维修工作计划

① 工务段应根据铁路局下达的年度计划，编制年度分月维修计划，下达各线路车间（机械化维修车间）。主要内容包括：线路、道岔综合维修数量；计划维修工作的重点安排；各项技术指标；劳力和主要材料计划。

工务机械段应根据铁路局下达的年度计划编制年度分月维修计划。

② 线路车间（机械化维修车间）应根据工务段下达的年度分月维修计划和各项技术指标，编制月度维修计划。主要内容包括：

a. 计划维修的主要项目、数量、地点、材料和人工数。

b. 工作量调查、验收的人工数。

c. 日常巡查的主要内容、材料和人工数。

d. 临时补修使用人工数。

e. 天窗使用计划。

③ 检查监控车间（工区）应根据有关规定和要求编制月度检查计划。主要内容包括：

a. 检查的项目、范围、数量及时间。

b. 使用仪器、量具、材料和人工数。

④ 检查监控工区、机械化维修工区、线路工区的日作业计划，由工长负责调查与编制。在线路设备维修计划中，应根据线路设备条件和状态，结合季节特点，合理安排计划维修和重点工作。

2.3.2 线路设备大修施工组织

铁路总公司对线路设备大修施工有严格的技术管理。

2.3.2.1　专业施工队伍必备条件

① 线路大修施工，应由专业线路大修队伍承担。工作量小、技术比较简单的大修也可由工务段承担。

为保证生产秩序、提高技术水平，大修队伍应有固定的生产人员作为基本生产队伍。

② 为提高线路大修工作效率，保证线路大修质量，减轻劳动强度，改善职工生活条件，大修施工单位必须具备如下设施：

a. 铁路局应根据近、远期规划，统筹安排，修建必要的大修基地。大修基地应有足够的配线和场地，具备必要的生产和生活设施，且交通便利。

b. 大修施工单位应配备与大修施工任务相适应的线路大修施工机械、交通运输工具、通信设备以及与检修施工机械相适应的检修机具、检修车间和机修车库等检修设备及设施，以逐步提高施工机械化程度。

c. 大修施工单位应配备足够的流动生活设施（如宿营车辆等）。

2.3.2.2　线路设备大修施工计划

① 线路设备大修施工计划是搞好企业管理、加强施工组织工作的重要环节，必须认真细致地编制年度、季度和月度施工计划。

② 线路设备大修施工必须以正式批准的设计文件和施工计划为依据，需要封锁线路或限制行车速度的施工、工程列车和长轨列车运行、道砟运输等，均应纳入铁路局的运输方案。

③ 线路设备大修施工单位应向有关单位提报月度施工计划。经批准的施工计划，各单位均应严格执行。

2.3.2.3　线路设备大修施工组织设计内容

线路设备大修施工单位依据设计文件进行现场调查和施工测量研究，制订施工方案；按工程件名及批准的施工计划编制施工组织设计。其主要内容如下：

① 设备现状。

② 施工技术条件和技术标准。

③ 工程数量及材料供应。

④ 施工方法、劳动组织、机具使用和施工配合。

⑤ 按工序编制施工进度图表。

⑥ 保证施工安全、质量和进度的措施。

⑦ 施工临时设施。

⑧ 职工生活安排。

2.3.2.4　线路设备大修施工管理

线路设备大修施工必须认真贯彻执行"安全第一、预防为主"的方针，严格执行各项施工作业标准，科学组织施工，确保施工的安全、质量和进度。

① 施工单位应按照设计文件、有关技术标准和施工工艺流程组织施工，合理控制施工和慢行长度。

② 施工负责人应深入现场，加强领导，落实安全责任制。

③ 线路设备大修施工实行安全监督制度。负责设备管理的工务段，必须派人常驻施工工地，加强与施工单位的联系，相互配合，密切协作，协助检查施工安全和施工质量。工务段应对施工全过程进行监督，发现施工安全隐患及质量问题时应责令施工单位立即纠正，危及行车安全时有权责令其停止施工。

④ 线路大修施工单位必须建立以下制度：

a. 施工三检制。在每次开工前、施工中、线路开通及收工前，施工负责人应组织有关人员分别按分工地段对施工准备、施工作业方法和线路设备状态进行检查。

b. 巡查养护制。施工现场应设置巡养人员，对施工地段进行巡查养护工作，发现并及时消除危及行车安全的处所。

c. 工序交接制。前一工序要给下一工序打好基础，在前一个工序完成后，应由施工领导人组织工序负责人进行交接。

d. 隐蔽工程分阶段施工制度。每个阶段结束前，由施工单位会同接管单位共同检查，并填写记录，确认符合设计要求后，方准进行下一阶段施工。

e. 职工岗前培训制。新工人上岗前必须经过安全教育和技术培训，经考试合格方准上岗。采用新工艺、新设备时，必须首先制订安全保证措施和操作规程，并对职工进行培训后方准进行操作和调试。

f. 安全检查分析制。施工安全工作应抓早、抓小、抓苗头、抓薄弱环节，应定期加强检查，重点加强季节性、节假日和工地转移前后的检查，及时消除隐患。应组织开展事故预想活动，预防事故的发生。对事故苗头和事故应及时分析、处理，吸取教训。

2.3.2.5 线路设备大修施工材料管理

① 施工单位应建立健全材料管理制度，不得使用质量、规格不符合标准或出工证件不符合要求的材料。

② 材料应及时清点入库，堆码整齐，采取必要措施防止丢失或损坏。

③ 下道旧料应及时回收，做到工完料净。

④ 应按规定办理材料的收发、运送、使用和交接手续。

2.3.2.6 线路大修施工机械管理

施工单位应建立健全各种施工、运输和装卸机械的管理制度，加强设备台账和技术档案的管理，实行岗位责任制，严格执行设备检修保养制度，保证配件储备，提高设备完好率。

2.3.2.7 线路设备大修施工技术作业要求

① 线路大修应按流水作业组织施工，使各工序紧密衔接，合理控制施工和慢行地段长度。

② 应严格按照设计平纵断面和有关技术标准组织施工。

③ 积极采用新技术、新材料、新工艺、新设备，努力提高施工技术水平。

2.3.2.8 线路设备大修施工组织设计的编制

(1) 施工调查　施工调查的内容在 2.2 节中介绍。

(2) 编制步骤　根据设计文件的要求以及施工调查研究资料，便可按下列步骤编制施工组织设计。

① 计算工作量　根据年度大修施工任务，施工里程及位置，工期安排与要求，以及施工方法、工作项目，按月任务计算工作量。对于经常不变的工作项目（如拆铺轨排、清筛道床、起道捣固等），一般都已专业化，施工方法与施工组织变化不大，可按每千米定额计算，对于变化较大的工作项目（如开挖水沟、大拨道等），可按实际工作量计算，对于个别零星项目（如砌片石盲沟、处理路基病害等）应分别按其工作量计算。

② 选择施工方法，确定施工顺序　我国常用的是龙门架换铺轨排作业方法。其施工过程通常分为基地作业和现场作业两大环节。一般的施工程序为：施工测量—现场调查—技术交底—基地组装轨排—新轨排装车—进入封锁区间—现场施工作业—铺轨排列车返回车站—开通线路—铺轨列车返回基地—旧轨排卸车—拆卸旧轨排。

现场施工作业是一个有限循环的过程，主要作业为拆卸旧轨接头、拆除旧轨排、整平道床、铺设新轨排、回填石砟及起拨道、捣固。

③ 编制劳动力计划　劳动力计划系按各项工作量，依据查定的实际定额（大修单项劳动定额），按千米计算月使用直接工和辅助工的工数，并在此基础上编制每月每千米的劳动力计划表。这里应注意劳动组织、机具使用、施工程序和方法，以及各工序间的衔接等。

④ 编制用料计划　用料计划除了主要定额材料（如每千米的钢轨、轨枕及联结零件等）外，最主要的是石料计划。大修每千米用石料较多，只有计划准确，才能既保证任务的完成，又可避免不足或积压。此外，还应考虑消耗材料、机具需要量以及材料供应运输等。

⑤ 编制施工进度　施工作业的组织方法一般有顺序作业法、平行作业法、流水作业法和平行流水作业法。线路大修施工一般多采用流水作业法和平行作业法。在计算了每月每千米的工作量、用料量及劳动力后，即可编制施工进度指示图表。这里应特别注意各项工作之间的有机配合与衔接，也就是必须进行平衡工作。特别要注意各个项目工作之间的进度应平衡，任何脱节或重叠均会造成工作上的混乱。反复平衡是非常重要的措施。

施工进度指示图表除了表现各项工作量外，还应表示出线路设备的具体情况，以便全面考虑问题。施工进度指示图表还应规定各项工作的进度、材料供应数量、交验日期等，使计划与实际工作都能一目了然，便于发现问题，及时解决。

⑥ 制订施工技术措施　为了能指导施工，保证质量，提高效率，应根据具体情况分别制订保证完成任务的施工技术措施。

a. 建立主要材料的检查制度，质量规格不符合标准或出厂证件不符合要求的不得使用。

b. 建立施工三检制。在每次开工前、施工中、线路开通及收工前，施工负责人应组织有关人员分别按施工地段，对工作准备、操作方法和设备情况进行检查。

c. 建立工序交接制。前一工序要给下一工序打好基础，前一工序完成并经验收合格后方准进行交接。

d. 加强隐蔽工程的检查验收，确认符合规范要求后方可继续施工。

⑦ 制订安全措施

a. 加强对职工的安全教育，贯彻"安全第一"的思想。

b. 建立安全检查分析制。

c. 利用事故树分析方法，对事故进行事前控制，对易发生事故的控制点进行分析并采取防范措施等。

（3）施工计划的交底　施工组织设计经审定后应进行技术交底。技术交底文件一般由下列几部分组成：

① 工程概况　主要说明施工任务，如工程范围、钢轨及配件、轨枕及扣件标准、桥梁隧道状况、道床道门、路基与侧沟、线路平面及纵断面等情况。

② 设计技术条件及技术标准　根据施工特点，说明哪些是重点，如何去做，为什么要这样做，以及本段施工属特殊地段情况，如小半径曲线组装与铺设、大坡道施工、轨缝处理等。

③ 附表　主要应有按千米统计的道床数量表和曲线缩短轨数量表。

2.3.2.9　施工计划的实施

施工计划下达后，各单位应对施工内容进行核对，发现问题应及时与运输处联系纠正。凡经批准的施工，各单位、各部门不得擅自更改。如因特殊情况需变更或急需增加的施工，施工单位要提前 3 天提出书面申请，经各配合单位及有关业务处签认并加盖公章后，报运输处审批。纳入月度施工计划的施工，原则上不准停止。因专特运、事故、自然灾害及调整车流等原因停止施工时，须经主管运输副局长（总调度长）批准，并于前一日 14:00 前以调度命令通知有关单位。

由于特殊原因，未按当月月度施工计划规定时间进行且未纳入次月月度施工计划的各项施工，由各施工单位汇总后于当月月底前报运输处，统一编制次月施工补充计划。

(1) 施工登记

① 调度所要点登记。凡批准的施工，施工前两日 10:00 前由施工单位向调度所进行登记，内容包括施工项目、批准的文件号、施工地点、时间、影响范围、速度限制等。

牵引供电设备的施工，施工单位须通过指定的驻调度所坐台人员或通过供电段准时向路局供电调度按日提报次日施工计划，包括停电时间、作业范围、地线位置、封锁线路要求、自轮运转车辆编组及运行计划等内容。

② 车站要点登记。登记要点工作由各单位施工驻站员负责。施工驻站员到车站登记时必须携带"施工驻站员证"，"施工驻站员证"由施工单位、设备管理单位的安全部门填发；纳入月度施工计划的施工，施工驻站员应于施工前两日 10:00 前在车站统一按施工计划确定的日期、时间、项目及影响范围进行登记。特殊情况需变更施工计划时，经调度所施工台同意后可重新登记。施工当日，施工驻站员必须提前 1h 到岗，与车站值班员对预登的内容进行再次校对，确认无误并在预登施工项目栏下方共同签认（双方签名、日期、时间）后，车站值班员方可向列车调度员请求施工调度命令。

(2) 登记簿的管理、登记要求

① 《行车设备检查登记簿》《行车设备施工登记簿》(施工) 的配备及管理

a. 在行车室（信号楼）、驼峰楼设《行车设备检查登记簿》两册，《行车设备施工登记簿》(施工) 两册。其用途分别为：《行车设备检查登记簿》(故障登记) 一册用于站内、区间设备故障登记，《行车设备检查登记簿》(加封登记) 一册用于设备加封登记。《行车设备施工登记簿》(计划施工) 一册用于有计划施工登记，《行车设备施工登记簿》(维修天窗) 一册用于维修天窗登记。

b. 登记簿的管理由车站指定专人负责，存放固定位置（便于随时登记），用完后保存一年。

② 登记及签认要求　不影响行车设备使用的检查、检修、施工不进行登记。登记签认一律使用蓝色圆珠笔或炭黑圆珠笔填写，各种印章均使用红色印油，做到字迹清楚、内容准确、格式对齐、由前往后、不留空格、依次填写，登记内容不得涂改。填写错误时，在备注栏注明"作废"字样，另起一行重新登记。填记错误、不标准、不清楚、驻站员未持证上岗，车站值班员可拒绝登记，延误检修、施工由设备管理单位或施工单位负责。

③ （故障登记）登记要求　行车设备临时发生故障时，车站值班员（设备管理单位发现故障时由设备管理单位）将发生故障的时间、地点、现象等登在《行车设备检查登记簿》，车站值班员进行签认，并及时通知有关设备部门，将通知的单位、时间以及被通知人的姓名一并登记齐全。有关单位值班人员到达后，应在"到达时间"栏内登记月、日、时、分、姓名并确认故障现象，双方签认。故障消除后，未发生故障的设备单位也要按规定在登记簿登记签认。

④ （计划施工）登记要求

a. 请求施工（慢行及封锁）登记。"本月施工编号"栏由施工单位按月度施工计划编号或批准电报号进行填记，没有编号的可以不填写此项。

"月、日、时、分""施工项目"、影响使用范围条件（需要慢行或封锁）以及"起止时间"栏由负责人填记；"施工负责人"栏需填记单位、职务、姓名；由施工负责人填记"设备单位"栏，填记前需对施工单位填写内容进行检查确认，填记单位、职务、姓名。遇有 2

个以上单位时，分别填记。

b. 承认施工。车站值班员根据调度命令填记"命令号及发令时间、慢行及封锁起止时间"栏，对填记核对无误后，在"车站值班员签认"栏内填记姓名；施工负责人对车站值班员填记内容确认后，在"施工负责人"栏填记姓名。

c. 施工后开通检查确认。施工负责人确认施工结束、具备放行条件后，在"施工终止时间"栏内填记施工终止时间；对"恢复使用范围和条件（开通后恢复常速确认）"栏，开通条件与命令一致时填记"施工完毕，请求开通"；与施工命令不一致时注明恢复使用范围和条件（开通后恢复常速确认），在"施工负责人"栏内填记姓名；设备单位检查人确认施工后具备开通条件，在"设备单位检查人"栏内填记姓名；车站值班员检查确认后，在"车站值班员签认"栏填记姓名；向列车调度员请求开通命令后，在"开通命令号及开通时间"栏内填记调度命令号及开通时间。

其他认为有必要填记的内容在"备注"栏内填记。

当一栏填写内容较多时，可在本栏下格继续填写，但不同施工内容不能占用同一格。如路内单位施工，施工单位为设备单位时，在"施工负责人"栏内填记，配合单位填记在"设备检查人"栏内。如无配合单位时，"设备单位检查人"栏由施工单位填记，施工负责人和设备检查人可由驻站员填写。

⑤（维修天窗）登记要求　维修天窗内只进行维修作业时，在维修天窗登记簿上登记，内容包括：施工时间、地点、项目（填记"维修作业"）、设备名称、施工负责人、影响范围等。

2.3.2.10　施工安全卡控

（1）施工组织领导等级卡控　进行线路、桥隧等设备施工时，应根据工作内容和影响行车安全的程度，按下列规定指定专人担任施工负责人：

① 影响路基稳定的开挖路基、建筑物基坑，整治路基病害，加固或改建桥隧建筑物，拆铺便线（桥）和临时架空结构，更换或铺设防水层，整修隧道衬砌等较复杂的大型施工，由段级领导担任。

② 需办理封锁手续，设置移动停车信号防护，线路开通后需限制列车速度的施工由职务不低于车间主任的人员担任。

③ 需办理封锁手续，设置移动停车信号防护，线路开通后不限制列车速度的施工由职务不低于工长的人员担任。

④ 需办理慢行手续，设置移动减速信号防护，限制列车速度的施工，由职务不低于车间主任的人员担任。

⑤ 设置作业标防护的作业和使用轻型车辆及小车时，由工（班）长担任。

⑥ 在区间装、卸轨料及砂石料的作业，由职务不低于工长的人员担任。

⑦ 特殊情况下，上述作业可由段长指派能胜任的人员担任。

（2）施工关键过程的卡控

① 开工前，应有针对性地对全体施工人员（含劳务工）进行安全教育和技术交底。

② 指派的防护员必须是经过培训考试合格的员工。

③ 施工前，应按审定的方案做好各项准备工作，确认信号备品、机具、材料齐全完好，关键岗位和配合人员已就位，封锁或慢行命令无差错，防护已设好，各项安全措施已落实，然后发布施工命令。

④ 施工中，应严格按审定的方案作业，随时掌握进度与质量，监督施工人员执行各项安全规定，消除不安全因素，并保持与防护员之间的联系。

⑤ 线路开通前，应认真进行质量检查，确认线路设备状态达到放行列车条件，材料机具不侵入限界，并做好记录。

⑥ 列车通过后，应组织复查整修，确认线路、桥隧等设备质量达到规定要求并做好记录后，方准收工。

⑦ 限速地点是否设置专人巡查，由设备管理单位在确保安全的前提下，根据实际情况决定。

⑧ 凡未办理验交的线路、桥等设备，由施工单位负责巡查养护，保证行车安全。

（3）放行列车条件卡控　施工地段放行列车时，轨道静态几何尺寸偏差不得超过计划维修（速度 $V_{max}=120km/h$）容许偏差管理值。列车速度 $V_{max}>45km/h$ 时，工务设备状态符合铁路线路、桥修理有关规定。列车限速 $V<45km/h$ 时，线路状态应符合下列要求：

① 轨枕盒内及轨枕头部道砟不少于 1/3。

② 底道砟串实。

③ 轨枕每隔 6 根可空 1 根。

④ 道钉或扣件

a. 钢轨接头两根轨枕和桥枕上道钉、扣件齐全、有效。

b. 半径小于或等于 800m 曲线地段，混凝土轨枕可每隔 1 根拧紧 3 根钉紧 6 根。

c. 半径大于 800m 曲线及直线地段，混凝土轨枕可每隔 2 根拧紧 1 根钉紧 1 根。

⑤ 接头螺栓：每个接头至少拧紧 4 个（每端 2 个）。

⑥ 钩螺栓：每隔 3 根轨枕拧紧 1 根，木枕可每隔 1 根拧紧 1 根。

⑦ 起道（含垫砟）顺坡率不小于 200 倍。

⑧ 冻害垫板平台两端的顺坡率不小于 200 倍。

⑨ 在进行钢梁修理或上盖板涂装时，可根据施工需要移动桥枕，但移动后每根桥枕的钩螺栓、道钉或分开式扣件应齐全有效，固定枕木的拉条保证枕木间距不变化；移动后的桥枕中心间距不应超过 550mm，个别情况也不得超过 600mm，而接头处桥枕净距不得超过 210mm。

如桥枕状态不良，可根据实际情况采取必要的加固措施或限速运行。行车速度100km/h 以上的区段，桥枕净距大于 210mm 的钢梁桥客车限速 100km/h，货车限速60km/h。施工期间，列车限速不得超过 45km/h。

⑩ 故障处理后的放行列车条件由工务段现场负责人决定。

⑪ 施工作业地段线路开通后，列车限速应按速度阶梯逐步提高。施工作业开通后的限速地段，为逐步提高行车速度，可使用能随时撤出线路的轻便型机具进行线路整修。线路整修时，必须设驻站联络员、现场防护员和作业地点两端的防护员。

2.3.2.11　应用示例

【例 2-1】　××线更换 60kg 轨无缝线路施工安全组织措施。

（1）施工地点及时间

地点：××线 K122＋740～K131＋092。

施工顺序：

① K122＋740～K124＋160；

② K124＋160～K125＋478；

③ K125＋735～K126＋846；

④ K127＋018～K128＋815；

⑤ K128＋900～K129＋946；

⑥ K129＋946～K131＋092。

时间：2013 年 11 月 13 日、11 月 15 日、11 月 17 日、11 月 20 日、11 月 22 日每日 11:00～12:40；施工后第一列火车限速 25km/h。

（2）施工项目及作业内容

铺设 60kg/m 轨无缝线路。

（3）施工组织及作业方法

① 施工领导

a. 施工领导小组。组长 1 人，副组长 3 人，组员 5 人。

b. 参加施工单位。A 领工区、B 领工区、C 领工区、D 领工区、工厂车间。

c. 分工及责任范围。换轨责任区段分工（自始端至终端）：D 领工区、B 领工区、C 领工区、A 领工区。

D 领工区组织 30 人，负责始端钢轨对位连接，或配合工厂铝热焊焊轨 27 人负责换轨工作量及本施工地段的防护工作。

B 领工区组织 50 人，负责换轨中部。撞轨器 1 处 3 人，防护 1 人，换轨工作量提前通知。

C 领工区组织 40 人，负责换轨中部、撞轨器 1 处及 36 人换轨工作量和本施工地段的防护工作。

A 领工区组织 60 人，负责内容：换轨前新轨对位及轨条拨顺，负责与电务联系配合换轨事宜；换轨前将换轨所需 60kg/m 钢轨配件对位于施工现场；负责运转室联系施工要点及施工地段两端作业防护和本领工区负责地段的施工防护；负责换轨地段撞轨器 2 处和 51 人换轨工作量及换轨终点拉伸、连接配合工作等；负责 A 站内人行平过道拆除和铺设工作。

工厂车间负责始端线下轨锯轨、打眼或焊轨，终端锯轨、打眼、拉伸等工作。

② 作业程序

a. 准备作业。每个施工地段在换轨前一日由 A 领工区负责将新轨条安到道床肩部，基本对位换轨配件，对位施工地点，联系电务配合事宜等。

换轨当日准备时，各领工区要首先确认新轨对位情况，清除新旧轨间高于枕面的石砟。

换轨准备扣件按隔二松一的顺序，接头螺栓保障每端不少于 2 个并有效，工厂车间做好锯轨、打眼、焊轨、拉伸准备工作，各撞轨器按指定地点准备到位。

b. 基本作业。给点后，解开换轨地段两端接头及各领工区交界处接头，换轨人员松开扣件，将旧轨拨到轨枕头以外，然后拨入新轨，拨入新轨顺序是先内股后外股。

新轨入位以后，D 领工区要立即将长轨条始端 25m 范围内扣件按扭力要求定好，中部 2 台撞轨器进行撞轨，终端进行拉伸，然后两端分别锯轨、打眼连接或焊轨。

所有换轨人员在钢轨拉伸过程中一律不准紧扣件，中间撞轨器要听从指挥按规定走量将钢轨撞到位，待钢轨拉伸完毕以后，听指挥锁定线路。

A、D 领工区要做好换轨地段两端异型轨捣固、顺撬工作。

各参加施工单位负责人要在施工点结束前 15min 检查本施工地段的恢复情况，确保施工正点恢复。

c. 整理作业。按换轨技术标准整修线路。

开通后第一列慢行车过后，整正胶垫、复拧扣件。将所有旧配件收齐、装车，运到指定地点。各领工区确认下一个施工点的准备情况。

（4）技术标准

① 轨距达到 0～+2mm。

② 缓冲区接头轨缝根据轨温计算预留。

③ 钢轨接头螺栓扭力和扣件扭力应达到规定标准值。

④ 木枕地段按规定钉足道钉。

⑤ 轨枕胶垫位置正确，符合标准。

⑥ 无缝线路铝热焊缝距轨枕边不得小于 40mm。

（5）安全措施

① 施工所在地 A 领工区负责到车站登记，要点、施工两端防护，按规定设置作业牌、信号牌、慢行牌。

② 准备工作不得超限，开通设备必须达到开通条件。

③ 拨轨作业必须统一指挥、呼唤应答，防止伤及人身。

④ 施工准备和整理作业时要防止联电，连接和准备绝缘接头时要十分注意。

⑤ 施工给点以后的出入轨顺序必须服从现场指挥。

⑥ 施工前要准备好切割工具，焊轨处所要准备 2 对鼓包鱼尾板和急救器。

⑦ 整修作业必须达到验收标准，做到"工完、料净、场清"，换下的旧轨不得侵限。经施工领导人验收后，施工人员方可撤离施工现场。

【例 2-2】 滨绥线某区间线路设备大修改造甲、乙两站换岔工程施工组织设计。

（1）工程概况

滨绥线某区间线路设备大修改造工程，由某项目部主要承担更换道岔和岔前、岔后抽换枕木及曲线拨改工程，共计 2 个车站，分别为甲站、乙站，共计更换单开道岔 45 组，2 组交叉渡线，其中利旧更换道岔 4 组。

工期目标：9 月 25 日开工。

（2）组织机构

滨绥线项目领导组：组长 1 人，副组长 1 人，安质部长 1 人，物资部 1 人，调度 1 人，后勤保卫 2 人。

项目部：项目经理 1 人，项目总工 1 人，项目副经理 3 人，安检科长 1 人，物资科长 1 人。

（3）阶段要点工期安排

根据总体工期目标，结合道岔进场计划，计划分为两个要点施工阶段。

第一阶段：9 月 25 日～10 月 4 日。甲站、乙站卸轨料、组装道岔。

第二阶段：10 月 5 日～10 月 7 日，甲站封锁过渡；10 月 8 日～10 月 27 日，乙站封锁过渡。

（4）各站要点方案

甲站要点分为 8 步，乙站要点分为 9 步，各步工作内容大同小异，在此只列举其中的三步，即乙站的第三步。

10 月 16 日 13：20～15：10 乙站内滨绥上、下行线 5K+100～5K+400（其中，滨绥上行线 14：00 开始封锁，工务横移道岔），更换 112 号、117 号、118 号道岔。

乙站变电所 113 号、114 号线停电。

电务安装调试道岔，点毕前 30min 电务调试道岔。

（5）更换道要点施工工艺

① 点前准备

a. 根据施工电报核实施工内容及影响范围，严格按照电报内容安排施工。

b. 与工务部门密切配合，点前明确岔前、岔后配轨情况及点内锯轨位置。确定清砟宽度，提前将备用石砟装入编织袋码放在施工地段附近。提前对旧道岔移出路径进行疏导，不能压钢轨，做到分工明确、协调统一。

c. 点前对需松动的扣件涂油、松动、复紧，锈死的要做好标记，以便点上割除。

d. 在道岔的钢轨上做好横移滑轨标记，横移滑轨应位于相邻两岔枕空当中心，并做好起道机位置标记，分两组对称布置，打起道岔穿滑轨和横移小车。部分道岔需点前横纵移的要横纵移到预定位置，并将道岔固定，防止道岔在列车振动和外力作用下溜动，并派专人监护。

② 点内作业

a. 施工防护。此次要点施工防护由工务部门负责。施工负责人接到驻站员通知的正式封锁命令后，下达施工命令。施工单位应按规定设置停车或慢行信号及防护人员全部到位，保证相邻行车线的施工防护安全可靠，堆放用具及材料没有侵入邻线限界，行车安全。

b. 拆除既有道岔。施工命令下达后，首先将旧道岔拆除，其中在拔出轨条时，注意听从指挥，统一行动，以免伤人。拆除的旧料集中堆码到事先规划的指定地点，避免对滑移新岔作业产生干扰。

c. 清除旧砟及回填新砟。旧砟清除厚度为轨枕下300mm。清砟完毕经检查合格后回填新砟，回填标高应比岔枕底低50mm，达到控制标高后，全面夯实平整。

d. 道岔纵移。纵移采用大滑车，每组道岔6个。

使用大滑车进行道岔纵移、对位，大滑车的安放必须沿岔前中心与撤岔中心连线的两侧对称布置。道岔的纵移行走设专人统一指挥，专人观察小车的偏移及支垫木板的变化情况，防止纵移道岔"落架"或倾斜，杜绝发生道岔侵入邻线行车限界。

e. 道岔横移。道岔横移采用滑轨和小滑车，每组18根4~5m滑轨，10个小滑车。

钢轨（设接头）的一端与预放在道岔下的横滑轨（设接头）用鱼尾板联结牢固，另一端担在道岔将纵移的线路轨道上，前端伸出线路外侧10m左右，其方向、间距及牢固按要求做，滑轨要互相平行且垂直于直股，给道岔横移提供可靠的轨道，每条轨道下增设枕木垛并用道钉固定。

道岔横移过程中，必须有专人监视小车运行情况，出现偏行、卡轮等情况时及时纠正。

f. 道岔就位及联结。支起道岔时需用足量的枕木头，每组道岔200个，另外需要用5cm厚的木板约50块配合使用，并准备20个木楔子。

打起道岔时，统一指挥，号令一致。用短枕木搭设"井"字形临时支撑，枕木垛间距不大于4m，搭好支撑，推出台车；搬导轨时，不得解开鱼尾板，必须整根由一端撤出；下落道岔时，各起道机组必须同步，决不允许各自为政，每次起落高度只能抽填一层枕木厚度（约200mm），并用木板随时迎接，严防塌架。

道岔下落后如需横纵移，可集中起道机和棍拨动到设计位置，如纵向位移量大时、在搭最后一层枕木垛时，利用横移小车反放在轨枕下，再放入撬棍或鱼尾板按动道岔移至设计位置并和前后线路联结。

g. 道岔整修及电务调试。组织上砟、起道、整道、调试。采用电动捣固棒捣固密实，先岔尖后岔尾，并进行转辙试验。达到开通条件后，施工负责人同驻站员联系消点。

h. 消点开通。要点施工任务完成后，仔细检查线路道岔方向、水平、高低及各部尺寸以及电务室内外运行情况，并经安检人员确认，组织人员清理施工范围内的堆放材料机具，符合行车限界要求。

③ 养护与工程交接　开通前必须对轨距、水平、方向等一一复核，同时进行电务连锁试验。

开通后24h交付工务部门进行清筛养护，若有问题及时联系车站负责人和施工负责人进行处理。

(6) 项目部组织机构及机具安排

① 项目部组织机构明细在此略。管理人员108人，其中防护员30人。

② 机具：配备2组劳力同时施工的机具。

(7) 质量保证措施

① 根据封锁工作量的大小和难易程度，准备充足的劳力、材料和施工机具、运输车辆，并制订应急处理措施。准备性能良好的通信工具，确保车站与封锁地点之间、施工总指挥和各作业小组之间可靠的通信联络。

② 施工前对所有参加封锁的作业人员进行安全培训教育和技术交底，使其明确作业范围、规定时间内需要完成的工作内容以及损伤注意事项。

③ 旧料堆放地点应提前做好规划，标志明显；堆放要整齐，一次到位。拆除旧枕间隔10m留1根不动，以备查找标高。挖砟宽度每侧枕端宽出400mm，压机手、布滑轨、滑车、支墩人员应严格按规定施工，不得简化程序。

④ 枕木垛必须搭"井"字形，枕木头要方正、不腐烂，枕木头规格尺寸一致，便于搭设，垛底平整牢固。起落道岔时必须搭好保险堆，人的任何部位严禁伸入道岔下面，要有专人检查。移岔前必须检查道岔限界，确认不侵限时才能移动。纵移道岔时，在滑轨前面两个枕木空当之间不要有人推岔，以防绊倒伤人。严禁压机放炮，停止打压机时，压机把必须抽出。禁止用撬棍插孔翻轨，翻轨时使用专用翻轨撬棍（翻轨器），锯轨打孔时，钢轨要放置稳固。

⑤ 封锁施工中，施工单位应与工务和电务密切配合，互相协作，互创施工条件，确保配套开通。加强同运营管理部门的联系，创造良好的施工条件。

⑥ 施工完成后，必须清理现场，收集整理好工具。石砟回填要饱满，捣固密实后方可交养护人员养护。养护维修人员要坚守岗位，随时巡查新更换道岔过车后的状态，做好整修，并按电报规定更换慢行标志。

(8) 安全保证措施

① 点前

a. 所有施工人员必须加强要点施工培训和安全教育培训并考试合格方可上岗。

b. 施工时现场负责人提前1天向技术科提报日计划，技术科做日计划表传调度，调度向施工配合单位传日计划，通知监护人员现场监护。

c. 站内及区间路基开挖应提报日计划，在监护人员到位时进行开挖。路基开挖前应挖纵横电缆探沟，对挖出的电缆用橡胶管防护，防止挖断，并设指示标引起注意。

d. 在施工准备、卸轨料、施工要点时在监护人员到位的情况下，保护既有工务、电务、供电、电力、通信等既有设备。

e. 封闭线路前的列车慢行阶段，严禁超标准进行施工准备，联结零件、扣件严禁超卸、超松，道床严禁超挖，以免影响线路稳定。

f. 点前不动线，涉及行车线路安全的施工作业，一律列入要点计划，并在批准的要点计划内完成。

g. 道岔预铺时，垫层、枕木垛平台要平整稳固，摆放岔枕间距要精确，道岔配件要齐全，安装正确，工务、电务调试完好。

h. 在道岔预铺位置预铺道岔。道岔几何尺寸按道岔预铺图及技术要求掌握。其中，必须保持直股方正，以保证道岔就位后方向顺直。

② 点中

a. 按《铁路技术管理规程》做好施工要点保护，点内邻线有车时注意拉绳防护。

b. 科学组织施工，配备足够人员，保证旧岔拆除时轨料、配件无损无丢失。新岔铺设正位、正点开通。

c. 道岔横移前，认真检查滑枕布置位置和滑轨方向，保持滑轨平行，检查滑车与滑轮方向是否良好，注意防止小滑轮走偏，防止道岔落架伤人，防止道岔滑移侵限。

d. 道岔正位后，应马上安设"井"字形枕木垛，与滑轨数量对称，并在滑轨上打好楔子，防止道岔回溜。

e. 落岔应统一指挥，枕木头应分层去除。压机手及施工人员应站在压棒侧，防止道岔落架，压棒弹起伤人。

f. 压机手及布滑枕、滑车、支墩人员应严格按规定施工，不得简化程序。

g. 夜间道岔要点施工，应配备足够照明设备，尽量避免道岔较大距离纵移，到位后落岔时要特别强调起道机必须同时起落，严禁"放炮"。

h. 消点前各道岔长负责指挥清理各岔侵限料具，在安检科长检查无侵限料具时向报施工负责人消点开通线路。

③ 点后

a. 各岔必须清理干净各自岔区，收集整理好工具，石砟回填要饱满，捣固密实后方可交养护人员养护。

b. 养护人员要坚守岗位，随时巡查各新更换道岔过车后的状态，做好整修，并按电报规定更换慢行标志。

④ 夜间施工控制　夜间要点施工照明，采用移动灯和碘钨灯，发电机及照明设备均考虑备用。按相关规定加强防护，在作业区临行车线侧，设专职防护员，拉绳防护；防护人员穿反光背心，标志用荧光漆。

⑤ 安全组织

a. 安全教育培训及安全交底。所有管理人员及外协劳力必须由劳资科、安检科培训考试合格上岗；防护员、驻站员由工务段教育部门培训、考试合格持证上岗。技术科负责既有线施工安全交底制定及下发，并签字留档。

b. 现场盯控及防护设置。施工前 1h，施工人员在防护网外待命，提前 30min 进入防护网，在施工范围内每隔 20m 布置 1 人，拉防护绳面向来车方向设置警戒带，防护人员配备手持喇叭，备齐防护用具，警戒带距下行线中心不小于 3m。警戒带设置好后，由现场指挥人员统筹安排各小组负责人组织施工人员带外排队待命。

c. 邻线防护措施。乙站滨绥线 K5＋200～K6＋500 段与大齐线并行；滨绥上、下行间不同时给点，两处给点后由驻站联络员和远端防护人员通报来车，来车时提前用警戒绳将作业人员全部驱逐出两线间，待列车通过后恢复作业。

d. 移动停车牌及慢行牌设置。给点后在施工地点两端各 20m 处由专职防护员设置移动停车牌，消点后撤除。点毕慢行牌由专职防护员按电报施工影响范围设置，慢行牌位置由公司安检部、项目部安检科长、防护班长共同确认，并现场与专职防护员确认。

e. 工地广播。施工现场设置工地广播通报来车，协助防护员进行防护工作。

f. 驻站联络。驻站联络员负责通报行车情况，向施工负责人传达给点命令，熟悉电报内容，按要求记要点，施工结束后负责消点；按要求提前 1h 到达车站值班室，办理要点登记手续，了解车站值班员办理区间闭塞或接临站发车及本站接发车、变更等情况，及时向工地防护员预报、确认。

⑥ 应急预案

a. 换岔可能影响既有线行车的施工项目：人身伤害、料具侵限、封锁延点、设备故障。

b. 成立施工应急领导小组。应急领导小组：组长 1 人，副组长 1 人，成员 8 人。由副经理 1 人带领劳力 200 人待命。

应急电话：工作组调度、公司安质部、项目调度三个部门的电话予以公布。

若发生影响既有线行车的事故，首先立即通报相邻车站及指挥部领导，立即启动相关应急预案，将行车干扰影响减至最小，尽快排除故障隐患。

c. 应急事故处理措施。所有施工人员必须严格按照既有线施工的安全管理规定进行操作施工，并严格遵守既有线的各项安全管理规定。

严格按照安全、技术交底进行施工，严禁野蛮施工。

施工时要听从指挥，统一行动。

施工机具摆放在安全地带，禁止随意丢弃造成侵限。施工期间任何人不得随意跨越警戒绳，邻线来车时本线作业人员必须下道。

施工人员应做好劳动保护，配备必要的防护用品。

如料具发生侵限，应立即予以清除，不易处理解决的应立即向安全负责人报告，并通知驻站联络员及远端防护员。

施工过程中，如发生人身伤害事故，现场应及时做好急救、自救，现场急救由预先指派人员负责组织。

发生人身伤害事故后由相关负责人负责组织应急车辆对伤员进行运送和转移。

施工机具特别是小型捣固机、锯轨机、钻眼机、发电机等必须留有备用，同时做好工前维修保养，工后检查维护，并由专人使用。大型捣固机必须安排修理工，准备好必要的零配件，同时现场要配备足够的小型捣固机，以防故障。

此外还应有应急指挥、联系电话、车辆安排。

现场联络电话：指定负责人的电话。

现场应急药品：急救箱、纱布、云南白药、酒精等。

现场应急车辆：轿车（指定某一车辆）。

d. 应急响应。应急预案的启动程序。发生危及行车安全的事故造成人身伤亡后，立即按照应急预案的步骤进行启动。（应急预案略）

能力训练题

一、填空题

1. 线路设备修理分为线路设备（　　　　）和（　　　　）。

2. （　　　　）指根据线路变化情况，以中小型养路机械为主要作业手段，对全线进行有计划、有重点的经常性养护，以保持线路质量处于均衡状态。

3. 线路设备动态检查是指通过轨道检查车的检查，了解和掌握（　　　　）与线路区段整体不平顺的动态质量，用来指导线路养护维修工作。

4. 钢轨调查主要是正确鉴定（　　　　）及其数量。

5. 施工"三检制"指的是施工准备、施工作业方法和（　　　　）的检查。

二、简答题

1. 线路设备大修的基本任务是什么？

2. 线路设备大修的分类有哪些？

3. 线路设备静态检查的内容有哪些？

4. 线路车间编制月度维修计划主要内容有哪些？

5. 线路设备大修施工组织设计内容有哪些？

第3章 流水施工

知识目标

清楚施工组织的基本方法和适用范围；熟悉流水施工参数、类型及组织方法；清楚施工进度计划横道图的绘制方法。

能力目标

会根据施工情形选择施工组织方法；会组织各类流水施工。

流水施工是组织各类工程施工的一种常用的科学的方法，本章主要介绍流水施工的基本概念、流水施工参数及流水施工的组织方法。

3.1 施工组织的基本方法

铁路工程施工的组织考虑到其内部施工工艺、施工场地、专业施工队、机械设备、空间等诸多因素影响和制约，将这些因素有效地组织在一起，并按照一定的施工组织顺序、时间和空间展开。常用的施工组织方式有顺序作业法、平行作业法和流水作业法三种。

3.1.1 顺序作业法

顺序作业法也称依次作业法，是将拟建工程分成若干施工段，各施工段的全部施工过程划分为若干道工序，各施工段或各施工过程依次开工、依次完成的一种施工组织方式，遵照工程内部各分部分项工程内在的联系和必须遵循的施工顺序，不考虑后续施工过程在时间上和空间上的搭接。

例如某工程队承担 DK96＋900～DK298＋600 区段内 4 座小桥的施工，其施工过程有挖基坑、砌基础、砌桥台、上部安装等工作，每个施工过程的施工天数依次为 2 天、1 天、3 天和 1 天，其中挖基坑作业队由 15 人组成，砌基础作业队由 30 人组成，砌桥台作业队由 20 人组成，上部安装作业队由 10 人组成。

按顺序作业法作业的施工进度计划及劳动力需求量动态曲线如图 3-1 所示。

由图 3-1 可以看出，顺序作业法的主要特点为每天投入的劳动力较少，机具使用不集中，材料供应较单一，单位时间投入的资源少，施工现场管理简单，便于组织和安排。但其较突出的问题有：

① 大部分施工段上的工作面空闲，没有充分利用，所以工期长；

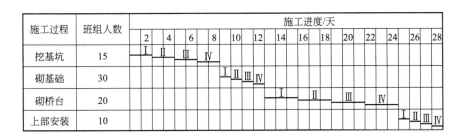

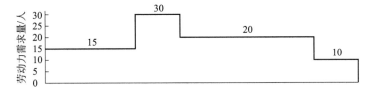

(a) 按施工过程依次施工

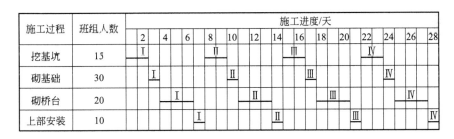

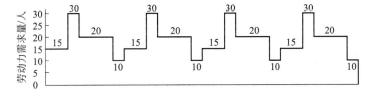

(b) 按施工段依次施工

图 3-1　顺序作业法施工

② 各班组施工及材料供应无法保持连续和均衡，工人有窝工的情况；

③ 由于工人作业不连续，所以不利于改进工人的操作方法和熟悉施工机具，既不能实现专业化施工，又不利于提高工程质量和劳动生产率。

顺序作业法一般适用于没有重复性的单个工程按施工工序的施工。

3.1.2　平行作业法

平行作业法是指全部工程任务的各施工段同时开工、同时完成的一种施工组织方式，它是组织若干个施工队伍，在同一时间、不同空间上完成同样的施工任务。一般在拟建工程任务十分紧迫、工作面允许及资源供应充足的条件下，可采用平行施工组织方式。

图 3-2 所示为采用平行作业法的施工组织方式，它充分利用了工作面，最大限度地缩短了工期。但是平行作业法存在以下较为突出的问题：

① 施工队组数成倍增加；

② 机具设备增加，材料供应集中；

③ 临时设施和堆料场面积需求过大；

④ 组织安排和施工管理困难；

⑤ 施工管理费用增加；

⑥ 施工队不能实现专业化连续生产，不利于提高工程质量和劳动生产率。

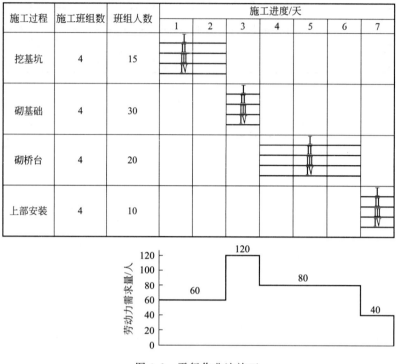

图 3-2 平行作业法施工

3.1.3 流水作业法

流水作业法是指所有的施工过程按照一定的时间间隔依次投入施工，各个施工过程陆续开工、陆续竣工，使同一施工过程的施工队保持连续、均衡施工，不同的施工过程尽可能平行搭接施工的组织方式。图 3-3 为上述工程按流水作业法施工组织方式施工的施工进度、工期和劳动力需求量动态曲线图。

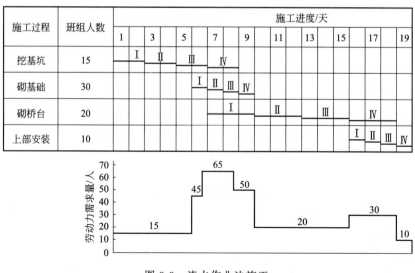

图 3-3 流水作业法施工

由图 3-3 可以看出，流水作业法施工组织方式综合了依次施工和平行施工组织方式的优点，克服了它们的缺点，与它们相比较，工作面利用充分，工期适中，施工队实现了专业化连续生产，提高了劳动生产率，易于保证工程质量；相邻专业施工队之间实现了最大限度的合理搭接；资源供应较为均衡，同时也节约了成本，有利于现场文明施工和科学管理。因此，流水作业法施工是目前工程应用最为广泛的一种施工组织作业方式。

除了以上三种基本作业方法之外，还有将平行作业法和流水作业法结合起来的平行流水作业法，它综合了平行作业法和流水作业法的优点，在铁路工程和其他土木工程施工中应用更加广泛。当所有工程对象按一组进行流水作业，其总工期比规定工期要长时，可将全部工程对象根据工程类型、工程数量分为几个组进行施工，每个组内的工程对象采用流水作业法施工，而组与组之间则采用平行作业法施工。

总之，流水施工作业技术是实现施工管理科学化的重要组成内容，是与建筑设计标准化、施工机械化等现代施工内容紧密联系、相互促进的，是实现企业进步的重要手段。以下主要介绍流水施工的相关内容。

3.2　流水施工的相关内容

3.2.1　流水施工的组织条件

流水施工是指各施工专业队按一定的工艺或组织顺序，以确定的施工速度，连续不断地通过预先计划的流水段（区），在最大限度搭接的情况下组织施工生产的一种形式。组织流水施工必须具备以下条件：

① 划分分部分项工程　首先，将拟建工程根据工程特点及施工要求，划分为若干分部工程，每个分部工程又根据施工工艺要求、工程量大小、施工队组的组成情况，划分为若干施工过程（即分项工程或工序）。

② 划分施工段　根据组织流水施工的需要，在所建工程的平面或者空间上，将同类施工对象划分为工程量大致相等的若干个施工区段。

③ 每个施工过程组织独立的施工队　在一个流水组中，每个施工过程尽可能组织独立的施工队，这样可使每个施工队按施工顺序依次、连续、均衡地从一个施工段转到另一个施工段进行相同的施工操作。

④ 主要施工过程必须连续、均衡地施工　对工程量较大、施工时间较长的施工过程，必须连续、均衡地施工，对其他次要施工过程，可以考虑与相邻的施工过程合并或在不影响工期的前提下，安排其间断施工。

⑤ 不同的施工过程尽可能组织平行搭接施工　按施工先后顺序要求，在有工作面的条件下，除必要的技术和组织间歇时间外，尽可能组织平行搭接施工。

3.2.2　流水施工的表达方式

工程施工进度计划图表用来反映工程施工时各施工过程按其工艺上的先后顺序、相互配合的关系在时间和空间上的开展情况。目前广泛应用的施工进度计划图表有横道图、垂直图和网络图三种表达方式。

（1）横道图　横道图又称水平图，起源于 19 世纪美国人亨利·甘特（H. Gantt）发明的甘特图进度表，故又称为甘特图，如上例图 3-3。横道图中，一般水平坐标表示时间，垂直坐标表示施工过程或专业工作队的名称或编号；每条线段的起点表示工作的开始时刻，线段的终点表示工作的结束时刻；编号Ⅰ、Ⅱ、Ⅲ、Ⅳ…表示不同的施工段及投入施工的先后顺序。

横道图能够清楚地表达各项工作的开始时间、结束时间和持续时间,计划内容排列有序,形象直观,计划工期一目了然;不但能够安排工期,还可以在横道图中加注各分部分项工程的工程量、机械需求量、劳动力需求量等,从而与资金计划、资源计划、劳动力计划相结合;使用方便,制作简单,易于掌握,简单形象,易学易用。

横道图的缺点有:①一项工作的变动对其他工作或整个计划的影响不能清晰地反映出来;②不能表达各项工作的重要性,不能反映出计划任务的内在矛盾和关键环节;③不能利用计算机对复杂工程进行处理和优化。

横道图广泛适用于一些简单的小型项目的施工进度计划或项目初期的总体计划。

(2)垂直图 垂直图又称斜线图,图表中垂直坐标的施工对象编号是由下而上编写的。垂直图表能直观地反映出在一个施工段中各施工过程的先后顺序和相互配合关系,而且可由其斜线的斜率形象地反映出各施工过程的进展速度,但编制计划时不如横道图方便,见图3-4。

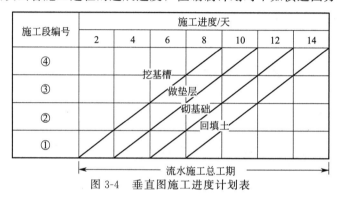

图 3-4 垂直图施工进度计划表

(3)网络图 网络图具有很多优点,应用广泛,具体内容将在第4章详细讲述。

3.2.3 流水施工的基本参数

为了说明组织流水施工时各施工过程在时间上和空间上的开展情况及相互依存关系,必须引入一些描述流水施工进度计划图表特征和各种数量关系的参数,这些参数称为流水施工参数,它包括工艺参数、空间参数和时间参数三类。

3.2.3.1 工艺参数

工艺参数是指在组织流水施工时,用以表达流水施工在施工工艺上的开展顺序及其特征的参数。铁路工程施工的工艺参数主要包括施工过程数和流水强度。

(1)施工过程数 n 在组织工程建设流水施工时,通常根据施工组织计划的安排需要而将计划任务划分成的若干子项称为施工过程,施工过程的数目以 n 表示。施工过程划分的粗细程度由实际需要而定,当编制控制性施工进度计划时,施工过程可以划分得粗一些,施工过程可以是单位工程,也可以是分部工程。而当编制实施性施工进度计划时,对应的施工过程可以划分得细一些,施工过程可以是分项工程,甚至可以是将分项工程按照专业工种的不同划分的不同的施工工序。

(2)流水强度 V 流水强度是指某施工过程(或专业工作队)在单位时间内完成的工程量,也称为流水能力或生产能力,一般以 V_i 表示。

机械施工过程的流水强度按下式计算:

$$V = \sum_{i=1}^{x} R_i S_i \tag{3-1}$$

式中 R_i——某种施工机械台数;

S_i——该种施工机械台班生产率;

x——用于同一施工过程的主导施工机械种类数。

手工操作过程的流水强度按下式计算：

$$V = RS \tag{3-2}$$

式中　R——每一施工过程投入的工人人数（R 应小于工作面上允许容纳的最多人数）；

　　　S——每名工人每班产量。

流水强度关系到专业工作队的组织，合理确定流水强度有利于科学地组织流水施工，对工期的优化有着重要的作用。

3.2.3.2　空间参数

在组织流水施工时，用以表达流水施工在空间布置上所处状态的参数，称为空间参数。铁路工程施工的空间参数主要有工作面和施工段数。

（1）工作面 A　某专业工种的工人在从事施工生产过程中所必须具备的活动空间称为工作面。工作面 A 的大小可以表明施工对象上可以安置多少工人操作或布置多少施工机械，为流水节拍的确定提供依据。它的大小是根据各工种单位时间内的产量定额、工程操作规程和安全规程等要求确定的。

在流水施工中，有的施工过程在施工一开始，就在整个操作面上形成了施工工作面，如人工开挖基坑；有的工作面是随着前一个施工过程的结束而形成的，如现浇钢筋混凝土的支模板、绑钢筋和浇筑混凝土。工作面有一个最小数值的规定，最小工作面对应能够安排的施工人数和机械数的最大数量，决定了专业施工队人数的上限。工作面确定的合理与否，将直接影响专业施工队的生产效率。因此，必须合理确定工作面。

（2）施工段数 m　为了有效地组织流水施工，通常把拟建工程在平面上划分为若干个劳动量大致相等的施工区段，称为施工段，其数目用 m 表示。

施工段数 m 的划分，一种是自然形成的，如几座桥、几个构件等；另一种是人为划分的，如长的铁路工程划分为若干施工段。施工段的划分数目过多会引起资源集中，数目过少则会拖延工期，一般要求施工段数目不小于施工过程数（或专业队数）即 $m \geqslant n$，以利于各工序施工队同一时间能进入工作面流水作业。施工段的划分应考虑以下原则：

① 应使主要工种在各施工段上所需劳动量大致相等，其相差幅度不宜超过 15%，以保证各施工队组连续、均衡、有节奏地施工；

② 要有利于结构的整体性，应将构筑物的外形边缘、构造特点、伸缩缝、沉降缝作为划分施工段的自然界限，对于管道工程，分段的界限尽量划在各种检查井处；

③ 每个施工段的大小应满足专业工种对工作面的要求，使每一施工段所能容纳的劳动力人数或机械台数能满足合理劳动组织的要求。

3.2.3.3　时间参数

在组织流水施工时，用以表达流水施工在时间安排上所处状态的参数称为时间参数，主要包括流水节拍、流水步距、平行搭接时间、技术与组织间歇时间、流水施工工期等。

（1）流水节拍 t_{ij}　流水节拍是指从事第 i 个施工过程的专业施工队在第 j 个施工段上完成施工任务所需要的时间，用符号 t_{ij} 表示（$i = 1, 2, \cdots, n$；$j = 1, 2, \cdots, m$）。

流水节拍的大小直接关系到投入的劳动力、机械和材料量的多少，决定着施工速度和施工的节奏，因此，合理确定流水节拍具有重要意义。

流水节拍最常用的确定方法是定额计算法。根据各施工段的工程量和现有能够投入的资源量（劳动力、机械台数和材料量等），按以下公式进行计算：

$$t_{ij} = \frac{Q_{ij}}{S_i R_i N_i} = \frac{P_{ij}}{R_i N_i} \tag{3-3}$$

式中 t_{ij}——第 i 个施工过程在第 j 个施工段上的流水节拍，天、周、月、季等；

          Q_{ij}——第 i 个施工过程在第 j 个施工段上的工程量；

         S_i——第 i 个施工过程每工日或每台班产量；

        P_{ij}——第 i 个施工过程在第 j 个施工段上所需的劳动量（工日数或台班数）；

        R_i——第 i 个施工过程施工班组人数或机械台数；

        N_i——每天工作班制数。

在特定施工段上工程量不变的情况下，流水节拍越小，所需的专业施工队的工人或机械就越多。除了用公式计算，确定流水节拍还应该考虑下列要求：

① 施工班组人数应符合该施工过程最小劳动组合人数的要求。所谓最小劳动组合，指的是某一施工过程进行正常施工所必需的最低限度的班组人数及其合理组合。如模板安装就是按技工和普工的最少人数及合理比例组成施工队组，人数过少或比例不当都将引起劳动生产率的下降，甚至无法施工。

② 要考虑工作面的大小或某种条件的限制。施工班组人数也不能太多，每个工人的工作面要符合最小工作面的要求。否则，就不能发挥正常的施工效率或不利于安全生产。

③ 要考虑各种机械台班的效率或机械台班产量的大小。

④ 要考虑各种材料、构配件等施工现场堆放量、供应能力及其他有关条件的制约。

⑤ 要考虑施工及技术条件的要求。例如：浇筑混凝土为了连续施工有时要按三班制工作。

⑥ 确定一个分部工程各个施工过程的流水节拍时，首先应考虑工程量大的施工过程的节拍，其次确定其他施工过程的节拍值。

⑦ 节拍值一般取整数，必要时可保留 0.5 天（台班）的小数值。

（2）流水步距   流水步距是指两个相邻施工过程的施工班组相继进入同一个施工段开始施工的最小时间间隔（不包括技术与组织间歇时间），用符号 $K_{i,i+1}$ 表示（i 为施工过程）。

流水步距的数目等于 $n-1$ 个，n 为施工过程数。

流水步距的大小对工期有着较大的影响。一般说来，在施工段不变的条件下，流水步距越大，工期越长；流水步距越小，则工期越短。流水步距还与前后两个相邻施工过程流水节拍的大小、施工工艺技术要求、施工段数、流水施工组织方式等因素有关。

① 确定流水步距的基本要求

a. 要保证各施工班组连续、均衡、有序地施工，工作面允许有一定的空闲。

b. 要满足施工工艺的要求，保证每个施工段的正常作业程序，不发生前一个施工过程尚未完成，而后一个施工班组提前进入的现象。

c. 要保证工程质量，满足安全生产及成品保护的需要。

d. 要满足工期最短的要求。流水步距要保证相邻两个专业队在开工时间上最大限度地、合理地搭接，以此确定出最小流水步距 $K_{\min}$。

② 最小流水步距的确定方法   确定流水步距的方法很多，简捷实用的方法主要有潘特考夫斯基法，也称潘氏法，现介绍如下：

潘氏法计算最小流水步距的过程为"累计数列错位相减取大差"。具体如下：

a. 确定好施工顺序，列好流水节拍表（务必横向列 m 个施工段，纵向列 n 个施工过程）；

b. 将每个施工过程的流水节拍值逐段累加形成横向数列；

c. 根据施工顺序，将相邻两工序中后续工序的累加节拍数列向后移一位再列竖式，上下对应错位相减；

d. 根据错位相减的结果，取正差中的最大值作为相邻两工序细步流水之间的流水步距。

需要说明的是，每次错位相减只能求出两个相邻施工过程的流水步距 $K_{i,i+1}$，要求出

$n-1$ 个流水步骤，需求 $n-1$ 次。

【例 3-1】 某分部工程由 A、B、C、D 4 个施工过程组成，分别由 4 个专业施工队完成，在平面上划分为 4 个施工段，每个施工过程在各个施工段上的流水节拍见表 3-1，试确定相邻专业工作队之间的流水步距。

表 3-1　某工程流水节拍　　　　　　　　　　单位：天

施工过程＼施工段	Ⅰ	Ⅱ	Ⅲ	Ⅳ
A	4	2	3	2
B	3	3	4	4
C	3	2	2	3
D	2	2	1	2

解： ① 确定施工顺序为Ⅰ、Ⅱ、Ⅲ、Ⅳ，已知流水节拍表横向为施工段，纵向为施工过程，可开始计算。（本题目施工过程数 $n=4$，流水步距有 $4-1=3$ 个，即 $K_{A,B}$、$K_{B,C}$ 和 $K_{C,D}$）

② 求每个施工过程的流水节拍累加数列

A：4，6，9，11；

B：3，6，10，14；

C：3，5，7，10；

D：2，4，5，7。

③ 错位相减

A 与 B：　　4，　6，　9，　11
　　　　 －)　　 3，　6，　10，14
　　　　────────────────
　　　　　　4，　3，　3，　1，　－14

B 与 C：　　3，　6，　10，14
　　　　 －)　　 3，　5，　7，　10
　　　　────────────────
　　　　　　3，　3，　5，　7，　－10

C 与 D：　　3，　5，　7，　10
　　　　 －)　　 2，　4，　5，　7
　　　　────────────────
　　　　　　3，　3，　3，　5，　－7

④ 确定流水步距。取错位相减所得结果中正值最大者（负值舍去）为最小流水步距，故有：

$$K_{A,B}=\max(4,\ 3,\ 3,\ 1,\ -14)=4(天)$$
$$K_{B,C}=\max(3,\ 3,\ 5,\ 7,\ -10)=7(天)$$
$$K_{C,D}=\max(3,\ 3,\ 3,\ 5,\ -7)=5(天)$$

（3）平行搭接时间　在组织流水施工时，有时为了缩短工期，在工作面允许的条件下，如果前一个施工班组完成部分施工任务后，能够提前为后一个施工班组提供工作面，使后者提前进入该施工段，两者在同一施工段上平行搭接施工，这个搭接时间称为平行搭接时间，也叫提前插入时间，通常以 $C_{i,i+1}$ 表示。

（4）技术与组织间歇时间　在组织流水施工时，有些施工过程完成后，后续施工过程不能立即投入施工，必须有足够的间歇时间。由建筑材料或现浇构件工艺性质决定的间歇时间称为技术间歇时间，用 $G_{i,i+1}$ 表示，如现浇混凝土构件养护时间。由施工组织原因造成的间歇时间称为组织间歇时间，用 $Z_{i,i+1}$ 表示，如回填土前地下管道检查验收、施工机械转移以及其他作业前准备工作用去的时间。

（5）流水施工工期　流水施工工期是指完成一项工程任务或一个流水组施工所需的时间，一般可采用下式计算。

$$T = \sum K_{i,i+1} + T_n + \sum G_{i,i+1} + \sum Z_{i,i+1} - \sum C_{i,i+1} \tag{3-4}$$

式中　T——流水施工工期；

$\sum K_{i,i+1}$——流水施工中各最小流水步距之和，$i = 1, 2, \cdots, n$；

T_n——流水施工中最后一个施工过程在各个施工段持续时间之和，有时也用 $\sum t_n$ 表示；

$G_{i,i+1}$——第 i 个施工过程与第 $i+1$ 个施工过程之间的技术间歇时间；

$Z_{i,i+1}$——第 i 个施工过程与第 $i+1$ 个施工过程之间的组织间歇时间；

$C_{i,i+1}$——第 i 个施工过程与第 $i+1$ 个施工过程之间的平行搭接时间。

3.3　流水施工的基本类型

根据流水节拍规律的不同，流水施工的基本方式分为有节奏流水施工和无节奏流水施工两大类，有节奏流水施工又可分为等节奏流水施工和异节奏流水施工两类，如图 3-5 所示。

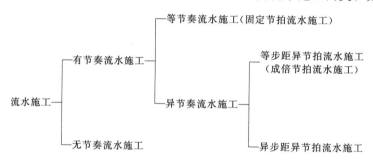

图 3-5　流水施工组织方式分类

3.3.1　等节奏流水施工（固定节拍流水施工）

等节奏流水施工是指同一施工过程在各施工段上的流水节拍都相等，并且不同施工过程之间的流水节拍也相等的一种流水施工方式。即各施工过程的流水节拍均为常数（$t_{ij} = $ 常数），故也称为全等节拍流水或固定节拍流水。

例如，某工程划分为 A、B、C、D 4 个施工过程，每个施工过程分 4 个施工段，流水节拍均为 4 天，组织等节奏流水施工，其进度安排如图 3-6 所示。

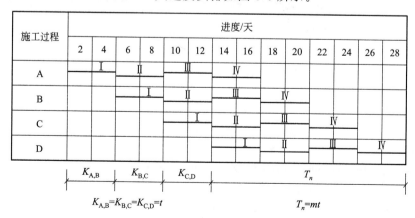

图 3-6　某全等节拍流水施工进度表

（1）等节奏流水施工的特征

① 各施工过程在各个施工段上的流水节拍均相等；

② 流水步距彼此相等且等于流水节拍值，即：$K_{1,2}=K_{2,3}=\cdots=K_{n-1,n}=t$（常数）；

③ 各专业施工队在各施工段上能够连续作业，施工段之间没有空闲时间；

④ 施工班组数等于施工过程数 n。

（2）等节奏流水施工工期计算

因为 $\sum K_{i,i+1}=(n-1)t$，$T_n=mt$

所以

$$T=\sum K_{i,i+1}+T_n+\sum G_{i,i+1}+\sum Z_{i,i+1}-\sum C_{i,i+1}$$
$$=(m+n-1)t+\sum G_{i,i+1}+\sum Z_{i,i+1}-\sum C_{i,i+1} \tag{3-5}$$

式中，各含义同上。

【例 3-2】 某分部工程由 A，B，C，D 4 个分项工程组成，划分为 5 个施工段，流水节拍均为 3 天，在 A 工程完成后要技术间歇 1 天才能进行 B 工程，试确定流水步距及计算工期，并绘制流水施工进度计划。

解： ① 由已知条件 $m=5$，$n=4$，$K=t_i=t=3$ 天，本工程采用等节拍专业流水。

② 总工期：$T=(m+n-1)t+G_{A,B}=(5+4-1)\times3+1=25$（天）。

③ 横道进度图绘制见图 3-7。

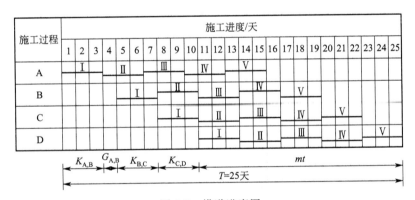

图 3-7 横道进度图

（3）等节奏流水施工的组织方法

① 首先划分施工过程，应将劳动量小的施工过程合并到相邻施工过程中去，以使各流水节拍相等；

② 其次确定主要施工过程的施工班组人数，计算其流水节拍；

③ 最后根据已定的流水节拍，确定其他施工过程的施工班组人数及其组成。

等节奏流水施工一般适用于工程规模较小、结构比较简单、施工过程不多的桥涵或某些构筑物，常用于组织一个分部工程的流水施工。

3.3.2 异节奏流水施工

在组织流水施工时，通常在同一施工段的固定工作面上，不同施工过程的施工性质和复杂程度各不相同，从而使得其流水节拍很难完全相等，不能形成固定节拍流水施工。但是，如果施工段划分得恰当，可以使同一施工过程在各个施工段上的流水节拍相等。这种各施工过程的流水节拍相等，而不同施工过程之间的流水节拍不尽相等的流水施工组织方式属于异节奏流水施工。异节奏流水施工又可分为异步距异节拍流水施工和等步距异节拍流水施工两种。

3.3.2.1　异步距异节拍流水施工

异步距异节拍流水施工的特征如下：

① 同一施工过程流水节拍相等，不同施工过程之间的流水节拍不一定相等；

② 各个施工过程之间的流水步距不一定相等；

③ 各施工班组数等于施工过程数 n。

组织异步距异节拍流水施工的基本要求是：各施工队组尽可能依次在各施工段上连续施工，允许有些施工段工作面出现空闲，但不允许多个施工班组在同一施工段交叉作业，更不允许发生工艺顺序颠倒的现象。异步距异节拍流水施工适用于施工段大小相等的分部和单位工程的流水施工，它在进度安排上比全等节拍流水灵活，实际应用范围较广泛。其具体组织方式同无节奏流水施工，在后面详述。

3.3.2.2　等步距异节拍流水施工（成倍节拍流水施工）

等步距异节拍流水施工亦称成倍节拍流水施工，是指同一施工过程在各个施工段上的流水节拍相等，不同施工过程之间的流水节拍不完全相等，但各个施工过程的流水节拍均为其中最小流水节拍的整数倍，即各个流水节拍之间存在一个最大公约数。为加快流水施工进度，按最大公约数的倍数组建每个施工过程的施工队组，以形成类似于等节奏流水的等步距异节奏流水施工方式。

（1）等步距异节拍流水施工的特征

① 同一施工过程流水节拍相等，不同施工过程流水节拍等于其中最小流水节拍的整数倍；

② 流水步距彼此相等，且等于最小节拍值（最大公约数）；

③ 施工班组数 n' 大于施工过程数 n，即 $n'>n$；

④ 各专业施工队都能够保证连续作业，施工段没有空闲；

⑤ 该种施工组织方式对于流水节拍大的施工过程需要消耗多倍的施工资源（工料机），因此必须在资源充足的前提下才能使用。

（2）流水步距的确定

$$K_{i,\,i+1}=K_{b} \tag{3-6}$$

（3）每个施工过程的施工队组数确定

$$b_i=\frac{t_i}{K_b} \tag{3-7}$$

$$n'=\sum b_i \tag{3-8}$$

式中　b_i——第 i 个施工过程所需施工班组数；

　　　n'——施工班组总数目；

　　　K_b——最大公约数，其他符号含义同前。

（4）施工段数目 m 的确定

施工段数目 m 一般取 $m=n'$。

（5）流水施工工期

$$T=(m+n'-1)\,K_b+\sum G_{i,\,i+1}+\sum Z_{i,\,i+1}-\sum C_{i,\,i+1} \tag{3-9}$$

式中，含义同前。

【例 3-3】 某铁路工程划分为 6 个施工段和 4 个施工过程 A、B、C、D。其流水节拍分别为，$t_A=2$ 天，$t_B=4$ 天，$t_C=6$ 天，$t_D=2$ 天。试组织成倍节拍流水施工，并绘制流水施工进度图。

解： ① 确定流水步距。各流水节拍的最大公约数为 2，即 $K=2$ 天。

② 确定每个施工过程的工作队数

$$b_A=\frac{t_A}{K}=\frac{2}{2}=1(个);b_B=\frac{t_B}{K}=\frac{4}{2}=2(个);b_C=\frac{t_C}{K}=\frac{6}{2}=3(个);b_D=\frac{t_D}{K}=\frac{2}{2}=1(个)$$

施工队总数 $n'=\sum b_i=1+2+3+1=7(个)$

③ 计算工期

$$T=(m+n'-1)K_b+\sum G_{i,i+1}+\sum Z_{i,i+1}-\sum C_{i,i+1}=(6+7-1)\times2+0+0-0=24(天)$$

④ 绘制横道进度图如图 3-8 所示。

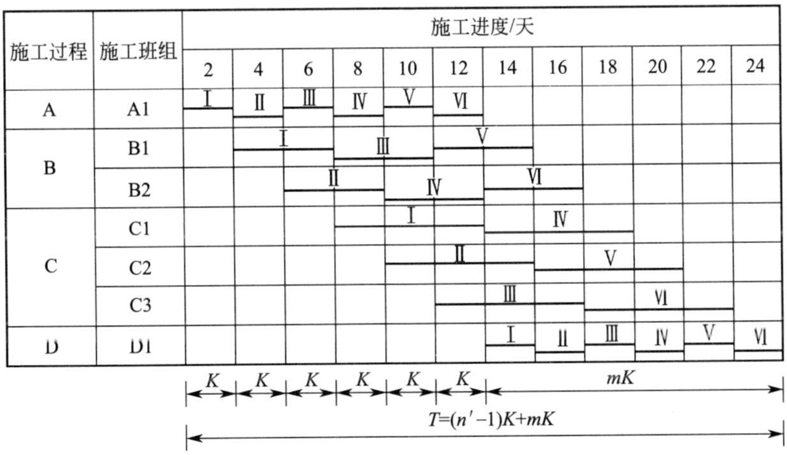

图 3-8　横道进度图

3.3.3　无节奏流水施工

无节奏流水施工是指同一施工过程在各个施工段上流水节拍不完全相等、不同施工过程间的流水节拍也不完全相等的流水施工方式，也称为分别流水施工。

在实际工程中，通常每个施工过程在各个施工段上的工程量彼此不等，各专业施工班组的生产效率相差较大，导致大多数的流水节拍也彼此不相等，因此有节奏流水施工，尤其是全等节拍流水施工和成倍节拍流水施工往往是难以组织的，而无节奏流水施工则是铁路工程施工的普遍方式。无节奏流水施工的流水节拍虽无任何规律，但仍然可以利用流水施工原理组织流水施工，使得各专业工作队能够连续施工，并达到好的施工及经济效果。

（1）无节奏流水施工的特点

① 每个施工过程在各个施工段上的流水节拍不尽相等；

② 各个施工过程之间的流水步距不完全相等且差异较大；

③ 各施工作业队能够在施工段上连续作业，但有的施工段之间可能有空闲时间；

④ 施工队组数等于施工过程数 n。

（2）流水步距的确定

分别流水施工中，流水步距的大小是没有规律的，彼此不等。为使工期最短，一般用前面提到的潘氏法来分别确定相邻工序间的 $n-1$ 个最小流水步距。而组织无节奏流水的关键就是正确计算并确定各个流水步距。

（3）流水施工工期

$$T=\sum K_{i,i+1}+T_n+\sum G_{i,i+1}+\sum Z_{i,i+1}-\sum C_{i,i+1}$$

（4）无节奏流水施工横道进度图的绘制

在确定流水步距和工期后，第一个施工过程的施工班组率先开始按施工顺序在各个施工段上连续施工，第二个施工过程的施工班组在间隔前两个施工过程其流水步距天数后开始在各个施工段上连续施工，若有搭接时间或间歇时间，在确定开始时间时应予以考虑；如此类推，应用每一个流水步距，直至最后一个施工过程在各个施工段依次完成施工任务并结束在工期日，最后在横道进度线上清晰地标注施工地点（施工段）。

【例 3-4】 某铁路工程有 A、B、C、D 4 个施工过程，在线路上划分成 4 个施工段，每个施工过程在各个施工段上的流水节拍如表 3-2 所示。规定 B 完成后有 2 天的技术间歇时间，C 完成后有 1 天的组织间歇时间，A 与 B 之间有 1 天的平行搭接时间，试组织无节奏流水施工。

表 3-2　某施工过程流水节拍　　　　　　　　　单位：天

施工过程 \ 施工段	I	II	III	IV
A	3	2	2	4
B	2	3	4	3
C	2	1	3	5
D	4	3	2	3

解：根据题设条件，该工程只能组织无节奏流水施工。$n=4$，用"潘氏法"求 3 个最小流水步距：

① 求流水节拍的累加数列

A：3，　5，　7，　11；

B：2，　5，　9，　12；

C：2，　3，　6，　11；

D：4，　7，　9，　12。

② 确定流水步距

a. $K_{A,B}$：　　3，　5，　7，　11

　　　　）　　—　2，　5，　9，　12

　　　　　　　　3，　3，　2，　2，　—12

所以　$K_{A,B}=3$（天）；

b. $K_{B,C}$：　　2，　5，　9，　12

　　　　）　　—　2，　3，　6，　11

　　　　　　　　2，　3，　6，　6，　—11

所以　$K_{B,C}=6$（天）；

c. $K_{C,D}$：　　2，　3，　6，　11

　　　　）　　—　4，　7，　9，　12

　　　　　　　　2，　—1，　—1，　2，　—12

所以　$K_{C,D}=2$（天）。

③ 确定流水工期。

$$T = \sum K_{i,i+1} + T_n + \sum G_{i,i+1} + \sum Z_{i,i+1} - \sum C_{i,i+1}$$
$$= (3+6+2) + (4+3+2+3) + 2 + 1 - 1 = 25（天）$$

④ 绘制无节奏流水施工进度计划横道图如图 3-9 所示。

组织无节奏流水施工的基本要求与异步距异节拍流水相同，即保证各施工过程的工艺顺序合理和各施工队组尽可能依次在各施工段上连续施工。

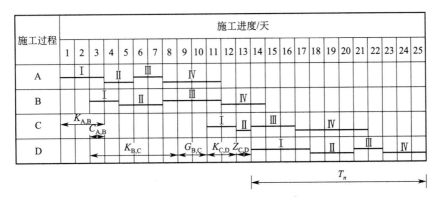

图 3-9 无节奏流水施工进度计划横道图

无节奏流水施工不像有节奏流水施工那样有一定的时间规律，在进度安排上比较灵活、自由，适用于各类工程建设分部工程和单位工程及大型建筑群的流水施工，实际运用最为广泛。

能力训练题

一、选择题（单选）

1. 工程项目最科学有效的组织方法是（   ）。
   A. 平行施工　　　　B. 依次施工　　　　C. 流水施工　　　　D. 搭接施工

2. 依次施工的特点有（   ）。
   A. 工期短
   B. 劳动力需用量波动性大
   C. 现场组织管理工作比较简单
   D. 劳动力需要量出现高峰

3. 下列（   ）参数为时间参数。
   A. 施工段数　　　　B. 施工过程数　　　　C. 流水强度　　　　D. 流水步距

4. 设某工程由挖基槽、浇垫层、砌基础、回填土四个有工艺顺序关系的施工过程组成，它们的流水节拍均为 2 天，若施工段数取为 3 段，则其流水工期为（   ）天。
   A. 8　　　　　　　　B. 10　　　　　　　　C. 12　　　　　　　　D. 14

5. 下列（   ）不是流水施工的特点。
   A. 工期最短
   B. 工作面充分利用
   C. 工期适中
   D. 劳动生产率高

6. 两个相邻施工队（组）先后进入同一个施工段进行流水施工的时间间隔，叫作（   ）。
   A. 流水节拍　　　　B. 流水作业　　　　C. 流水步距　　　　D. 流水强度

7. 在组织流水施工时，用来表达流水施工在施工工艺方面进展状态的参数通常包括（   ）。
   A. 施工过程数和流水强度
   B. 流水节拍和流水步距
   C. 施工段
   D. 流水过程数和流水步距

8. 关于横道进度计划图的说法，正确的是（   ）。
   A. 可以将工作简要说明直接放到横道图上
   B. 计划调整比较方便
   C. 可以直观地确定计划的关键线路
   D. 工作间逻辑关系易于表达清楚

二、选择题（多选）

1. 建筑施工的组织方式通常有（   ）三种。

A. 平行施工   B. 依次施工   C. 流水施工

D. 搭接施工   E. 交叉施工

2. 流水施工段划分的一般部位是（   ）。

A. 设有变形缝的部位   B. 设有沉降缝的部位

C. 设有承重结构的部位   D. 设有可以留施工缝的部位

E. 线性工程以一定长度为一个施工段

3. 组织流水施工的时间参数有（   ）。

A. 施工过程数   B. 流水节拍   C. 施工段数

D. 工期   E. 流水步距

4. 异节奏成倍流水节拍施工的特点是（   ）。

A. 每一个施工过程在各施工段上的流水节拍都相等

B. 不同施工过程之间的流水节拍互为倍数

C. 专业工作队数目等于施工过程数

D. 专业工作队连续均衡作业

E. 流水步距彼此相等

三、简答题

1. 施工组织有哪几种方式？各有什么特点？

2. 施工进度计划的表达方式有哪几种？

3. 流水施工参数有哪些？分为哪几类？

4. 无节奏流水施工如何组织？

5. 横道进度计划如何绘制？

四、综合题

1. 某分部工程由基层、垫层、面层 3 个施工过程组成，该工程在平面上划分为 4 个施工段，各施工过程在各个施工段上的持续时间均为 5 天。根据该工程持续时间的特点，试组织流水施工并绘制流水施工进度计划横道图。

2. 某流水施工组织为成倍节拍流水，施工段数为 6，甲、乙、丙 3 个施工过程的流水节拍为 2 天、2 天、4 天，其中乙、丙两个施工过程的间歇时间为 2 天，试组织流水施工并绘制流水施工进度计划横道图。

3. 某项目由 4 个施工过程组成，分别由 A、B、C、D 4 个专业队完成，在平面上划分成 4 个施工段，每个专业工作队在各个施工段上的流水节拍如表 3-3 所示，试确定相邻专业工作队之间的流水步距，绘制流水施工进度计划横道图。

表 3-3   各施工过程流水节拍表   单位：天

施工过程	施工段			
	①	②	③	④
A	5	3	4	3
B	3	5	4	5
C	4	2	3	3
D	3	4	2	4

4. 施工单位将施工作业划分为 A、B、C、D 4 个施工过程，分别由指定的专业班组进行施工，每天一班工作制，流水施工参数见表 3-4，试组织无节奏流水施工。

表 3-4　流水施工参数　　　　　　　　　　　单位：天

施工段	施工过程			
	A	B	C	D
Ⅰ	12	18	25	12
Ⅱ	20	12	25	13
Ⅲ	18	19	20	15
Ⅳ	22	13	20	14

5. 某项目经理部拟承建一工程，该工程分为 5 个施工过程和 5 个施工段，各段参数见表 3-5。另施工过程 B 完成后至少养护 2 天，施工过程 D 完成后 E 施工过程需有 1 天准备时间，为了尽早完工，允许施工过程 A 和 B 之间搭接施工 1 天，试组织无节奏流水施工。

表 3-5　各施工段参数　　　　　　　　　　　单位：天

施工段 施工过程	Ⅰ	Ⅱ	Ⅲ	Ⅳ	Ⅴ
A	3	3	3	4	2
B	2	3	5	3	1
C	3	2	3	5	2
D	4	2	3	2	3
E	8	1	2	3	2

第4章 网络计划技术

4.1 网络计划技术概述

4.1.1 网络计划的概念及优缺点

网络计划技术是 20 世纪 50 年代末在美国创造和发展起来的，当时最著名的两种工程网络计划技术是关键线路法（CPM）和计划评审技术（PERT）。关键线路法和计划评审技术有一个共同的特征，就是用网络图的形式来表达计划的安排，所以就把它们统称为工程网络计划法。我国于 20 世纪 60 年代开始在工业管理中引进了关键线路法，经过实践与应用，至今已将该法广泛应用于各工程建设领域。

网络计划技术的基本模型是网络图，网络图是"由箭线和节点组成的，用来表示工作流程的有向、有序的网状图形"。用网络图表达任务构成、工作顺序并加注工作时间参数的进度计划称为网络计划。用网络计划对工程任务的工作进度进行安排和控制，以保证实现预定目标的计划管理技术称为网络计划技术。

网络计划与横道图相比，具有以下优点：

① 网络图把施工过程中的各有关工作组成了一个有机的整体，能全面而明确地表达出各项工作开展的先后顺序和反映出各项工作之间的相互制约和相互依赖的关系。

② 能进行各种时间参数的计算。

③ 在名目繁多、错综复杂的计划中找出决定工程进度的关键工作，便于管理者集中力量抓好主要矛盾，确保工期，避免盲目施工。

④ 能够从许多可行方案中选出最优方案。

⑤ 在计划执行过程中，可以预见到某一工作由于某种原因推迟或者提前完成对整个计划的影响程度，而且能根据变化的情况迅速进行调整，保证自始至终对计划进行有效的控制与监督。

⑥ 利用网络计划中反映出的各项工作的时间储备，可以更好地调配人力、物力，以达到降低成本的目的。

网络计划也存在表达不直观、不易看懂、计算编制复杂以及不易显示资源平衡等缺点。

4.1.2　网络计划的分类

① 按表达方式不同，网络计划分为双代号网络计划和单代号网络计划，见图 4-1、图 4-2。

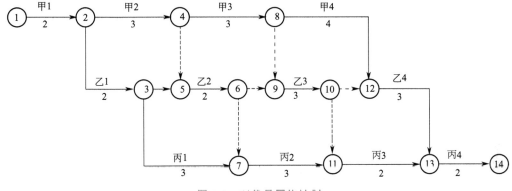

图 4-1　双代号网络计划

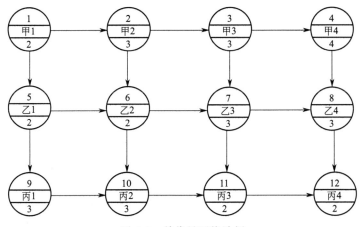

图 4-2　单代号网络计划

② 按有无时间坐标，网络计划划分为在时间坐标轴上绘制的时标网络计划和没有时间轴的非时标网络计划。

③ 按目标的多少划分为只有一个终点节点的单目标网络计划和有多个终点节点的多目标网络计划。

④ 按层次划分为以整个计划任务为对象编制的总网络计划和以计划任务的一部分编制的局部网络计划。

4.1.3　网络计划的表达

网络图中的工作是按计划任务需要的粗细程度划分而成的一个子项目或子任务。它可以是单位工程、分部工程或分项工程，也可以是划分得更细的施工过程。在一般情况下，完成一项工作既需要消耗时间，也需要消耗劳动力、原材料、施工机具等资源。但也有一些工作只消耗时间而不消耗资源，如混凝土浇筑后的养护过程等。

网络图有双代号网络图和单代号网络图两种表达形式。

4.1.3.1 双代号网络图

双代号网络图又称箭线式网络图，它以箭线表示工作过程。箭线的上方应标注工序名称，下方应标注作业时间（工序持续时间）。在双代号网络图中，以节点表示工作的开始或结束以及工作之间的连接状态，节点一般用圆圈表示。节点就是两工序间交接之点，它表明前道工序的结束（完成），同时也表明后道工序的开始。每道工序或者说每条箭线首尾必须都有节点，如图 4-3 所示。

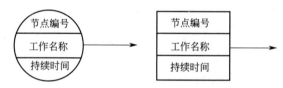

图 4-3 双代号网络计划工作的表达

4.1.3.2 单代号网络图

单代号网络图又称节点式网络图，它以节点及其编号表示工作，以箭线表示工作之间的逻辑关系。一个节点表示一道工序。节点常用圆圈或方框表示，工序名称、持续时间、节点编号以及通过计算得到的各种时间参数可以标注在圆圈（或方框）内或外的相应位置中，如图 4-4 所示。

| 节点编号 |
| 工作名称 |
| 持续时间 |

图 4-4 单代号网络计划工作的表示

在双代号网络图中，有时存在虚箭线，虚箭线不代表实际的工作，既不消耗时间，也不消耗资源，称之为虚工作（或虚工序）。虚工作用来表示相邻两项工作之间的逻辑关系。在单代号网络图中，只有多项工作同时开始或同时结束时才出现虚工作，也就是虚工作只出现在网络图的起点节点或终点节点处。

4.1.4 逻辑关系

逻辑关系是指工作之间的先后顺序，包括工艺关系和组织关系，具体表达为紧前工作、紧后工作和平行工作三种关系。

（1）工艺关系 生产性工作之间由工艺过程决定的、非生产性工作之间由工作程序决定的先后顺序关系称为工艺关系（图 4-5）。例如铁路施工时，先做路基后做道床，就是一种工艺关系。

图 4-5 工艺关系

（2）组织关系 工作之间由于组织安排需要或资源（劳动力、原材料、施工机具等）调配需要而规定的先后顺序关系称为组织关系（图 4-6）。例如，某桥梁桥墩开工的先后顺序、铁路线路工程中各施工段间的施工顺序等，就是组织关系。

在施工方案确定后，一般来说工艺关系是不变的，而组织关系则是可变的，应优化。无论工艺关系或组织关系，在网络图中均表现为工作进行的先后顺序。

图 4-6　组织关系

（3）逻辑关系具体表达

① 紧前工作。在网络图中，相对于某项工作而言，紧排在该工作之前的工作称为该工作的紧前工作。在双代号网络图中，工作与其紧前工作之间可能有虚工作存在。

② 紧后工作。在网络图中，相对于某项工作而言，紧排在该工作之后的工作称为该工作的紧后工作。在双代号网络图中，工作与其紧后工作之间也可能有虚工作存在。

③ 平行工作。在网络图中，相对于某项工作而言，与该工作同时进行的工作即为该工作的平行工作。

紧前工作、紧后工作及平行工作是工作之间逻辑关系的具体表现，只要能根据工作之间的工艺关系和组织关系明确其紧前或紧后关系，即可据此绘出正确的网络图。

需要说明的是，紧前工作应与先行工作相区分，先行工作是指在同一条线路上某一工作之前的全部工作；紧后工作应与后续工作相区分，后续工作是指在同一条线路上该工作后面所有的工作（图 4-7）。

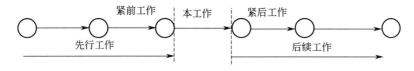

图 4-7　逻辑关系图

4.1.5　线路、关键线路和关键工作

网络图中从起点节点开始，沿箭头方向顺次通过一系列箭线与节点，最后到达终点节点的通路称为线路。线路既可依次用该线路上的节点编号来表示，也可依次用该线路上的工作名称来表示。从实际意义上来说，线路是从工程开工到竣工，按顺序施工的各工序的施工线路。在一个网络图中一般都存在着许多条线路。

在关键线路法中，线路上所有工作的持续时间的总和称为该线路的总持续时间。总持续时间最长的线路称为关键线路，关键线路的长度就是网络计划的总工期。

在网络计划中，关键线路可能不止一条。而且在网络计划执行过程中，关键线路还可能发生转移。

关键线路上的所有工作均为关键工作。在网络计划的实施过程中，关键工作的实际进度提前或拖后都会对总工期产生影响。因此，铁路工程施工进度控制工作的重点就是控制关键工作的实际进度。

4.2　双代号网络图

4.2.1　双代号网络图的绘制规则

（1）双代号网络图必须正确表达已定的逻辑关系（不能多关系也不能少关系，见表 4-1）。

表 4-1　双代号网络图中工作逻辑关系常用表达方法

序号	工作间逻辑关系	网络图表达方法
1	A、B、C 三项工作同时开始	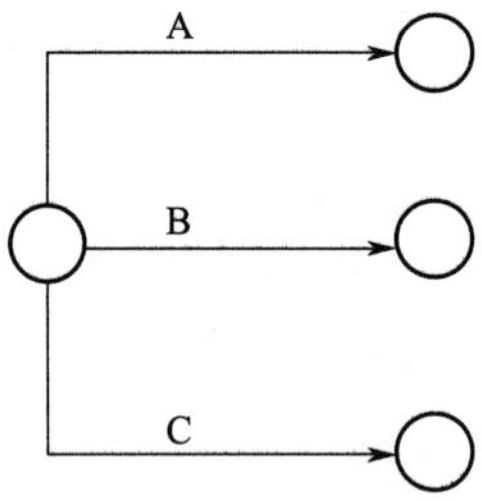
2	A 工作完成后，进行 B、C 工作	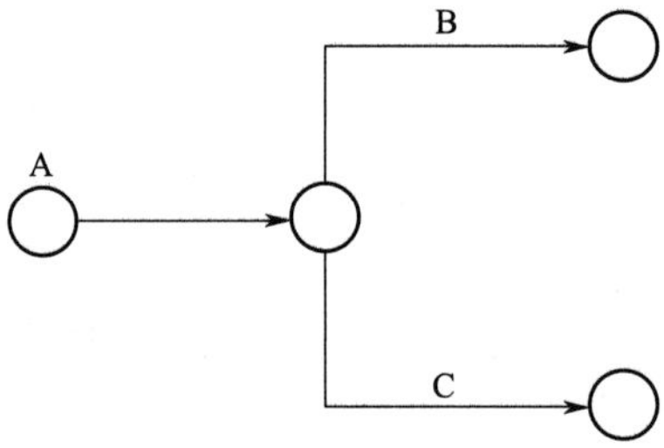
3	A、B 工作完成后，进行 C 工作	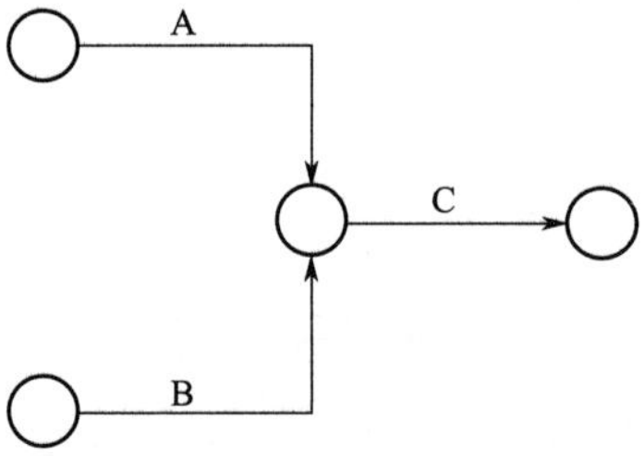
4	A、B 完成之后，C、D 开始工作	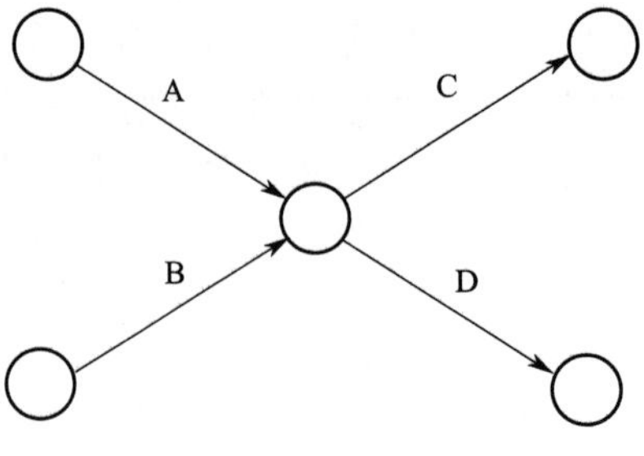
5	A 完成之后 C 开始工作， A、B 完成之后 D 开始工作	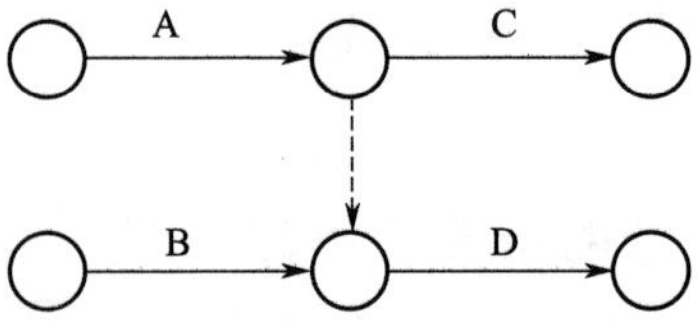

序号	工作间逻辑关系	网络图表达方法
6	A、B 完成之后，D 才能开始； B、C 完成之后，E 才能开始	
7	A、B、C 完成之后，D 才能开始； B、C 完成之后，E 才能开始	
8	有 A、B 两项工作， 按三个施工段进行流水施工	

关于虚工作的具体说明：

前面说过，虚工作是虚拟的一项工作，既不占时间，也不消耗资源，在网络图中表达相邻前后工作之间的逻辑关系。虚工作一般起着联系、区分或断路三种作用。

① 联系作用。例如，工作 A、B、C、D 之间的逻辑关系为：工作 A 完成后可同时进行 C、D 两项工作，工作 B 完成后进行工作 D。A 完成后其紧后工作 C，以及 B 完成后其紧后工作 D 很容易表达，但 D 又是 A 的紧后工作，为把 A 和 D 联系起来，必须引入虚工作②—⑤，逻辑关系才能正确表达，如图 4-8 所示。

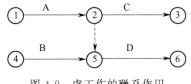

图 4-8　虚工作的联系作用

② 区分作用。如果两项工作用同一节点编号，则不能明确表示代号表示哪一项工作。因此不同工作必须用不同的节点编号来表示，如图 4-9 所示。

③ 断路作用。图 4-10 所示为基础工程挖基槽（A）、垫层（B）、基础（C）、回填土（D）4 项工作 3 个施工段流水施工的网络图。该网络图中出现了 A2 与 C1，B2 与 D1，A3 与 C2，D1，B3 与 D2 等多处多余联系的错误。

为了正确表达工作间的逻辑关系，在出现逻辑错误的节点之间增设新节点和虚箭线，切断毫无关系的工作之间的联系，这种方法称为断路法；正确的网络图如图 4-11 所示。

（2）实箭线与工序对应，一般说来，有多少个工序就有多少条实箭线跟它们一一对应，不准出现相同的节点编号或相同代码的工作。

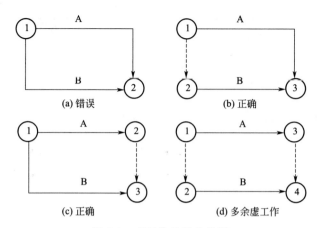

图 4-9 虚工作的区分作用

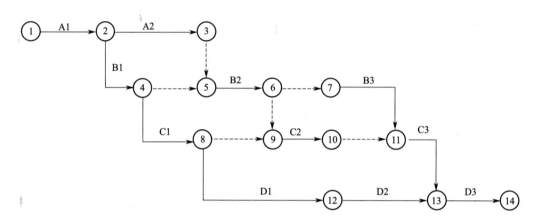

图 4-10 逻辑关系错误的网络图

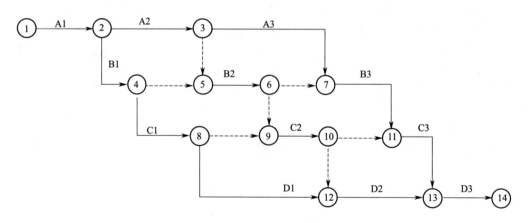

图 4-11 逻辑关系正确的网络图

（3）严禁出现循环回路，如图 4-12 所示。

（4）严禁出现双向箭线和无箭头的连线。

（5）代表工作的箭线，其首尾必须都有节点，即网络图中不允许出现没有开始节点的工作或没有完成节点的箭线，更不能在箭线上引入或引出箭线（图 4-13）。

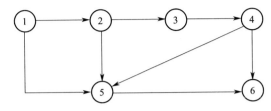

图 4-12　循环回路错误画法

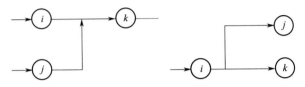

图 4-13　在箭线上引入和引出箭线的错误画法

（6）宜避免箭线交叉。当交叉不可避免时，可采用过桥法、断线法或指向法表示，如图 4-14 所示。当跨越的箭线较少时，可采用过桥法；多一些时，可采用断线法；很多时，可采用指向法。

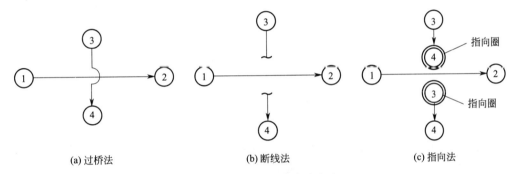

(a) 过桥法　　　　　　　　(b) 断线法　　　　　　　　(c) 指向法

图 4-14　箭线交叉的表达方法

一般情况下，通过合理布置节点位置可以避免交叉箭线的产生。如图 4-15（a）所示，交叉箭线看起来好像不可避免，但如图 4-15（b）所示，通过合理布置，可巧妙避免箭线交叉。

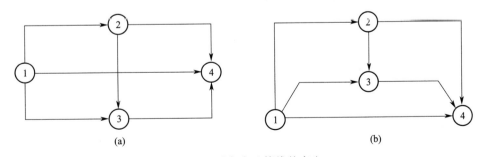

(a)　　　　　　　　　　　　　　　　　　(b)

图 4-15　避免交叉箭线的产生

（7）每个网络图只能有唯一的一个起点节点和唯一的一个终点节点。也就是说，网络图中除了起点节点之外，不得出现没有紧前工序的节点；除了终点节点之外，不得出现没有紧后工序的节点。若发生该种情况，要将没有紧前或紧后工序的节点全部并入网络的起点或终点节点，表达成多项工作同时开始或结束，如图 4-16 所示。

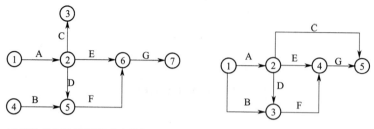

(a) 错误,多个起点节点和终点节点　　　　(b) 正确,一个起点节点和一个终点节点

图 4-16　只允许有一个起点节点和一个终点节点

（8）网络图应简洁，力求去掉不必要的虚工作，如图 4-17 所示。

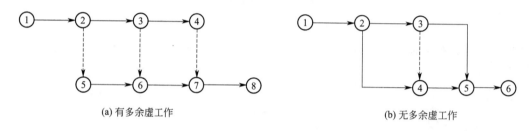

(a) 有多余虚工作　　　　　　　　(b) 无多余虚工作

图 4-17　调整虚工作示意图

（9）所有节点都必须编号，编号严禁重复，并应使每一条箭线上箭头节点编号大于箭尾节点编号。

（10）一个网络图单双代号不能混用。

（11）工作名称标在箭线上方，持续时间标在箭线下方，虚工作无工作名称和持续时间。

4.2.2　双代号网络图的绘制步骤和方法

（1）明确工作间紧前紧后的逻辑关系。

（2）先绘制无紧前工作的工作（最先开始的工作，可能一个或多个）。

（3）根据开始工作的紧后工作从左至右依次绘制其他各项工作，直至终点节点，绘制中要适当地引入虚箭线以正确表达工作间的逻辑关系。

（4）合并没有紧后工作的节点，即为终点节点。

（5）确认无误后进行节点编号。

在绘制双代号网络图时，应注意以下问题：

① 双代号网络图绘制难度较大，很难"一把成"，需画草图反复修改。

② 逻辑关系的表达可参照前表，绘制应严格遵从前面所述的各项规则。

③ 网络图布局要合理，当出现箭线交叉时，一般可通过改变某些节点位置来避免；当出现循环回路时，可通过延长工作箭线长度来避免。

④ 正确合理地应用虚箭线。

⑤ 绘制完成后，可对照工作间逻辑关系自行判断所绘双代号网络图是否正确。

4.2.3　双代号网络图绘图举例

【**例 4-1**】　已知网络图资料如表 4-2 所示，试绘制双代号网络图。

表 4-2　某工程有关资料

工作	A	B	C	D	E	F	G
紧前工作	—	—	A、B	A、B	C	D、E	D

解： ① 首先找出各项工作的紧后工作，如表 4-3 所示。

表 4-3　工作间逻辑关系表

工作	A	B	C	D	E	F	G
紧前工作	—	—	A、B	A、B	C	D、E	D
紧后工作	C、D	C、D	E	F、G	F	—	—

　② A、B 两项工作没有紧前工作，所以都与起点节点相连。绘制起点节点，并从起点节点引出工作 A、B。

　③ 根据表中各项工作的紧后工作从左至右依次绘制其他各项工作。

　④ 合并没有紧后工作的节点，即为终点节点，并按规则进行节点编号，如图 4-18 所示。

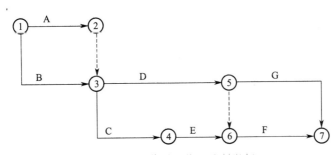

图 4-18　双代号网络图绘制举例

4.3　双代号网络计划的时间参数及计算方法

4.3.1　双代号网络计划的时间参数

4.3.1.1　工作持续时间和工期

　（1）工作持续时间　工作持续时间是对一项工作规定的从开始到完成的时间，用 D_{i-j} 表示（在单代号网络计划中，工作 i 的持续时间用 D_i 表示）。其主要计算方法如下。

　① 参照以往实践经验估算

$$D_{i-j}=\frac{Q_{i-j}}{S_{i-j}R_{i-j}N_{i-j}}=\frac{P_{i-j}}{R_{i-j}N_{i-j}} \tag{4-1}$$

式中　D_{i-j}——工作 $i-j$ 的期望持续时间计算值；

　　　Q_{i-j}——工作 $i-j$ 的工程量；

　　　S_{i-j}——完成工作 $i-j$ 的计划产量定额；

　　　R_{i-j}——完成工作 $i-j$ 所需工人数或机械台数；

　　　N_{i-j}——完成工作 $i-j$ 的工作班制数；

　　　P_{i-j}——工作 $i-j$ 的劳动量。

　② 经过试验推算

$$D_{i-j}=\frac{a_{i-j}+4m_{i-j}+b_{i-j}}{6} \tag{4-2}$$

式中　　D_{i-j}——工作 i—j 的期望持续时间计算值；

a_{i-j}——工作 i—j 的最短估计时间；

b_{i-j}——工作 i—j 的最长估计时间；

m_{i-j}——工作 i—j 的最可能估计时间。

③ 有标准可查，按定额计算。

需要特别注意的是：虚工作必须视同工作进行计算，但其持续时间为零。

（2）工期　工期是指完成网络计划全部任务所需要的时间，一般有三种：

① 计算工期。根据网络计划时间参数计算出来的工期，用 T_c 表示。

② 要求工期。任务委托人所要求的工期，用 T_r 表示。

③ 计划工期。在要求工期和计算工期的基础上综合考虑最终确定的工期，用 T_p 表示。

当规定要求工期时，则 $T_p \leqslant T_r$；当未规定要求工期时，一般 $T_p = T_c$。

4.3.1.2　网络计划中工作的时间参数

网络计划中每个工作（包括实工作和虚工作）都有 3 对 6 个时间参数。工作时间参数通常标注在工作箭线的上方或左侧，如图 4-19 所示。

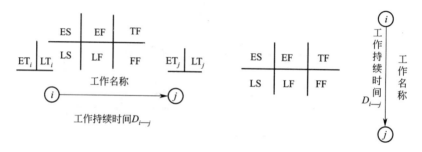

图 4-19　双代号网络计划时间参数图上表示

（1）最早开始时间（ES_{i-j}）和最早完成时间（EF_{i-j}）

上述两个时间是指在紧前工作的约束下，本工作可能开始的最早时刻和可能完成的最早时刻。工作间紧前紧后的逻辑关系决定了只有紧前工作全部完成，紧后工作才能开始，因此其计算程序为：自起点节点顺着箭线方向用累加的方法计算到终点节点结束。

（2）最迟完成时间（LF_{i-j}）和最迟开始时间（LS_{i-j}）

上述两个时间是指在不影响任务按期完成的条件下，本工作最迟必须完成的时刻和最迟必须开始的时刻。工作间紧前紧后的逻辑关系决定了紧前工作要推迟开始，但也不能影响其紧后工作的按期完成。就整个网络图而言，它受到终点节点（即计算工期）的控制。因此，其计算程序为：自终点节点开始逆着箭线方向累减的方法计算到起点节点。

（3）总时差（TF_{i-j}）和自由时差（FF_{i-j}）

总时差是在不影响工期的前提下，一项工作可以利用的机动时间。

自由时差是在不影响紧后工作最早开始的前提下，一项工作可以利用的机动时间。

4.3.1.3　双代号网络计划中节点的时间参数

双代号网络计划的每个节点有两个时间参数，分别是节点最早时间和节点最迟时间。节点时间参数通常标注在节点的上方或下方，其标注方法如图 4-19 所示。

（1）节点最早时间（ET_i）　即该节点的内向工作全部完成，其外向工作最早可能开始的时间。

（2）节点最迟时间（LT_i）　即某一节点的所有内向工作必须完成的最迟时间。

4.3.2　双代号网络计划时间参数的计算

4.3.2.1　工作法时间参数的确定

（1）计算各工作的最早开始时间和最早完成时间

各项工作的最早完成时间等于其最早开始时间加上工作持续时间，即：

$$\mathrm{EF}_{i-j} = \mathrm{ES}_{i-j} + D_{i-j} \tag{4-3}$$

计算工作最早时间参数时，一般有以下三种情况：

① 当工作以起点节点为开始节点时，其最早开始时间为零（或规定时间），即：

$$\mathrm{ES}_{i-j} = 0 \tag{4-4}$$

② 当工作只有一项紧前工作时，该工作的最早开始时间应为紧前工作的最早完成时间，即：

$$\mathrm{ES}_{i-j} = \mathrm{EF}_{h-i} = \mathrm{ES}_{h-i} + D_{h-i} \tag{4-5}$$

③ 当工作有多项紧前工作时，该工作的最早开始时间为其所有紧前工作最早完成时间的最大值，即：

$$\mathrm{ES}_{i-j} = \max\{\mathrm{EF}_{h-i}\} = \max\{\mathrm{ES}_{h-i} + D_{h-i}\} \tag{4-6}$$

（2）确定网络计划工期

当所有工作的最早开始时间和最早完成时间全部计算完成，那么网络计划的计算工期 T_c 则等于以网络计划的终点节点为完成节点的各个工作的最早完成时间的最大值，若网络计划的终点节点的编号为 n，则计算工期 T_c 为：

$$T_c = \max\{\mathrm{EF}_{i-n}\} \tag{4-7}$$

当网络计划规定了要求工期时，网络计划的计划工期应小于或等于要求工期，即

$$T_p \leqslant T_r \tag{4-8}$$

当网络计划未规定要求工期时，网络计划的计划工期一般取等于计算工期，即

$$T_p = T_c \tag{4-9}$$

在网络计划中，一般将确定好的工期用方框标注在结束节点附近。

（3）计算各工作的最迟完成时间和最迟开始时间

各工作的最迟开始时间等于其最迟完成时间减去工作持续时间，即

$$\mathrm{LS}_{i-j} = \mathrm{LF}_{i-j} - D_{i-j} \tag{4-10}$$

计算工作最迟完成时间参数时，一般有以下三种情况：

① 当工作的终点节点为完成节点时，其最迟完成时间为网络计划的计划工期，即：

$$\mathrm{LF}_{i-j} = T_p \tag{4-11}$$

② 当工作只有一项紧后工作时，该工作的最迟完成时间应为其紧后工作的最迟开始时间，即：

$$\mathrm{LF}_{i-j} = \mathrm{LS}_{j-k} = \mathrm{LF}_{j-k} - D_{j-k} \tag{4-12}$$

③ 当工作有多项紧后工作时，该工作的最迟完成时间应为其多项紧后工作最迟开始时间的最小值，即：

$$\mathrm{LF}_{i-j} = \min\{\mathrm{LS}_{j-k}\} = \min\{\mathrm{LF}_{j-k} - D_{j-k}\} \tag{4-13}$$

（4）计算各工作的总时差

各工作的总时差等于该工作的最迟开始时间减去最早开始时间，或最迟完成时间减去最早完成时间，即

$$\mathrm{TF}_{i-j} = \mathrm{LS}_{i-j} - \mathrm{ES}_{i-j} \quad \text{或} \quad \mathrm{TF}_{i-j} = \mathrm{LF}_{i-j} - \mathrm{EF}_{i-j} \tag{4-14}$$

（5）计算各工作的自由时差

当工作有紧后工作时，该工作的自由时差等于紧后工作的最早开始时间减去本工作的最

早完成时间，即：

$$\mathrm{FF}_{i-j}=\mathrm{ES}_{j-k}-\mathrm{EF}_{i-j} \quad \text{或} \quad \mathrm{FF}_{i-j}=\mathrm{ES}_{j-k}-\mathrm{ES}_{i-j}-D_{i-j} \tag{4-15}$$

① $\mathrm{ET}_j-\mathrm{ET}_i>D_{i-j}$，即 $\mathrm{FF}_{i-j}>0$，说明工作有自由利用的机动时间；

② $\mathrm{ET}_j-\mathrm{ET}_i=D_{i-j}$，即 $\mathrm{FF}_{i-j}=0$，说明工作无自由利用的机动时间；

③ $\mathrm{ET}_j-\mathrm{ET}_i<D_{i-j}$，即 $\mathrm{FF}_{i-j}<0$，说明计划工期长于规定工期，应采取措施予以缩短，以保证计划总工期。另需注意的是，虚箭线中的自由时差归其紧前工作所有。

当工作没有紧后工作时，该工作的自由时差等于计划工期减去本工作的最早完成时间，即：

$$\mathrm{FF}_{i-j}=T_{\mathrm{p}}-\mathrm{EF}_{i-j} \tag{4-16}$$

图上计算法可简要归纳为以下口诀：

① 工作的最早开始时间：沿线累加，多项取大；

② 工作的最迟完成时间：逆线累减，多项取小；

③ 工作总时差为迟早之差，自由时差为后迟减早。

（6）关键工作和关键线路的确定方法

① 关键工作的确定方法

a. 当计划工期等于计算工期时，总时差为 0 的工作为关键工作；当两者不等时，总时差最小的工作为关键工作（这个最小值等于计划工期与计算工期的差）。

b. 关键线路上的工作为关键工作，虚工作除外。

② 关键线路的确定方法　网络计划确定了关键工作后，全部由关键工作组成的线路则为关键线路。关键线路上的各工作持续时间总和最长，这个值即为该网络计划的计划工期。关键线路至少有一条，也可能有多条，关键线路一般用双线、粗线或彩线标注。

双代号网络计划工作时间参数的计算一般采用图上表达法，每项工作（包括虚工作）按前面所述在图上设计好 6 个时间参数的标注位置，接着按照各参数计算公式的程序陆续计算，并将结果直接标注在网络图上相应的位置即可，不需列计算式，既快捷又不易出现差错，也便于检查和修改。

【例 4-2】 已知以下双代号网络图，计算各工作的时间参数，并确定工期和关键线路。

解： 根据计算程序直接在图中标注，具体参数见图 4-20。

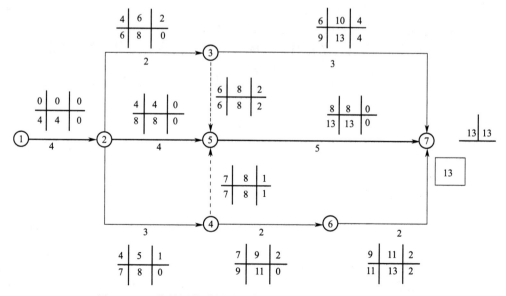

图 4-20　双代号网络计划时间参数计算图（粗线为关键线路）

结论：总工期 13 天；关键线路为①→②→⑤→⑦；关键工作为①—②、②—⑤、⑤—⑦。

4.3.2.2　节点法时间参数的确定

如前所述，双代号网络计划的每个节点有两个时间参数，即节点的最早时间和最迟时间，总体上先沿线路前进依次求各节点的最早时间，确定工期后，再逆线路回退求最迟时间。

（1）节点最早时间 ET_i　一般来说，起始节点的最早时间 $ET_1 = 0$，按节点编号递增顺序，从前向后依次计算，并随时将计算结果标注在图例中标 ET 的相应位置。

其他节点的最早时间可用下式计算：

$$ET_i = \max\{ ET_h + D_{h-i} \} \tag{4-17}$$

（2）计算计划工期　一般来说，$T_p = T_c = ET_n$，并将工期用方框标注在结束节点附近。

（3）节点最迟时间 LT_i　节点最迟时间的计算是从终点节点开始的，一般来说，$LT_n = T_c = ET_n$，按节点编号递减顺序，由后向前进行，直到起点节点为止，并随时将结果标注在图例中 LT 所示位置。

其他节点的最迟时间可用下式计算：

$$LT_i = \min\{LT_j - D_{i-j}\} \tag{4-18}$$

节点法计算时间参数的示例如图 4-21 所示。

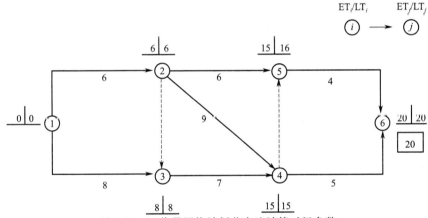

图 4-21　双代号网络计划节点法计算时间参数

节点参数确定好后，可据此确定网络计划中任一工作的 6 个时间参数：根据计算出的节点最早时间 ET_i 和节点最迟时间 LT_i，可分别写出各项工作的最早开始时间 ES_{i-j}（$ES_{i-j} = ET_i$）和最迟完成时间 LF_{i-j}（$LF_{i-j} = LT_j$）；再结合工作的持续时间，可计算出工作的最早完成时间 EF_{i-j} 和最迟开始时间 LS_{i-j}。总时差 TF_{i-j} 和自由时差 FF_{i-j} 的计算同工作法。

值得注意的是，通过节点时间参数和工期，无须计算工作各项时间参数就可以快速地确定网络计划的关键线路，一般要同时满足以下两个条件：一是每个节点的最早时间与最迟时间相同，二是线路上各个工作持续时间之和要等于工期。如图 4-21 所示，关键线路有两条，分别是①→②→④→⑥和①→③→④→⑥，而①→②→③→④→⑥不是关键线，其长度为 18 天。

4.4　双代号时标网络计划

双代号时标网络计划是以时间坐标为尺度绘制的网络计划，如图 4-22 所示。时标的时间单位应根据需要在编制网络计划之前确定，可以是小时、天、周、月或季度等。

4.4.1　时标网络计划的特点

① 双代号时标网络计划兼有网络计划与横道计划两者的优点，能够清楚地表明工作的

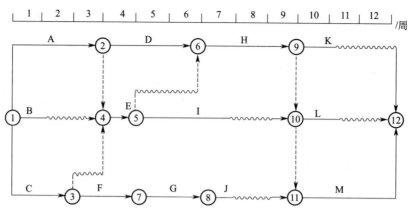

图 4-22　双代号时标网络计划

时间进程。各项工作实箭线的水平投影长度表示该工作的持续时间。

② 双代号时标网络计划能在图上直接显示各项工作的开始与完成时间、工作自由时差及关键线路。当计划工期等于计算工期时，工作箭线中波形线的水平投影长度表示其自由时差。从起点节点到终点节点没有经过波形线的线路为关键线路。

③ 双代号时标网络计划在绘制中受到时间坐标的限制，不易产生循环回路之类的逻辑错误。

④ 可以利用双代号时标网络计划图直接统计资源的需要量，以便进行资源优化和调整。

⑤ 因为箭线受时标的约束，故绘图不易，修改也较困难，工作持续时间变动时往往要重新绘图。

4.4.2　时标网络计划的绘制方法

网络计划宜按各项工作的最早时间编制。编制时标网络计划应先绘制非时标网络计划，简单计算时间参数后，再将其改绘为时标网络计划。

较快捷的绘制方法步骤如下：

① 根据非时标网络计划先计算节点的最早时间及总工期，并确定关键线路。

② 根据算得的工期绘制时间轴或表。

③ 将所有节点按最早时间定位在时标轴（表）上。

④ 绘制关键线路上的各关键工作（包括节点和箭线，③、④步骤可同时交替进行）。

⑤ 补全非关键工作箭线，工作中两个节点间距多于工作时间的将工作时间绘制在开始节点一端，剩余的用波形线补足。对于虚箭线一般垂直绘制，或在水平方向上用波形线取消工作时间。最后检查校对并在箭线上填好工作名称，持续时间显示在时间轴上，无需标注。

4.4.3　关键线路和时间参数的确定

（1）关键线路和时间参数的确定

从开始节点到终点节点，始终不出现波形线的线路即为关键线路。

（2）工期的确定

时标网络计划的计算工期，应是其终点节点与起点节点所在位置的时标值之差。

（3）时间参数的判读

① 最早时间参数　按最早时间绘制的时标网络计划，每条工作箭线实线部分的起点和终点所对应的时标值为该工作的最早开始时间和最早完成时间。

② 自由时差　每项工作波形线的水平投影长度即为该工作的自由时差（包括虚工作）。

③ 总时差 因总时差受总工期制约，应自右向左判读，其值等于诸紧后工作总时差的最小值与本工作的自由时差之和。

$$TF_{i-j} = \min\{TF_{j-k}\} + FF_{i-j} \tag{4-19}$$

④ 最迟时间参数 最迟开始时间和最迟完成时间应按下式计算：

$$LS_{i-j} = ES_{i-j} + TF_{i-j} \tag{4-20}$$

$$LF_{i-j} = EF_{i-j} + TF_{i-j} \tag{4-21}$$

4.4.4 双代号时标网络计划的绘制举例

【例 4-3】 将下面的双代号非时标网络计划（图 4-23）绘制成时标网络计划（单位：周）。

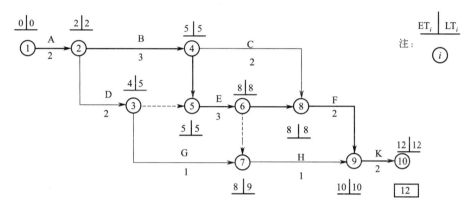

图 4-23 双代号非时标网络图

解： ① 用节点法或工作法计算节点或工作的最早时间并确定关键线路。该网络图的关键线路为 A→B→E→F→K。

② 绘制水平时间坐标刻度线。先绘制关键线路上的各关键工作，进而按工作或节点最早时间定位其余节点位置。

③ 非关键工作两个节点之间连线。对于实箭线，从开始节点出发连向结束节点，箭线长度等于作业时间，不够部分用波形线补足，虚工作垂直方向用虚线、水平方向用波形线连接。

④ 检查是否有遗漏并将工作名称标好。

绘制好的双代号时标网络计划如图 4-24 所示，括号中数字表示工作的总时差。

4.4.5 时标网络计划的应用——前锋线比较法

所谓前锋线，是指在原时标网络计划上，从检查时刻的时标点出发，用点划线依次将各项工作实际进展位置点连接而成的折线。前锋线比较法是通过绘制某检查时刻工程项目实际进度前锋线进行实际进度与计划进度比较的方法。前锋线比较法的实质是通过实际进度前锋线与原进度计划中各工作箭线交点的位置来判断工作实际进度与计划进度的偏差，进而判定该偏差对后续工作及总工期的影响程度。

采用前锋线比较法进行实际进度与计划进度的比较，其步骤如下。

（1）绘制时标网络计划图

工程项目实际进度前锋线在时标网络计划图上标示，为清楚起见，一般在时标网络计划的上方和下方各设一时间坐标。

（2）工作实际进展位置点的标定

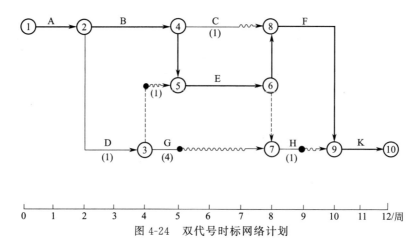

图 4-24　双代号时标网络计划

常见方法有两种：

① 按该工作已完成任务量比例进行标定，假设工程项目中各项工作均为匀速进展，根据实际进度检查时刻该工作已完成任务量占其计划完成总任务量的比例，在工作箭线上从左至右按相同的比例标定其实际进展位置点。

② 按尚需作业时间进行标定，可以先估算出检查时刻到该工作全部完成尚需作业的时间，然后在该工作箭线上从右向左逆向标定其实际进展位置点。

（3）绘制实际进度前锋线

一般从时标网络计划图上方时间坐标的检查日期开始绘制，用点划线依次连接相邻工作的实际进展位置点，最后与时标网络计划图下方坐标的检查日期相连接。

（4）进行实际进度与计划进度的比较

前锋线可以直观地反映出检查日期有关工作实际进度与计划进度之间的关系。对某项工作来说，其实际进度与计划进度之间的关系存在以下三种情况：

① 工作实际进展位置点落在检查日期的左侧，表明该工作实际进度拖后，拖后的时间为二者之差；

② 工作实际进展位置点与检查日期重合，表明该工作实际进度与计划进度一致；

③ 工作实际进展位置点落在检查日期的右侧，表明该工作实际进度超前，超前的时间为二者之差。

（5）预测进度偏差对后续工作及总工期的影响

通过实际进度与计划进度的比较确定进度偏差后，可根据工作的自由时差和总时差预测该进度偏差对后续工作及项目总工期的影响。

值得注意的是，以上比较是针对匀速进展的工作。对于非匀速进展的工作，比较方法较复杂，此处不赘述。

例如某分部工程施工网络计划，在第 4 天下班时检查，C 工作完成了 1 天的工作量，D 工作完成了该工作 25％的工作量，E 工作已全部完成该工作的工作量，则实际进度前锋线如图 4-25 上点划线构成的折线所示。

通过比较可以看出：

① 工作 C 实际进度拖后 1 天，其总时差和自由时差均为 2 天，既不影响总工期，也不影响其后续工作的正常进行；

② 工作 D 实际进度与计划进度相同，对总工期和后续工作均无影响；

③ 工作 E 实际进度提前 1 天，对总工期无影响，将使其后续工作 F、I 的最早开始时间

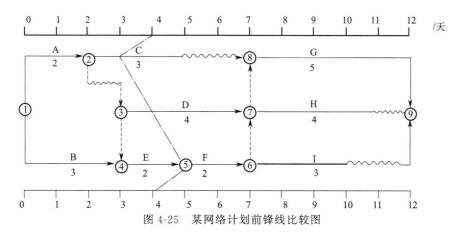

图 4-25　某网络计划前锋线比较图

提前 1 天。

综上所述，该检查时刻各工作的实际进度对总工期无影响，将使工作 F、I 的最早开始时间提前 1 天。

4.5　单代号网络计划

4.5.1　单代号网络图的相关概念

单代号网络图是网络图的另一种表达方式，与双代号网络图一样，也是由节点和箭线两种基本符号组成的，所不同的是，单代号网络图用节点表示工序，用箭线表达工序之间的逻辑关系。在单代号网络图中，每一个节点表示一道工序，且有唯一的一个编号，故称为单代号网络图，如图 4-26 所示。

① 单代号网络计划中，当多项工作同时开始或同时结束时，也会有虚工作，表示方法见图 4-26。值得注意的是，该虚工作只出现在起始节点或结束节点，其持续时间也是 0。

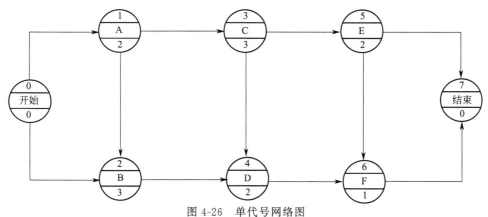

图 4-26　单代号网络图

② 在单代号网络图中，箭线既不消耗时间，也不消耗资源，它只表示各项工作之间的逻辑关系，因此箭线都是实箭线。相对于一条箭线的箭尾和箭头来说，箭尾节点是箭头节点的紧前工序，箭头节点是箭尾节点的紧后工序。

③ 线路是由起点节点出发，顺着箭线方向，经由一系列节点和箭线到达终点节点的通路。在单代号网络图中，线路也分为关键线路和非关键线路两种，它们的性质与双代号网络

图相应线路性质一致。

4.5.2 单代号网络图绘制规则

① 单代号网络图必须正确表达已定的逻辑关系。

② 一般单代号网络图中只允许有一个起点节点和一个终点节点。当有多个起点工序或多个终点工序时，应增加一个虚拟的起点节点（并标代号"St"）或一个虚拟的终点节点（并标代号"Fin"），如图 4-27 所示。

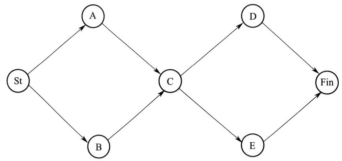

图 4-27　增加虚拟的起点节点和终点节点

③ 单代号网络图中，严禁出现循环回路。

④ 单代号网络图中，严禁出现双向箭头或无箭头的连线。

⑤ 单代号网络图中，严禁出现没有箭尾节点的箭线和没有箭头节点的箭线。

⑥ 绘制网络图时，箭线不宜交叉，当交叉不可避免时，可采用过桥法和指向法绘制。

⑦ 单代号网络图不允许出现有重复编号的工作，一个编号只能代表一项工作，而且箭头节点编号要大于箭尾节点编号。

4.5.3 单代号网络图与双代号网络图的比较

① 单、双代号网络图的组成虽然一样，但含义正好相反。单代号网络图以节点表示工序，双代号网络图以箭线表示工序。

② 单代号网络图逻辑关系表达简单，只使用实箭线指明工序之间的关系即可，有时要用虚拟节点进行构图和简化图面，其用法也很简单。双代号网络图逻辑关系处理相对复杂，特别是要用好虚工序进行构图和处理好逻辑关系。

③ 双代号网络图可绘成时标网络计划，用箭线的长度表达工序作业时间的长短，用其表示工程进度比用单代号网络图更为形象。但单代号网络图具有便于说明、容易被非专业人员所理解和易于修改的优点。

④ 双代号网络图在应用电子计算机进行计算和优化时更为简便。这是因为双代号网络图中用两个代号代表不同工序，可直接反映其紧前工序或紧后工序的关系。而单代号网络图就必须按工序逐个列出其紧前、紧后工序的关系，这在计算机中需占用更多的存储单元。

由于单代号和双代号网络图有上述各自的优缺点，故两种表示方法在不同情况下，其表现的繁简程度是不同的。有些情况下，应用单代号表示法较为简单，有些情况下，使用双代号表示法则更为清楚。因此，单代号和双代号网络图是两种互为补充、各具特色的进度计划表达方法。

4.5.4 单代号网络计划时间参数的计算

单代号网络计划时间参数的计算应在确定各项工作持续时间之后进行。时间参数的含义、计算方法与双代号网络计划基本相同，只是标注位置不同，单代号网络计划时间参数标注方式如图 4-28 所示。其关键线路的确定和标注也同双代号网络计划。

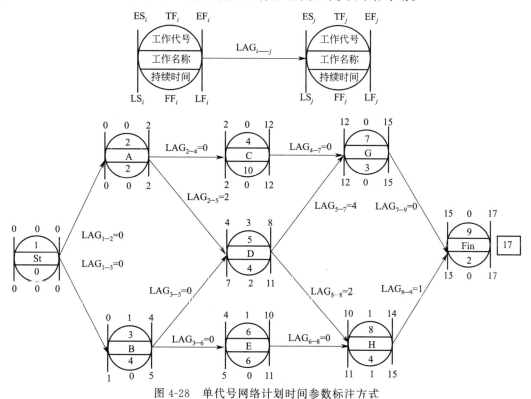

图 4-28 单代号网络计划时间参数标注方式

单代号网络计划的时间参数除了工作的 6 个时间参数之外,还有相邻两项工作之间的时间间隔。该时间间隔不为 0 时须在图上标注,关键线路相邻工作间时间间隔均为 0。

相邻两项工作之间的时间间隔是指本工作的最早完成时间与其紧后工作最早开始时间之间可能存在的差值。工作 i 与工作 j 之间的时间间隔用 LAG_{i-j} 表示。

$$\mathrm{LAG}_{i-j} = \mathrm{ES}_j - \mathrm{EF}_i \tag{4-22}$$

单代号网络计划工作自由时差的计算与双代号网络计划不同,应按下式计算。当计算结束工作时,ES_j 取工期时间 T_p。

$$\mathrm{FF}_i = \min\{\mathrm{ES}_j\} - \mathrm{EF}_i \ \text{或} \ \mathrm{FF}_i = \min\{\mathrm{LAG}_{i-j}\} \tag{4-23}$$

4.6 网络计划优化

经过调查研究、确定施工方案、划分施工过程、分析施工过程间的逻辑关系、编制施工过程一览表、绘制网络图、计算时间参数等步骤,可以确定网络计划的初始方案。然而要使工程按照计划顺利实施,获得工期短、质量优良、资源消耗小、工程成本低的效果,就要按一定标准对网络计划初始方案进行衡量,必要时还需进行优化调整。

网络计划的优化应在满足既定约束条件下,按选定目标,通过不断改进网络计划寻求满意方案。网络计划的优化包括工期优化、费用(成本)优化和资源优化。

4.6.1 工期优化

工期优化是指网络计划的计算工期不满足要求工期时,通过压缩关键工序的持续时间达到满足工期目标的过程。在压缩关键工序缩短工期的过程中要注意不能改变各项工作之间的逻辑关系，同时应特别注意不能将关键工序压缩成非关键工序，若出现多条关键线路时，应同时压缩，即将各条关键线路的总持续时间压缩成相同的值。

（1）工期优化的方法

① 采用技术措施，缩短关键工序的作业时间。

② 采取组织措施平行交叉施工。

③ 利用非关键工序的总时差。

④ 应使赶工成本最低。

（2）工期优化的具体步骤

① 确定初始网络计划的计算工期和关键线路。

② 计算应压缩的时间 $\Delta T = T_c - T_r$。

③ 选择应缩短持续时间的关键工作（或一组关键工作）。

④ 将选定关键工作的持续时间适度压缩，并重新计算工期和关键线路。

⑤ 当计算工期仍超过要求工期时，重复上述②～④，压缩中若关键线路有转移，则说明有无效压缩，需松弛该关键工作，直至计算工期满足要求工期或计算工期不能再缩短为止。

在选择关键工作时应注意：应缩短持续时间减少对安全和质量影响不大的工作、资源充足的工作以及所增加费用最少的工作。一般单个工序优先压缩优选系数小的工序，多条关键线路多种方案同时压缩多道工序时，选择工作优选系数和最小的方案进行压缩。

【例 4-4】 已知某工程网络计划如图 4-29 所示，图中箭线上括号外数据为正常持续时间，括号内为最短持续时间，假定要求工期为 105 天。按照优选系数的大小，缩短顺序为 B、C、D、E、F、G、A。试对该网络计划进行工期优化。

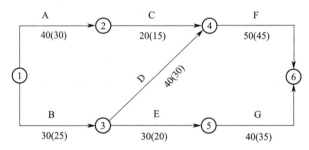

图 4-29　某工程网络计划图

解： ① 根据工作正常持续时间计算各个节点的时间参数，并找出关键工作和关键线路，如图 4-30 所示。

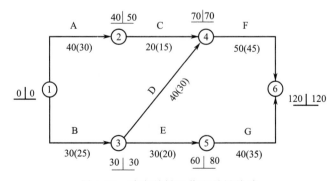

图 4-30　确定关键工作和关键线路

② 计算需缩短的工期。计算工期为 120 天，要求工期为 105 天，需缩短工期 15 天。

③ 根据已知压缩顺序，先将 B 工作缩短至 25 天，得网络计划如图 4-31 所示。

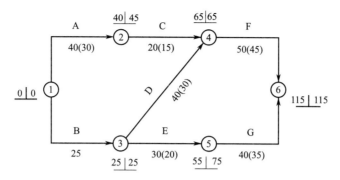

图 4-31　压缩 B 工作缩短至 25 天后的网络计划

④ 根据已知缩短顺序，缩短 D 工作至 30 天，得网络计划如图 4-32 所示，关键线路发生转移，说明有无效压缩，故需将其松弛。

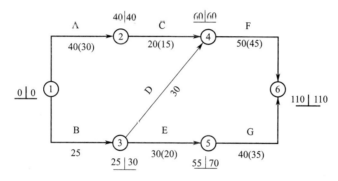

图 4-32　压缩 D 工作缩短至 30 天后的网络计划

⑤ 增加 D 的持续时间至 35 天，使之仍为关键工作，关键线路增为两条，如图 4-33 所示。

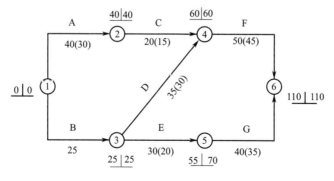

图 4-33　增加 D 工作至 35 天后的网络计划

⑥ 根据已知缩短顺序，同时压缩两条关键线路，将 C、D 各压缩 5 天，使工期达到 105 天的要求，如图 4-34 所示。

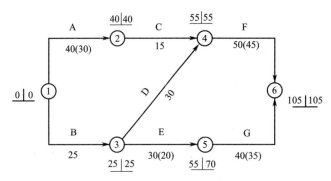

图 4-34　压缩 C、D 工作达到工期目标的最优网络计划

4.6.2　费用优化

费用优化又称为工期成本优化，是指寻求工程总成本最低时的工期安排，或按要求工期寻求最低成本的计划安排。

在铁路工程施工过程中，一项工作通常可以采用多种施工方法和组织方法，而不同的施工方法和组织方法又会有不同的持续时间和费用。进度方案不同，所对应的总工期和总费用也就不同。为了能从多种方案中找出总成本最低的方案，必须首先分析费用和时间之间的关系。

4.6.2.1　工程费用与工期的关系

工程总费用由直接费用和间接费用组成。直接费用由人工费、材料费、机械使用费、其他直接费用及现场经费等组成。施工方案不同，直接费用也就不同，如果施工方案一定，工期不同，直接费用也不同。直接费用会随着工期的缩短而增加。间接费用包括企业经营管理的全部费用，它一般会随着工期的缩短而减少。在考虑工程总费用时，还应考虑工期变化带来的其他损益，包括效益增量和资金的时间价值等。工程费用与工期的关系如图 4-35所示。

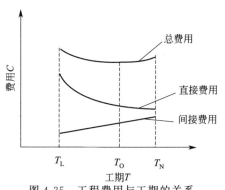

图 4-35　工程费用与工期的关系

T_L—最短工期；T_O—最优工期；T_N—正常工期

4.6.2.2　工作直接费用与持续时间的关系

由于网络计划的工期取决于关键工作的持续时间，为了进行工期成本优化，必须分析网络计划中各项工作的直接费用与持续时间之间的关系，它是网络计划工期成本优化的基础。

工作的直接费用与持续时间的关系类似于工程直接费用与工期之间的关系。工作的直接费用随着持续时间的缩短而增加。为简化计算，工作的直接费用与持续时间之间的关系被近似地认为是一条直线关系。当工作划分不是很粗时，其计算结果还是比较精确的。

工作的持续时间每缩短单位时间而增加的直接费用称为直接费用率。工作的直接费用率越大，说明将该工作的持续时间缩短一个时间单位，所需增加的直接费用就越多；反之，将该工作的持续时间缩短一个时间单位，所需增加的直接费用就越少。因此，在压缩关键工作的持续时间以达到缩短工期的目的时，应将直接费用率最小的关键工作作为压缩对象。当有多条关键线路出现而需要同时压缩多个关键工作的持续时间时，应将它们的直接费用率之和（组合直接费用率）最小者作为压缩对象。

在缩短关键工序的持续时间时应注意以下两点：①缩短后工作的持续时间不能小于其最短持续时间；②缩短持续时间的工作不能变成非关键工作。

4.6.3 资源优化

资源是指为完成任务所需的劳动力、材料、机具设备和资金等的统称。完成一项工程任务所需要的资源量基本上是不变的，不可能通过资源优化将其减少。

工程计划要按期完成往往会受到资源的限制。一项好的工程计划安排，一定要合理地使用现有资源。如果工作进度安排不得当，就会使正在计划的某些阶段出现对资源需求的高峰，而在另一些阶段则出现资源需求低谷。这种高峰与低谷的存在是一种资源没有得到很好利用的浪费现象。

资源优化的目的是通过改变工作的开始时间和完成时间使资源按照时间的分布符合优化目标，解决资源的供需矛盾或实现资源的均衡利用。

在通常情况下，网络计划的资源优化分为两种，即"资源有限、工期最短"优化和"工期固定、资源均衡"优化。

4.6.3.1 "资源有限、工期最短"优化

若所需资源仅为某一项工作使用，重新计算工作的持续时间和工期（调整在时差内不影响工期，关键工作影响工期）；若所缺资源为同时施工的多项项目工作使用，后移某项工作，但应注意工期延长最短。

(1) 资源分配原则

① 关键工作优先满足，按每日资源需要量大小，从大到小顺序供应资源；

② 非关键工作的资源供应按时差从大到小供应，同时考虑资源和工作是否中断。

(2) 优化步骤

① 按最早时间绘制时标网络计划图，标明关键线路和非关键工序的总时差。

② 逐日计算时标网络计划每天的资源需要量 R_t，据此绘制每天资源需要量曲线，在各段水平线上标明该时段每天的资源需要量 R_t。

③ 确定资源供应限值 R_a。

④ 从左向右检查资源供应曲线，标出资源超过限值的时段区间 $[t_a, t_b]$。在 $[t_a, t_b]$ 内优先考虑将时差较大的非关键工序移出该区间。移动非关键工序时，首先考虑在自由时差内移动，当仍不能满足要求时，再考虑利用总时差。由于以最早时间绘制时标网络图，因此工序只能向右移动。某工序移出高峰时段的标志是其开始时间应移到在 t_b 以后开始。非关键工序 $i-j$ 向右移动超过 t_b 的最多天数可用下式计算：

$$a_{i-j} = TF_{i-j} - (t_b - ES_{i-j}) \tag{4-24}$$

这里应注意，当 $a_{i-j} < 0$ 时，表示不能向右移动；当 $a_{i-j} = 0$ 时，表示工序 $i-j$ 可移动到 t_b 以后第 0 天开始，即从 t_b 开始。

⑤ 某一工序调整完毕后，重新绘制资源需要量曲线，并以此为基础，按以上方法进行其他工序的调整，直到满足 $R_a - R_t \geqslant 0$。

⑥ 绘制调整后的时标网络图及资源需要量曲线。

4.6.3.2 "工期固定、资源均衡"优化

在工期规定的条件下（按甲乙双方签订的合同工期或上级机关下达的工期），力求资源消耗均衡的进度计划方案。因为网络计划的初始方案是在不考虑资源情况下编制出来的，所以各时段对资源的需要量往往相差很大，如果不进行资源的分配均衡性优化，工程进行中就可能产生资源供应脱节，影响工期，也可能产生资源供应过剩，产生积压，影响成本。

优化步骤：

① 根据网络计划初始方案计算时间参数，确定关键线路及非关键工作的总时差，绘制资源动态曲线；为了满足工期固定的条件，在优化过程中不考虑关键工作的调整。

　② 调整宜自网络计划终点节点开始，从右向左逐次进行。对工作完成节点的编号从大到小进行调整，同一个完成节点的工作则先调整开始时间较迟的工作。在所有工作都按上述顺序自右向左进行了一次调整之后，再按上述顺序自右向左进行多次调整，直至所有工作的位置都不能再移动为止。

　③ 绘制优化后的网络计划图。

能力训练题

一、选择题（单选）

1. 下列（　　）说法是错误的。

A. 总时差为零的工作是关键工作

B. 由关键工作组成的线路是关键线路

C. 自由时差为零，总时差一定为零

D. 自由时差是工作时差，总时差是任务时差

2. 某工程计划中 A 工作的持续时间为 5 天，总时差为 8 天，自由时差为 4 天。如果 A 工作实际进度拖延 13 天，则会影响工程计划工期（　　）。

A. 3 天　　　　　　　B. 4 天　　　　　　　C. 5 天　　　　　　　D. 10 天

3. 下列关于双代号网络图中的虚工作表述正确的是（　　）。

A. 只消耗时间，不消耗资源　　B. 既不消耗时间，也不消耗资源

C. 不消耗时间，只消耗资源　　D. 既消耗时间，又消耗资源

4. 在网络图中关键线路（　　）。

A. 不是唯一的　　B. 是唯一的　　C. 不一定是唯一的　　D. 可能不存在

5. 下列关于虚工作说法错误的是（　　）。

A. 虚工作只表示工序之间的逻辑关系　　B. 混凝土养护可用虚工作表示

C. 只有双代号网络图中才有虚箭线　　D. 虚工作一般用虚箭线表示

6. 某工程网络计划在执行过程中，某工作实际进度比计划进度拖后 5 天，影响工期 2 天，则该工作原有的总时差为（　　）。

A. 2 天　　　　　　　B. 3 天　　　　　　　C. 5 天　　　　　　　D. 7 天

7. 网络计划图中通过判断（　　）最小可以确定关键线路。

A. 总时差　　　　　B. 局部时差　　　　　C. 相关时差　　　　　D. 独立时差

8. 下列有关双代号网络图的说法，正确的是（　　）。

A. 工作、节点编号和箭线是构成双代号网络图的三要素

B. 双代号网络图中箭线表示工作间的逻辑关系

C. 箭线只能绘制成直线

D. 箭线的长短在无时间坐标条件下与工作时间长短无关

9. 某 A 工作有两项紧后工作 C 和 D，C 的最迟完成时间为 15 天，持续时间为 10 天；D 的最迟完成时间为 20 天，持续时间为 13 天；则 A 工作的最迟完成时间为（　　）。

A. 5 天　　　　　　　B. 6 天　　　　　　　C. 7 天　　　　　　　D. 8 天

10. 工程网络计划的工期优化是通过（　　）。

A. 改变关键工作的逻辑关系以缩短计划工期

B. 缩短关键工作的持续时间以缩短计算工期

C. 缩短关键工作的持续时间以缩短要求工期

D. 改变关键工作的逻辑关系以缩短合同工期

二、选择题（多选）

1. 在工程网络计划中，关键线路是指（　　）的线路。

A. 双代号网络计划中总持续时间最长

B. 单代号网络计划中相邻两项工作时间间隔均为零

C. 双代号网络计划中由关键节点组成

D. 双代号时标网络计划中没有波形线

E. 单代号网络计划中全部由关键工作组成

2. 在工程网络计划中，关键工作是（　　）的工作。

A. 自由时差为零　　　　　　B. 总时差最小　　　C. 两端节点为关键节点

D. 关键线路上　　　　　　　E. 持续时间最长

3. 已知网络计划中工作有两项紧后工作，这两项紧后工作的最早开始时间分别是 16 天和 18 天，工作 M 的最早开始时间和最迟开始时间分别为第 6 天和第 9 天，如果工作 M 的持续时间为 10 天，则工作 M（　　）。

A. 总时差为 3 天　　　　　　　B. 自由时差为 0 天

C. 总时差为 2 天　　　　　　　D. 自由时差为 2 天

E. 与紧后工作的时间间隔分别为 0 天和 2 天

4. 以最早时间绘制的双代号时标网络计划在图中可直接得到的信息有（　　）。

A. 工作的最早开始时间　　　　B. 工作的最早完成时间

C. 工作的自由时差　　　　　　D. 工作的总时差

E. 关键线路

5. 工程网络计划费用优化的目的是为了寻求（　　）。

A. 工程管理费最低时的工期安排

B. 资源合理使用时的计划安排

C. 工程总成本最低时的工期安排

D. 工程直接费最低时的工期安排

E. 最低成本（按要求工期）的计划安排

三、简答题

1. 什么是单代号网络图？什么是双代号网络图？

2. 双代号网络图中虚工作的含义是什么？举例说明。

3. 何为关键线路？在单代号网络计划和双代号网络计划中如何判断关键线路？

4. 网络计划有哪些时间参数？简述各参数的符号。

5. 什么是自由时差、总时差？网络计划中总时差与自由时差有什么区别与联系？

6. 时标网络计划有何特点？

7. 简述进度前锋线的绘制方法及如何用进度前锋线比较计划进度与实际进度。

8. 网络计划优化可分为哪几类？

四、绘图题

1. 按表 4-4～表 4-6 各组工作逻辑关系作双代号网络计划图并计算和标注时间参数。

表 4-4　各组工作逻辑关系（一）

工作	A	B	C	D	E	F	G
持续时间/天	3	4	5	4	2	3	4
紧后工作	B、C、D	G	E、F	F	G	G	—

表 4-5　各组工作逻辑关系（二）

工作	A	B	C	D	E	F	G	H
持续时间/天	5	3	2	3	4	5	4	2
紧后工作	D	E	E、H	F、G	G	—	—	—

表 4-6　各组工作逻辑关系（三）

工作	A	B	C	D	E	F	G	H	I	J	K
持续时间/天	3	4	2	4	5	5	4	2	3	4	3
紧前工作	—	A	A	B	B	E	A	C、D	E	F、G、H	I、J

2. 已知双代号网络图如图 4-36 所示，用图上计算法算出 6 个时间参数，并标出关键线路。

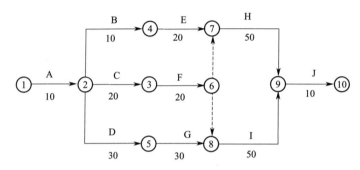

图 4-36　双代号网络图（一）

3. 已知某工程双代号网络图及各工作持续天数，见图 4-37，请绘制最早时间的时标网络计划图。

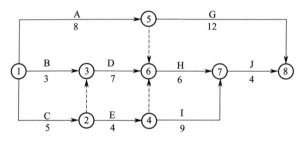

图 4-37　双代号网络图（二）

4. 某网络计划的有关资料如表 4-7 所示，试绘制双代号时标网络计划。在计划进行到第 6 周结束时，经检查发现：D 工作和 E 工作分别完成了 20％和 50％，C 工作尚需 2 周完成。试绘制实际进度前锋线并比较计划进度与实际进度。

表 4-7　某网络计划的有关资料

工作	A	B	C	D	E	F	G	H	I
持续时间/周	3	4	7	5	2	5	3	5	4
紧后工作	D、E	E	G、H	F、I	G	—	I	—	—

5. 某工程由 8 项工作组成，各项工作间逻辑关系如表 4-8 所示。试绘制单代号网络计划

图，并计算工作各时间参数及相邻两项工作的时间间隔。

表 4-8 各项工作间逻辑关系

工作	A	B	C	D	E	F	G	H
持续时间/天	5	3	2	3	4	5	4	2
紧前工作	—	—	—	B	B、C	A	D	D、E

6. 已知网络计划如图 4-38 所示，箭线下方括号外数字为工作正常持续时间，括号内数字为工作最短持续时间；箭线上方括号内的数字为优选系数。要求工期为 12 天，试对其进行工期优化。

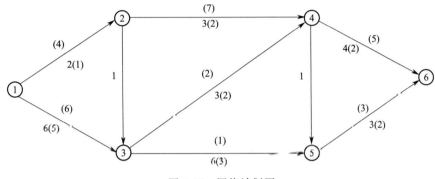

图 4-38 网络计划图

下篇　铁路工程建设概(预)算

第 5 章 铁路工程概（预）算定额及其应用

知识目标

清楚定额的概念、作用、特点及分类；清楚定额的应用类型及方法。

能力目标

会查定额；会用定额。

5.1 工程定额概述

5.1.1 定额的概念及水平

在基本建设工程项目施工过程中，要完成某工序、某施工过程、某项工程的施工必须消耗一定数量的劳动力、材料、机具台班和资金。耗用多少才算合理或施工前要做怎样的准备，需要借助工程定额。所谓工程定额，是指在正常的生产（施工）技术组织条件下，完成单位合格产品所需要消耗的人工、材料、机具设备及资金的数量标准。

例如，在《铁路工程预算定额（第四册 轨道工程）》（TZJ 2004—2017）第二章"铺道岔"第一节"铺道岔"中，直向通过速度≤120km/h 的木岔枕 60kg 钢轨的定额如表 5-1 所示。

表 5-1 单开道岔（一）直向通过速度≤120km/h 木岔枕 60kg 钢轨的定额

电算代号	定额编号		GY-261	GY-262	GY-263
	项目	单位	60kg 钢轨		
			9 号	12 号	18 号
	单位		组		
	基价	元	5595.47	5994.36	8105.50
其中	人工费	元	2288.90	2680.99	3596.82
	材料费		42.50	49.30	67.15
	机具使用费		3264.07	3264.07	4441.53
	重量	t	—		
6	人工	工日	29.726	34.818	46.712
8999002	其他材料费	元	42.500	49.300	67.150
9102107	汽车起重机≤30t	台班	0.268	0.268	0.447

电算代号	定额编号		GY-261	GY-262	GY-263
	项目	单位	60kg 钢轨		
			9 号	12 号	18 号
	单位		组		
9103411	内燃机车	台班	0.400	0.400	0.400
9107101	液压起拨道机≤15kW	台班	4.824	4.824	8.040
9109931	电子水准仪	台班	0.536	0.536	0.893
9109933	全站仪 1mm+1ppm<0.5″	台班	0.536	0.536	0.893

注:工作内容　整平路面,选配与吊散道岔及岔枕,木岔枕打印、钻孔、注油,散布与安装道岔配件和岔枕扣件,整修,100m 内运输等。

这条定额中规定了每铺一组道岔需要消耗的人工、材料、施工机具和仪器仪表的种类及数量标准,而这表中规定的数值大小则是定额的水平,这个数值体现了社会生产力发展的水平及工人工作的效率,而这里的产品和工料机对应的消耗是客观的,也是特定的。

定额水平是指在一定时期内,定额的劳动力、材料、机具台班消耗量的变化量。通常说的定额水平偏高,是指定额规定的人工、材料、机具消耗量偏低;定额水平偏低,是指这些项目相应的消耗量偏高。定额水平是一定时期社会生产力水平的反映,它不是一成不变的,而是会随着生产力水平的变化而变化。一定时期的定额水平,必须坚持平均先进或先进合理的原则。所谓平均先进,是指在执行定额的时间内,大多数人员经过努力可以完成定额或超过定额,是先进指标中的平均值。所谓先进合理,是指定额指标虽然也是先进的,但不一定是平均值,而且一般是取比平均值要低的合理指标。定额水平随着社会生产力的发展,新材料、新工艺、新技术的普遍应用以及工程质量标准的变化和施工企业组织管理人员素质的提高等,会使其不断地变化和提高,原有的定额水平将逐渐不再适用,这就需要对其进行补充、修订或重新编制,以适应社会生产发展的需要。

5.1.2　定额的特点

5.1.2.1　定额的科学性

定额的科学性是指在制定定额时一定要有其科学理论基础和科学技术方法。定额的制定是在充分考虑了客观施工生产技术和管理条件及在分析了各种影响工程施工生产消耗因素的基础上,力求定额水平与生产力发展水平相适应,它反映出工程建设中生产消费的客观规律。

5.1.2.2　定额的权威性

定额是国家或授权部门通过一定程序审批颁发的,是一定范围内有效的统一施工生产消费指标,它同工程建设中的其他规范、规程、标准一样,具有很强的权威性。这种权威性在一般情况下具有经济法规的性质,因此,在其执行过程中具有强制性,即凡是属于执行范围的建设、设计、施工、生产等单位,都必须严格遵照执行。虽然定额是反映消费客观规律的,但在市场经济条件下,要涉及各有关方面的经济关系和利益关系,赋予定额以权威性,使其具有强制性的特点,有利于理顺工程建设有关各方的经济关系和利益关系。

5.1.2.3　定额的系统性

工程定额是相对独立、完善的系统,它是由多种定额结合而成的有机整体。它的结构复杂,层次鲜明,目标明确。工程建设定额的系统性是由工程建设的特点决定的。按照系统论的观点,工程建设本身就是庞大的实体系统。工程建设定额是为这个实体系统服务的。各类工程的建设都有严格的项目划分，如建设项目、单项工程、单位工程、分部分项工程，在计划和实施过程中有严密的逻辑阶段，如规划、可行性研究、设计、施工、竣工、交付使用，以及投入使用后的维修。因而工程建设本身的多种类、多层次就决定了以它为服务对象的工程建设定额的多种类、多层次。

5.1.2.4　定额的统一性

工程建设定额的统一性主要是由国家对经济发展的有计划的宏观调控职能决定的。为了使国民经济按照既定的目标发展，需要借助于某些标准、定额、参数等，对工程建设进行规划、组织、调节、控制。而这些标准、定额、参数必须在一定的范围内是一种统一的尺度，才能实现上述职能，才能利用它对项目的决策、设计方案、投标报价、成本控制进行比选和评价。

5.1.2.5　定额的稳定性与时效性

每个时期的定额都代表着这一期间的施工技术和施工管理水平，在时间上相对稳定。但随着施工技术的发展和管理水平的提高，定额的内容也不断地更新和充实。但社会生产力的发展有一个量变到质变的过程，而且定额的执行也有一个时效过程。所以每一次制定的定额必须是相对稳定的，决不可朝定夕改，否则会伤害公众的积极性，也不利于定额的执行和管理。

5.1.2.6　定额的群众性

定额的制定过程由定额技术管理人员（具有理论和技术的专门人员）主持，由熟练工人和技术人员参加，以科学手段和方法进行分析、测定和实验，消除资源（包括人力和时间）的浪费和不合理的现象，确立合理的操作方法及其新的标准时间、新的材料和机具消耗指标（即新的定额）。由于新的定额是在工人群众的参与下产生的，群众易于掌握和推广，因此，定额具有广泛的群众性。

5.1.3　定额的作用

定额是生产管理的基础，其作用体现在两个方面：一是组织施工生产，二是决定分配。因此，在可行性研究、编制计划、设计工作投资、制定产品价格、施工管理、企业管理、工程结算等方面，都占有重要地位。具体来说，定额具有以下几方面的作用：

① 编制计划的基本依据。

② 确定工程造价的依据。

③ 提高生产效率的工具。

④ 定额不仅是国家对市场行为的规范，也是实现调控和管理的重要手段，同时在实施过程中有利于推广先进的施工技术和工艺。

⑤ 定额是编制工程量计算规则、项目划分、计量单位的依据。

5.1.4　定额的种类

工程定额的形式及内容是根据实际工作和生产需要来决定的，具体分类见图 5-1。无论怎么分类，定额内容都包括劳动消耗定额、材料消耗定额和机具台班消耗定额，这三种定额是制定其他定额的基础，也称基础定额。工程定额常用的分类方式如下。

5.1.4.1　按生产要素分类

（1）劳动消耗定额（简称劳动定额），指在正常的生产技术和生产组织条件下，完成单位合格产品规定的劳动消耗的数量标准。

（2）材料消耗定额（简称材料定额），指在节约和合理使用材料的条件下，生产单位合格产品所必须消耗一定品种规格的材料、半成品、配件和水、电、燃料等的数量标准。它也包括材料的净用量和必要的工艺性损耗及废料数量。

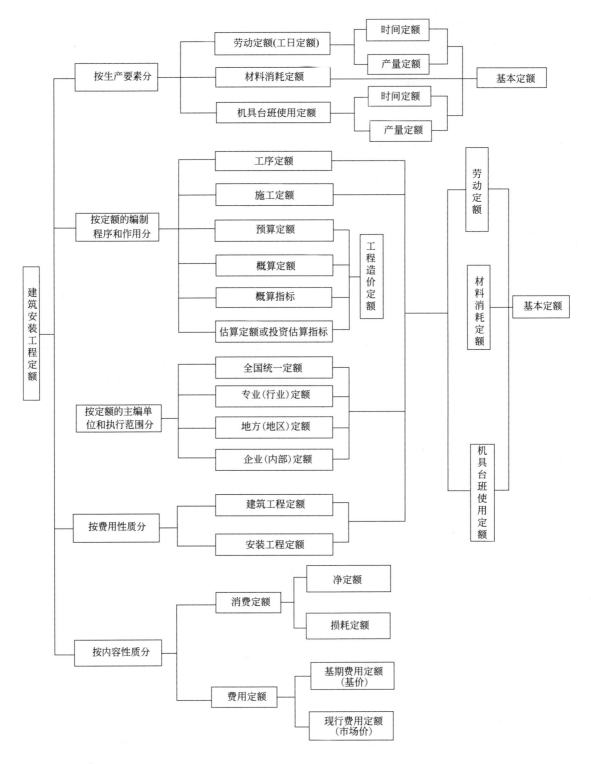

图 5-1　工程定额分类

（3）机具台班使用定额（简称机具定额），指在正常施工条件下，合理地组织生产与合理地利用机具和仪器仪表完成单位合格产品所必需的机具和仪器仪表台班消耗标准，或在单位时间内机具完成的产品数量。

5.1.4.2　按定额的编制程序和作用分类

（1）工序定额　它以个别工序为测定的对象，也是组成一切工程定额的基本要素，在施工中除了计算个别工序的用量外很少采用，它是劳动定额形成的基础。

（2）施工定额　施工定额以同一性质的施工过程为标定对象，并以工序定额为基础，由工序定额综合成工作过程定额和复合过程定额；其表示某一施工过程中的人工、主要材料和机具消耗量，可直接用于施工生产中。施工企业用施工定额来编制班组计划，签发工程任务单、限额领料卡以及结算计件工资超过奖励和材料节约奖励等。施工定额是企业内部经济核算的依据，也是编制预算定额的基础。

（3）预算定额　预算定额主要以施工定额中劳动定额部分为基础，经汇列、综合、归并而成。

在编制施工图预算或投资简算时，预算定额是计算工程造价和计算工程中劳动、机具台班、材料需要量时使用的一种定额。它以工程中的分项工程，即在施工图纸上和工程实体上都可以区别开的产品为测定对象，其内容包括人工、材料和机具台班使用量三个部分，经过计价后编制成为建筑安装工程单位估价表（手册）。它是编制施工图预算（设计预算）的依据，也是编制概算定额、估算指标的基础。预算定额在施工企业内部被广泛用于编制施工组织计划，编制工程材料预算，确定工程价款，考核企业内部各类经济指标等方面。因此，预算定额是用途最广的一种定额。

预算定额是一种计价性定额。在工程委托承包的情况下，它是确定工程造价的评分依据。在招标承包的情况下，它是计算标底和确定报价的主要依据。所以，预算定额在工程建设定额中占有很重要的地位。从编制程序看，施工定额是预算定额的编制基础，而预算定额则是概算定额或估算指标的编制基础，可以说预算定额在计价定额中是基础性定额。其主要作用有：

① 编制施工图预算，该预算是确定和控制项目投资、建筑安装工程造价的基础。

② 对设计方案进行技术经济比较，它是进行技术经济分析的依据。

③ 它是编制施工组织设计的依据。

④ 它是工程结算的依据。

⑤ 它是施工企业进行经济活动分析的依据。

⑥ 它是编制概算定额和估算指标的基础。

⑦ 它是合理编制标底、技标的基础。

（4）概算定额　它是在预算定额基础上，依据现行标准设计图或选择有代表性的设计图纸、施工详图，以主体结构分部工程为主，适当综合有关项目，扩大计量单位编制而成。

① 它是编制初步设计概算的依据。国家规定，设计概算经批准后是确定和控制建设项目总造价的依据，同时也是控制施工图预算的依据。

② 它是编制建设项目投资估算指标的基础。

③ 它是设计方案经济性比较的依据。

④ 在不具备施工图预算情况下，它是制定工程标底的基础。

⑤ 在实行建设项目投资包干时，其项目包干费一般以概算定额作为计算依据。

（5）投资估算指标　它是在项目建议书可行性研究和编制设计任务书阶段编制投资估算、计算投资需要量时使用的一种定额。投资估算指标非常概略，往往以独立的单项工程和完整的工程项目为计算对象。它的概略程度与可行性研究阶段相适应。它的主要作用是为项目决算和投资控制提供依据。

5.2　施工过程分类与工作时间分析

5.2.1　施工过程分类

（1）按使用工具、设备和机具化程度分　①人工施工过程，如人力挖土；②机具施工过程，如铲运机运土；③人工与机具并有施工过程，如人力挖土、卷扬机提升土。

（2）按生产特点及组织的复杂程度分　工序、工作过程和复合过程。

①工序。它是指在组织上不可分开，而在操作上属于同一类的施工过程。工序是定额制定过程中的主要研究对象。从施工操作的组织观点看，工序是最简单的操作过程；从劳动过程的特点看，工序还可分解为更小的由若干操作过程组成的作业，而每一操作本身又是由各种工作动作组成的。动作是指劳动者在完成某一操作时的一举一动，这是工序中最小的一次性的活动。

②工作过程。它由同一工人或同一小组所完成的在技术操作上互有联系的工序所组成。

③复合过程。为了同一目的（或同一建筑产品），将组织上彼此有直接关联并先后或交叉或同时进行的几个工作过程结合起来，称为复合过程。

5.2.2　工作时间分析

5.2.2.1　人工工作时间

定额时间（亦称必须消耗的时间，见图5-2），指为完成所接收的工作任务而必须消耗的时间，包括工人有效工作时间、正常休息时间和不可避免的中断时间。要完成或超额完成劳动定额，尽量减少不可避免的中断时间，将损失时间压缩为零。

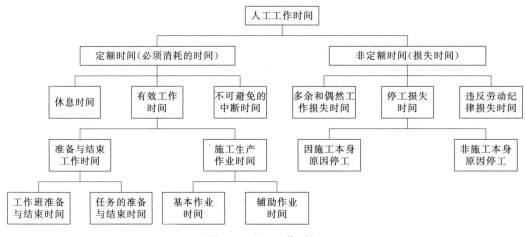

图 5-2　人工工作时间

有效工作时间，指工人为完成各种任务所需消耗的时间。主要包括：

①准备与结束工作时间，指工人在执行任务前因施工地点、劳动机具和劳动对象的准备工作和完成后的结束整理工作而消耗的时间。

②施工生产作业时间，指直接用于完成生产任务的时间。其中有基本作业时间，它是完成施工生产工艺过程中规定的各项工序操作所消耗的时间（如搭脚手架，制作、绑扎钢筋，灌注混凝土等）以及为保证基本作业顺序进行需做的辅助工作作业时间（如修磨工具，

工地修架子车、手推车等）。

不可避免的中断时间，指在施工生产中，工人由一个工作地点转移到所规定的另一工作地点，或因某建筑过程的工艺特点所造成的中断时间，如抹水泥砂浆面层、压光需等待收水的时间；非定额时间（亦称损失时间），指在施工过程中浪费的时间，包括在正常施工条件下，干不应有的和偶然工作时间（如扶起推倒的小车、干返工活、多干规定以外无效工作的时间）；停工损失时间（如指挥失误、组织不周、工作马虎造成人员调配、技工与普工配合不当；施工中因等待材料、工具、图纸、测量错误等，而导致误工和停工；或因客观原因，如遇暴风、雨、雪、洪水及断水、断电等造成的停工时间）；违反劳动纪律损失的时间（如迟到、早退、旷工，工作时间擅离职守、干私事、闲谈等）。

5.2.2.2　机具工作时间

要完成或超额完成机具产量定额，必须提高机具的有效工作时间，尽量缩短不可避免的空转时间和中断时间，将损失时间压缩为零（见图 5-3）。

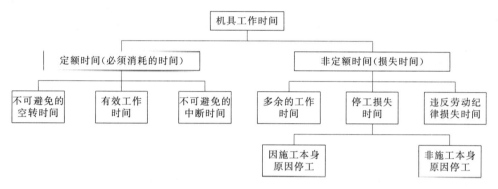

图 5-3　机具工作时间

5.3　基本定额与施工定额

5.3.1　基本定额

建筑安装工程定额无论按何种方法分类，其内容都包含着按生产要素这个因素，即劳动定额、材料消耗定额和机具台班使用定额，这三种定额是制定其他定额的基础，称为基本定额。

5.3.1.1　劳动定额

劳动定额亦称人工定额、工时定额或工日定额。它缊含着生产效益和劳动力合理运用的标准，反映建筑安装工人劳动生产率的平均先进水平，不仅体现了劳动与产品的关系，还体现了劳动配备与组织的关系，它是计算完成单位合格产品或单位工程量所需人工的依据。

（1）劳动定额的表现形式　劳动定额是以时间定额或产量定额来表示的。

① 时间定额。它是指某种专业、某种技术等级工人班组或个人，在正常施工条件下，完成单位合格产品或单位工程量所必需的工作时间。它包括准备工作与结束工作时间、基本生产时间、辅助生产时间和生产工人必需的休息时间。时间定额的计算方法如下：

单位产品时间定额（工日定额）＝必须消耗的工日数/生产量或工日量

班组单位产品时间定额（工日定额）＝必须消耗的班组成员工日数总和/班组产量

时间定额（工日定额）＝（工作人数×工作时间）/工作时间内完成的生产量或工日量

② 产量定额。它是指在正常使用条件下，某种专业、某种技术等级工人班组或个人，

在单位时间内所完成的合格产品数量和工程量。

$$单位产量时间定额（每工日定额）=生产量或工程量/必须消耗的工日数$$
$$产量定额=工作时间内完成的产量或工程量/劳动时间$$
$$班组产量=必须消耗的班组成员工日数总和/班组单位产品时间定额$$

（2）时间定额与产量定额的关系　时间定额与产量定额互为倒数（或反比）关系，即

$$时间定额×产量定额=1$$

5.3.1.2　材料消耗定额

材料消耗定额是指在合理使用材料的条件下，完成单位合格产品或单位工程量所必须消耗的一定规模的建筑材料、半成品或构配件的数量标准。所谓合格产品或工程量是指质量、规格等方面要符合国家标准、部颁标准或省、自治区、直辖市的标准。材料消耗定额的计量单位是以生产单位合格产品或工程量所需材料的计量单位表示的。

材料消耗定额包括直接用于产品生产或工程施工的材料净用量及不可避免的工艺和非工艺性的材料损耗（包括料头、装卸车散失）。前者称为材料的净消耗定额，亦称净定额，这是生产某产品或完成某一施工过程的有效消耗量。二者之和称为材料消耗总定额，也叫材料消耗定额。

5.3.1.3　机具台班使用定额

机具台班使用定额亦称机械工具使用定额，它标志着机具生产率的水平，用它可计算出完成合格产品或工程量所需用的机具台班数量。

（1）机具台班使用定额的表示形式　机具台班使用定额以机具时间定额和机具产量定额两种形式表示。

① 机具时间定额（也称机具台班时间定额），是指在正常施工条件下，规定某种机具设备完成质量合格的单位产品或单位工程量所需消耗的机具工作时间，包括有效工作时间、不可避免的空转时间和不可避免的中断时间。其计算公式如下：

$$机具时间定额=（工作机具台数×机具工作时间）/工作时间内完成的产品数量或工程量$$

② 机具产量定额（也称机具台班产量定额）是指在正常施工条件下，规定某种机具设备在单位时间（台班或台时）内应完成质量合格的产品数量或工程量。其计算方法如下：

$$机具产量定额=工作时间内完成的产品数量或工程量/（机具台数×机具工作时间）$$

（2）机具时间定额与机具产量定额的关系　机具时间定额与机具产量定额之间互为倒数（反比）关系，即

$$机具时间定额×机具产量定额=1$$

5.3.1.4　补充定额

在实际施工过程中，随着新结构、新技术、新工艺、新设备等的出现，有时会出现设计要求与定额条件不一致或完全不符的情况，这就需要制定补充定额（或补充单价分析），并随同设计文件一并送报主管部门审批。

5.3.2　施工定额

施工定额是指在一定的施工生产技术组织条件下，为完成一定计量单位的合格产品或工程量所必须消耗的人工、材料及机具台班的数量标准，它是施工企业按照国家有关政策、法规以及相应的施工技术标准、验收规范、施工方法资料，根据现行自身的机具装备状况，生产工人技术操作水平，企业生产（施工）组织能力、管理水平、机构的设置形式和运作效率以及可能挖掘的潜力情况，自行编制、审查、批准、颁发，并在本企业贯彻执行的，供企业内部进行经营管理、成本核算和投标报价的企业内部文件，因此，施工定额属于企业定额的

性质。

施工定额不仅能反映企业的劳动生产率和技术装备水平，同时也是衡量企业管理水平的标尺，是企业加强集约经营、精细管理的前提和主要手段，其主要作用有以下几个方面：

① 它是编制施工组织设计和施工作业计划的依据。

② 它是企业内部编制施工预算的统一标准，也是加强项目成本管理和主要经济指标考核的基础。

③ 它是施工队和施工班组下达施工任务和限额领料，计算施工工时和工人劳动报酬的依据。

④ 它是企业走向市场与竞争，加强工程成本管理，进行投标报价的依据。

⑤ 它是工程量清单计价的必然产物，建立和应用施工定额可以促进企业的发展，提高管理水平。

由此可见，施工定额在建筑安装企业管理的各个环节中都是不可缺少的，施工定额管理是企业的基础性工作，具有不容忽视的作用。

5.4　铁路工程造价定额

5.4.1　预算定额

2017 年国家铁路局颁布了新版铁路工程预算定额，定额共分为十三册，适合铁路基本建设各个专业使用，同时更新了配套费用计算使用的《铁路基本建设工程设计概（预）算编制办法》（TZJ 1001—2017，以下简称《编制办法》）及《铁路基本建设工程设计概（预）算费用定额》（TZJ 3001—2017，以下简称《费用定额》）。为方便使用，另行更新发行《铁路工程材料基期价格》和《铁路工程施工机具台班费用定额》等专册定额。

各分册所含主要工程内容：

① 路基工程。区间的站场土石方、特殊路基加固、防护等工程。

② 桥涵工程。各种涵洞，小、中、大、特大桥，深水复杂桥，顶涵、顶桥、倒虹吸管等工程。

③ 隧道工程。矿山法施工隧道，包括单、双线；导坑、明洞开挖、衬砌，开挖是小型机具施工，出砟机具化，衬砌采用钢模板等作业；机械化全断面施工隧道，目前只有双线，各种作业全部大型机具化施工。

④ 轨道工程。各种等级和轨型的正站线铺轨及上部建筑施工，各类型的道岔铺设，各种上部建筑附属工程和线路标志等。

⑤ 通信工程。铁路用的各种通信设备和电缆，各种无线通信以及维修设备等。

⑥ 信号工程。铁路用的各种信号安装，各种电气集中、自动闭塞、机械化驼峰、自动化设备安装等工程。

⑦ 信息工程。铁路用的布线系统、综合显示系统以及信息查询系统，还包括时钟系统与售检票系统等工程。

⑧ 电力工程。柴油发电所，各种变配电所，电气设备安装，各种照明设施，各种配管配线，35kV 以下的各种线缆安装、防雷接地、电气设备调试等工程。

⑨ 电力牵引供电工程。各种制式的接触网悬挂安装的有关工程，各种牵引变电所、开闭所、分区亭等设备安装有关工程，供电段设备安装等工程。

⑩ 房屋工程。适用于铁路沿线（包括枢纽工程）各种新建与改扩建房屋工程（包括站

房和工业厂房），不包括独立工业项目、独立建设项目的大型旅客站房、科研和院校等单位的建设项目，以及铁路各单位属于基地建设的生活福利设施等的房屋建筑工程。上述内容不包括的工程，应执行工程所在地的省（自治区、直辖市）地区的统一定额。

⑪ 给排水工程。包括各种铁路沿线的上下水管道和设备安装、水源建筑、污水处理工程等。

⑫ 机务车辆机械工程。各种国产标准和铁路专用的机具设备安装及基础工程，各种自动化装置及仪表安装，各种金属制品制作安装，工业炉窑砌筑与安装，工艺管道及附件安装，各种除锈、防腐、刷油漆、保温等工程。

⑬ 站场工程。各种铁路站场附属工程、站区建筑工程以及站场标志等。

另外预算定额同步更新了《铁路工程基本定额》，这里的基本定额指在合理的条件下，为生产单位数量半成品、中间产品所规定的各种资源的消耗量标准，主要包括：a. 各种辅助结构所用材料、半成品使用次数表；b. 模板制作、安装及拆除；c. 钢筋制作与绑扎；d. 钢木结构制作、安装及拆除；e. 混凝土拌制、浇筑；f. 拌制水泥砂浆；g. 养护；h. 混凝土及水、砂浆配合比用料表；i. 砌筑工程；j. 工地范围内材料、成品、半成品运输；k. 备料工程等内容。它是编制铁路工程预算定额的基础，适用于路基、桥涵、隧道、轨道、信号、电力牵引供电、站场建筑设备预算以及给排水工程预算定额中混凝土、砂浆用料等有关部分。而通信、电力、机具设备安装、房屋建筑以及给排水工程定额，因一般按照全国统一安装市政工程预算定额等编制，相关内容未纳入。

《铁路工程基本定额》的主要内容有各种辅助结构所用材料、半成品使用次数，模型板制作、安装及拆除，钢筋制作及绑扎，深水复杂桥钢木结构制作、安装及拆除，混凝土拌制、灌筑及振捣，拌制水泥砂浆，养护，混凝土及水泥砂浆配合比用料，砌筑工程石料、砂浆消耗量，工地范围内材料，成品、半成品运输定额，备料工程等。《铁路工程基本定额》的主要作用是制定定额、定额换算和补充定新，也可以利用其分析分项工程或半成品所需的人工、材料、机具等消耗量。

预算定额是在施工定额的基础上，综合施工定额工作细目为预算定额的工作细目，并且纳入已经应用的新技术、新工艺，按照合理的施工组织和正常的施工条件编制的。预算定额主要由法定批文、总说明、各工程项目说明、定额项目表（各项目以分部工程为章，以分项工程为节，以项目排序为号）等内容组成，表中内容除表头外，由 4 部分组成，详见本书附表 1。

① 工作内容与计量单位。以定额表中数据所包含的内容进行描述，查定额时须认真阅读与理解。

② 工料机消耗标准。一定计量单位的分部分项工程或结构构件的人工、材料和机具台班数量标准。

③ 基价。一定计量单位的分部分项工程或结构构件的人工费、材料费和机具使用费合计价格。"基价"即基期合计价格，是指在定额编制时，以某一年为基期年，以该年某一地区（如陕西省）人工、材料、机具单价为基础计算的完成定额计量单位的合格产品所需要的人工费、材料费、机具使用费的合计价值。定额使用一定时期后，由定额编制单位发行更新的基价表，配合原定额使用，以确保定额的相对稳定性。

④ 重量。一定计量单位的分部分项工程或结构构件所消耗的主要材料重量。"重量"说明完成某一定计量单位合格产品所需要的全部建安材料重量，但不包括水及施工机具的动力消耗（油料及燃料）的重量，以"t"为计量单位，主要用于计算材料运杂费。

5.4.2　概算定额

概算定额亦称扩大结构定额或综合定额，是确定一定计量单位的扩大分部工程、结构构件或扩大分项工程的人工、材料和机具台班消耗数量及其基价费用标准。它的结构和形式与预算定额基本一样。概算定额是以预算定额为基础，适当地将预算定额中分部分项工程或结构构件中有关的几个项目，综合扩大成一个项目。概算定额的内容组成与预算定额类似。概算定额与预算定额的相同之处在于它们都是以建（构）筑物各个结构部分和分部分项工程为单位表示的，内容也包括人工、材料和机具台班使用量定额三个基本部分，并列有基价概算定额表达的主要内容，主要方式及基本使用方法都与预算定额相近。概算定额与预算定额的不同之处在于项目划分和综合扩大程度上的差异，同时，概算定额主要用于估算或设计概算的编制。由于概算定额综合了若干分项工程的预算定额，因此，概算工程量计算和概算表的编制，都比编制施工图预算简化一些。

5.4.3　概算指标

概算指标是以整个建筑或整个分部工程为单位而规定的人工、材料和机具台班消耗指标及其基数费用标准，它是在概算定额和预算定额的基础上编制的。因为"站前"工程设计概算需用概算定额或预算定额编制，而在初步设计阶段，"站后"工程设计概算则需用概算指标编制，因此，只需制定"站后"工程概算指标。概算指标与概算定额相比，其综合性能更强，与对"站后"工程进行原则性方案的经济比较，更加方便，但精确性较差。

5.4.4　估算指标

估算指标亦称投资估算指标，是通过对已交付使用的各种不同地形条件、不同设计标准的建设项目的主要工程量及概算和决算资料进行分析研究，并在概算指标的基础上扩大计量单位，增加费用内容而制定的各有关专业工程量和建设费用的消耗指标。因估算指标构成的数据是根据各种预（概）算和决算资料，经过整理、研究、分析、归纳、计算而得的，因此，它实际上是一个概括性很强的统计分析指标。估算指标主要用来编制建设项目建议书、设计任务书和进行可行性方案研究以及投资估算。

5.5　铁路工程预算定额的应用

5.5.1　定额的应用技巧

要使定额在基本建设中发挥作用，除定额本身先进合理外，还必须正确应用定额。定额的查用步骤是：确定工作内容→确定定额种类→确定定额编号→阅读说明→定额抽换。

① 首先要学习和理清定额的总说明和分部工程说明及附注、附录、附表的规定，这是定额的核心部分。它指出了定额编制的指导思想、原则、依据、使用范围、使用方法、调整换算、已考虑和未考虑的因素，以及其他有关问题。对因客观条件需据实调整的换算也作了规定。

② 掌握分部分项工程定额所包括的工作内容和计量单位。在使用定额前，必须弄清一个工程由哪些工作项目组成，每个项目的工作内容是否与定额的工作内容一致，定额的计量单位是否采用扩大计量单位。

③ 弄清定额项目表中各子目栏工作条目的名称、内容和步距划分，然后以定额的计量单位为标准，将该工程各个项目按定额子目栏的工作条目逐项列出耗用量、单价和计量单位。

④ 了解定额项目表中人工、材料、机具台班名称、耗用量、单价和计量单位。

⑤ 熟悉工程量计算规定及适用范围。按规定和适用范围计算工程数量，有利于统一标准。

⑥ 对于分项工程的内容，应通过深入施工现场和工作实践，理解其实际含义。只有对定额内容了解深入了，才能在确定工程条目，套用、换算定额或编制补充定额时，快而准确。

5.5.2 定额应用要点

① 正确选择子目，不多不漏。

② 子目名称简练直观。

③ 核对工作内容，防止漏列、重列。

④ 看清计量单位。

⑤ 详细阅读说明和小注。

⑥ 图纸要求与定额子目或序号项目要一致，否则可能要抽换。

⑦ 施工方案要依施工组织设计而定。

⑧ 多实践、多练习，熟能生巧。

5.5.3 定额套用（直接套用）

当设计要求与定额条件相符时，可直接套用定额（即直接查找定额）。套用时应注意以下几点：

① 正确选用定额条目，确定定额编号。根据设计图纸要求及说明，选择与工作项目内容相符的定额条目，并对其工作内容、技术特点和施工方法仔细核对，做到内容不漏、不重、不错。

② 核对计量单位。条目选择后核对并调整所列工程项目的计量单位，使之与定额条目的计量单位相一致。

③ 明确定额中的用语、符号及定额表中数据的意义。区分"以内""以外"和"以上""以下"的含义。

④ 注意定额的换算。当工程设计与定额内容部分不相符而定额允许换算时，要先对套用的定额进行必要的换算后才能使用。

【例 5-1】 铺单开 12 号道岔 2 组，直向通过速度≤120km/h，60kg 轨，木岔枕。试根据预算定额确定其工料机消耗及定额基价。

解： 本题属于定额的直接套用，根据施工内容查阅《铁路工程预算定额（第四册　轨道工程）》目录，该内容为第二章第一节（一）的内容，对应各已知条件后，选定定额子目编号为 GY-262，定额单位为"组"，铺道岔 2 组，则定额数量为 2，因此，该工序需要消耗的工料机为：

人工：$34.814 \times 2 = 69.628$（工日）；

其他材料费：$49.300 \times 2 = 98.600$（元）；

汽车起重机≤30t：$0.268 \times 2 = 0.536$（台班）；

内燃机车：$0.400 \times 2 = 0.800$（台班）；

液压起拨道机≤15kW：$4.824 \times 2 = 9.648$（台班）；

电子水准仪：$0.536 \times 2 = 1.072$（台班）；

全站仪 1mm+1ppm[❶]/<0.5″：$0.536 \times 2 = 1.072$（台班）；

基价 $= 5994.36 \times 2 = 11988.72$（元）。

5.5.4 定额抽换（定额的复杂套用）

当工作项目与定额内容部分不相符时，则不能直接套用定额，应在定额规定的范围内根

---

❶ 1ppm 表示，全站仪精度：$1 \times 10^{-6} \times D(\text{km})$。

据不同情况加以换算。

（1）设计的规格、品种与定额不相符的换算　当设计要求的规格、品种与定额规定不同时，需先换算使用量，再按其单价换算价值，概、预算定额的换算实际上是概、预算的换算。

① 砂浆或混凝土标号、设计与规定不符时，应根据砂浆或混凝土设计标号在《铁路工程基本定额》"混凝土、钢筋混凝土、水泥砂浆用料表"中，查出应换入的用料数，并考虑工地搬运、操作损耗量及混凝土凝固后体积收缩等，或在《铁路工程预算定额》中查与设计标号相同项目的混凝土、钢筋混凝土、水泥砂浆的用料数（已考虑了损耗量等）。应换出的用料数为定额表中的数量，然后进行换算。

② 砂浆或混凝土的集料粒径、设计与定额规定不符时，须按砂浆或混凝土标号调整水泥用量。

③ 钢筋混凝土定额中的钢筋数量、规格，当设计与定额规定不符，实际钢筋含量与定额中钢筋含量相差超过±5 时，应先按设计要求调整定额钢筋数量，再用钢筋制作及绑扎定额调整定额工日、有关材料、机具台班数，并用定额单价计算其价值。不是因设计原因造成的不符，如钢筋由粗代替细、螺纹钢筋代替圆钢筋或型号改变，因此增加的钢筋费用，不能编入定额价值内。

（2）运距换算

① 运距超过定额项目表中子项目的基本运距。

② 运距超过定额项目表中工作内容规定的运距。

【例 5-2】　对于例 5-1 中的道岔火车运输 86km，试确定其工料机的消耗及定额基价。

解： 根据题目内容，查找定额第二章铺道岔第三节道岔轨料运输，火车运输定额内容见表 5-2。

表 5-2　火车运输定额

电算代号	定额编号		GY-401	GY-402	GY-403	GY-404	GY-405	GY-406
	项目	单位	60kg 12 号道岔		60kg 18 号道岔		60kg 42 号道岔	
			装卸一次	运输 1km	装卸一次	运输 1km	装卸一次	运输 1km
	单位		组					
	基价		4113.13	17.65	6169.18	26.49	16887.01	73.12
其中	人工费	元	1386.00	1.54	2079.00	2.31	5613.30	6.24
	材料费		244.77	—	366.47	—	990.00	—
	机具使用费		2482.36	16.11	3723.71	24.18	10283.71	66.88
	重量	t	0.093		0.14		0.375	
6	人工	工日	18.000	0.020	27.000	0.030	72.900	0.081
1110003	锯材	m³	0.139	—	0.208	—	0.562	—
2100005	钢丝绳	kg	3.805	—	5.708	—	15.411	—
2130012	镀锌低碳钢丝 $\phi0.7\sim6$	kg	5.733	—	8.600	—	23.220	—
8999002	其他材料费	元	22.667	—	34.000	—	91.800	—
9102303	门式起重机≤20t—22m	台班	1.253	—	1.880	—	5.076	—
9103411	内燃机车	台班	0.400	0.004	0.600	0.006	1.620	0.016
9102203	轮胎式起重机≤25t	台班	0.400	—	0.600	—	1.620	—
9103514	轨道平车≤60t	台班	0.800	0.008	1.200	0.012	4.860	0.049

注：工作内容　施工准备、道岔装车、运输、卸车、空回。

60kg 12 号道岔 2 组火车运输 86km，定额编号为 $[(GY-401)+86\times(GY-402)]\times2$，其工料机消耗及基价如下：

人工：$(18.000+86\times0.020)\times2=39.44$（工日）；

锯材：$0.139\times2=0.278$（m³）；

钢丝绳：$3.805\times2=7.610$（kg）；

镀锌低碳钢丝 $\phi0.7\sim6$：$5.733\times2=11.466$（kg）；

其他材料费：$22.667\times2=45.334$（元）；

门式起重机≤20t-22m：$1.253\times2=2.506$（台班）；

内燃机车：$(0.400+86\times0.004)\times2=1.488$（台班）；

轮胎式起重机≤25t：$0.400\times2=0.800$（台班）；

轨道平车≤60t：$(0.800+86\times0.008)\times2=2.976$（台班）；

基价：$(4113.13+86\times17.65)\times2=11262.06$（元）。

（3）断面换算　在定额中确定的构件断面，是根据选择有代表性的不同设计标准，经分析、研究、综合、加权计算确定的，称为定额断面。如实际设计断面与定额断面不符时，应按定额规定进行换算。

（4）周转次数换算　当材料的实际周转次数达不到规定的周转次数时，定额表中周转材料的定额用量应予以抽换，按照实际的周转次数重新计算其定额用量。

（5）厚度和宽度换算　如果有的防护层的厚度（沥青混凝土、沥青砂浆）、抹灰层的厚度、道砟桥面人行道宽在定额表中被划分为基本厚度或宽度和增减厚度或宽度定额，但设计厚度或宽度与定额不符时，可按设计要求和增减定额对基本厚度或宽度的定额基价进行调整换算。

（6）系数换算　当实际施工条件与定额规定不符时，应按定额规定的系数进行调整。例如《铁路工程预算定额（第四册　轨道工程）》分章说明中第一章第七条：钢轨铺设定额仅适用于 20‰以下坡度地段和 1km 以下隧道内。若用于 20‰以上坡度地段，定额人工和机械消耗量乘以 1.5 的系数；若用于 1km 以上隧道内，定额人工和机械消耗量乘以 1.25 的系数。第十一条：工地钢轨焊接定额如用于道岔内钢轨焊接，人工、机械消耗量应乘以 1.1 的系数。该调整范围为人工和机械消耗量，应用时材料对应消耗量不需要调整。

（7）体积换算　铁路路基工程预算定额明确了开挖与运输数量以天然密实体积计算，填筑数量以压实体积计算，因此在土石方调配与套用定额时需要进行天然密实体积与压实体积的换算。总之，定额换算必须在定额的规定条件下进行，如果定额规定不允许换算，不得强调部门的特点，任意进行换算。

能力训练题

一、选择题（单选）

1. 施工定额的本质属于（　　）。

A. 企业定额　　　　B. 行业定额　　　　C. 全国统一定额　　　D. 地方定额

2. 工程定额按生产要素分不包括（　　）。

A. 劳动定额　　　　B. 材料消耗定额　　　C. 预算定额　　　D. 机械台班使用定额

3. 以下哪组定额之间的关系互成倒数（　　）。

A. 机械台班消耗定额，机械台班费用定额

B. 材料产品定额，材料周转定额

C. 机械产量定额，机械时间定额

D. 材料消耗量定额，机械台班消耗量定额

4. 劳动定额时间不包括（　　）。

A. 基本工作时间　　　　　　　　　　B. 不可避免的中断时间

C. 失误时间　　　　　　　　　　　　D. 准备结束时间

5. 下列哪些不属于基本定额（　　）。

A. 劳动定额　　　B. 材料消耗定额　　　C. 机具台班使用定额　　　D. 施工定额

二、选择题（多选）

1. 铁路工程定额按生产要素分为（　　）。

A. 劳动定额　　　　　　　　　　　　B. 材料消耗定额

C. 机具台班使用定额　　　　　　　　D. 施工定额

E. 预算定额

2. 定额的特点有（　　）。

A. 科学性　　　　　　　　B. 权威性　　　　　　　C. 时效性

D. 系统性　　　　　　　　E. 统一性

3. 定额按编制程序和用途分为（　　）。

A. 施工定额　　　　　　　B. 预算定额　　　　　　C. 概算定额

D. 产量定额　　　　　　　E. 估算指标

4. 下列（　　）属于时间定额的单位。

A. $m^3/工日$　　　　　　　B. $工日/m^3$　　　　　　C. $台班/m^3$

D. $m^3/台班$　　　　　　　E. $工日/km$

5. 定额的复杂套用包括（　　）。

A. 系数调整　　　　　　　B. 运距换算　　　　　　C. 配合比调整

D. 体积换算　　　　　　　E. 工程量换算

三、简答题

1. 什么是工程定额？工程定额在铁路基本建设中有何作用？

2. 什么是时间定额？什么是产量定额？它们之间有何关系？

3. 什么是预算定额？它由哪几部分组成？

4. 什么是基本定额？

5. 正确使用预算定额应注意哪些事项？

6. 在什么情况下才能套用定额或进行定额换算？套用定额应注意哪些问题？

四、计算题

查《铁路工程预算定额》，写出下列工作项目定额编号、工日、材料、机具台班及预算基价、材料重量。

1. 人力挖松土，架子车运100m，道路泥泞。

2. 人力挖松土，土质湿度大，极易黏附工具，架子车运100m。

3. 人力挖桥基普通土，机具吊土，坑深8m，有水，需加挡板，用自卸车运至800m弃土点。

4. 某桥预应力混凝土渠道砟桥面，双侧钢栏杆，钢筋混凝土步行板，人行道宽1.3m。

5. 某桥钻孔桩基础，C20钢筋混凝土，桩径1.25m，卵石层，用红星型转盘钻孔机钻进，写出钻孔桩成型后的定额。

6. 线路改拨 0.5m，碎石道床，木枕。

7. 铺轨机铺设轨道 50kg/m 的 25m 长钢轨，混凝土Ⅰ型枕 1520 根/km，包括每千米轨料。

8. 标准轨线路机械铺轨 280km（设计时速≤160km/h），50kg/m 的 25m 长钢轨，采用混凝土Ⅱ型枕，1600 根/km。

9. 铺设普通单开道岔（设计时速≤120km/h），12 号道岔 3 组。

10. 设计时速≤120km/h 正线，铺底砟 3500m³、面砟 4500m³。

第 6 章 铁路工程概（预）算

知识目标

　　清楚概算与预算的基本相关概念；清楚概（预）算文件的组成；清楚概（预）算的费用组成及计算方法。

能力目标

　　会计算概（预）算各项费用；会编制铁路工程简单新建工程的概（预）算文件。

6.1 概述

6.1.1 铁路工程建设投资测算体系

　　我国铁路基本建设投资的管理和控制基本上分为三个层次，即国家、项目申报单位或项目建设单位（业主）、施工单位（或承包单位）。这三个层次涉及计划、建设、设计、监理和施工各部门，他们都必须以维护国家利益为原则，从各自的工作和需要出发，其基本手段就是制定概算定额、预算定额和概（预）算编制办法。

　　铁路工程建设从项目决策到竣工交付使用的整个过程中，为了对基本建设工程进行全面而有效的工程经济管理，在项目建设的各阶段都必须编制有关的经济文件，这些不同经济文件的投资额则要根据其主要内容要求，由不同的测算工作来完成。根据在不同阶段投资额的作用和精度要求不同，形成了投资估算、设计总概算、施工图预算、施工预算、标底、投标报价、工程结算和工程决算等 8 种测算方式，由此构成了建设项目投资额的测算体系，它们间的相互关系见图 6-1，其中，工程概（预）算具有特别重要的意义和作用，也是其他测算方式（投资估算除外）的基础。

　　铁路工程设计概算和施工图预算（投资检算），是指在执行基本建设程序过程中，根据不同设计阶段设计文件的具体内容和国家规定的定额、指标及各项费用的取费标准，预先计算和确定每项新建、扩建、改建和迁建工程所需要的全部投资额的文件。它是从经济上反映建设项目在不同建设阶段的特点，是按照国家规定的特殊计划程序，预先计算和确定基本建设工程价格的计划文件，是基本建设程序的重要组成部分。

6.1.2 概算与预算

6.1.2.1 概（预）算概念

　　（1）概算

　　指保质保量、按期完成所批准建设项目，从筹建到竣工验收所实施的全部费用，通常包

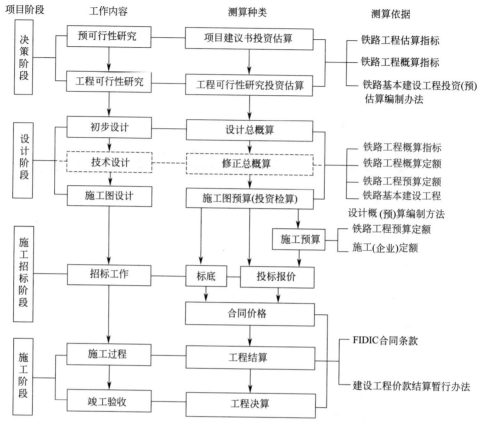

图 6-1　建设项目投资测算关系图

括设计概算和修正概算。设计概算或修正概算是初步设计文件或技术设计的重要组成部分。概算应控制在有批准的建设项目可行性研究报告投资估算允许浮动幅度范围内，概算经批准后是基本建设项目投资的最高限额，是编制建设项目投资计划、确定和控制建设项目投资的依据，是控制施工图设计和进行施工图预算的依据，是衡量设计方案经济合理性和选择最佳设计方案的依据，是考核建设项目投资效果的依据。设计单位应按不同的设计阶段编制概算和修正概算。编制概算或修正概算时，应全面了解工程所在地的建设条件，掌握各项基础资料，正确引用相关定额、取费标准、工资单价和材料设备价格，按相关编制办法的规定进行编制，使概算值完整，准确地反映设计内容。在工程项目管理设计时，以批准的初步设计进行设计施工总承包招标的工程，其标底或造价控制值应在批准的概算范围内。

（2）施工图预算（投资检算）

施工图预算是拟建工程设计概算的细化文件，也是单项工程综合预算的基础文件。施工图预算的编制对象为单位工程，因此也称为单位工程预算。它由设计单位根据施工图设计的工程量和施工方案，按预算定额和各种费用定额，编制反映工程造价的具体文件。

值得注意的是，该阶段工作在铁路系统称为"投资检算"，而在公路等其他系统则称为"施工图预算"。投资检算的主要目的是检验施工图设计是否控制在概算之内，除此之外，施工图预算还有以下作用：

① 施工图预算对建设单位的作用。施工图预算是施工图设计阶段确定建设工程项目造价的依据，是设计文件的组成部分；施工图预算是建设单位在施工期间安排建设资金计划和使用建设资金的依据；施工图预算是招投标的重要基础，既是工程量清单的编制依据，也是

招标控制价编制的依据；施工图预算是拨付进度款及办理结算的依据。

② 施工图预算对施工单位的作用。施工图预算是确定投标报价的依据；施工图预算是施工单位进行施工准备的依据，是施工单位在施工前组织材料、机具、设备及劳动力供应的重要参考，是施工单位编制进度计划、统计完成工作量、进行经济核算的参考依据；施工图预算是施工单位加强经营管理，搞好经济核算的依据。

③ 施工图预算对其他方面的作用。对于工程咨询单位而言，尽可能客观、准确地为委托方做出施工图预算，是其业务水平、素质和信誉的体现。

对于工程造价管理部门而言，施工图预算是监督检查、执行定额标准、合理确定工程造价、测算造价指数及审定招标工程标底的重要依据。

铁路基本建设概（预）算相关文件规定：铁路工程在两阶段设计时，初步设计阶段编制总概算，施工图设计阶段编制投资检算或总预算，一阶段设计时编制总预算。预算应根据施工图设计的工程量和施工方法，按照规定的定额、取费标准、工资单价、材料设备预算价格依本办法在开工前编制并报请批准。

以施工图设计进行施工招标的工程，经审定后的施工图预算是编制标段清单预算、工程标底或造价控制值的依据，也是分析、考核施工企业投标报价合理性的参考。对不宜实行招标而采用施工图预算加调整价结算的工程，经审定后的施工图预算可作为确定合同价款的基础或作为审查施工企业施工预算的依据。

施工图预算是考核施工图设计经济合理性的依据。施工图设计应控制在批准的初步设计及其概算范围之内。如单位工程预算突破相应概算时，应分析原因，对施工图设计中不合理部分进行修改，对其合理部分应在总概算投资范围内调整解决。

施工图预算的编制：作为招标控制价用，由业主单位或者招标代理机构委托有资质的造价编制单位来编制；作为投标报价用，由投标单位编制；作为内部成本控制或者项目计划用，由成本控制部门或计划部门编制（或委托他人编制）。

（3）施工预算

它是施工企业在工程投标时或工程开工之前，根据施工图、施工定额、实施性施工组织设计、降低工程成本的技术组织措施，并结合施工现场的实际情况，在施工图预算的控制下计算和确定完成一个工程项目或一个单位工程或其中的分部分项工程所需的人工、材料、机具台班消耗量及其相应费用的经济文件。

施工预算可作为施工企业尤其是其基层单位进行企业内部经济核算，实行内部经济承包责任制，进一步组织生产，编制施工作业计划，准备现场材料，签发施工任务书和限额领料卡，考核生产工人工效，计算超额奖，审评奖励的依据。

6.1.2.2　概（预）算之间的关系

概算和预算是两个不同的概念，它们之间既有区别也有联系，其关系见表 6-1。

6.1.3　概（预）算文件的组成

概（预）算文件主要由封面、目录、编制说明、概（预）算表格以及附件等组成。

（1）封面

概（预）算文件的封面和扉页应按编制办法中的规定制作，扉页的次页应有建设项目名称，编制单位，编制、复核人员姓名并加盖执业（从业）资格印章，编制日期及第几册共几册等内容。

（2）目录

按概（预）算表的内容顺序或表号顺序编排。

（3）编制说明

表 6-1　概算与预算的区别与联系明细

	内容	总概算	施工图预算（投资检算）	施工预算
不同之处	编制单位不同	设计单位编制	设计单位编制	施工单位编制
	编制阶段不同	初步设计阶段编制	施工图设计阶段编制	工程中标后施工前编制，与建设单位无直接关系
	所起的作用不同	作为国家确定和控制建设规模，编制基本建设计划，实行建设项目投资包干，签订承包合同和招标项目编制标底以及银行拨贷款的依据，也是控制施工图预算，考核设计经济合理性和建设成本的依据	作为签订施工合同，进行价款结算的依据也是施工企业下达施工计划，内部财务拨款，考核工程成本，进行经济核算的依据，还是控制施工预算的依据	是施工企业基层组织生产，编制施工作业计划，准备现场材料，签发施工任务书和限额领料卡，考核工效，计算超额奖和计件工资，进行班组核算的依据，是施工企业基本的成本计划文件
	依据的定额不同	站前工程：预算定额；站后工程：概算定额	预算定额	施工定额
	依据的图纸资料不同	初步设计图纸及施工组织设计方案意见	施工设计图纸及施工组织设计（合适的施工方法，周密的技术措施）	详细的施工图纸和工程数量及周密合适的组织设计，施工单位自身能力
	编制的范围不同	建设项目的全部内容，即从筹建开始到竣工验交所需的一切费用	只编制单位工程或单项工程预算和综合预算，即包括直接工程费、间接费、差价、利润和税金	确定建筑安装工程的分部分项工程所需人工、材料、施工机械台班消耗量和工程直接费，有的施工预算还包括施工管理费
联系之处		（1）三者都不能突破控制额。经批准的总概算是建设项目投资的最高限额，施工图预算控制在总概算之内，而施工预算控制在合同价内。（2）三者费用组成、采用的费率、使用的表格、编制的步骤方法基本相同		

① 编制范围　主要包括设计范围及工程概况：建设项目名称、起迄里程、全长（如正、站线公里或桥、隧长）、总建筑体积（如总圬工数量、总土石方数量）、总建筑面积、主要结构（如桥跨结构）、地貌特征、主要工程数量等。

② 主要编制依据　建设项目设计资料的依据及有关文号。如建设项目可行性研究报告文号，初步设计和概算批准文号（编修正概算及预算时），以及根据何时的测设资料及比选方案进行编制的等。

a. 施工组织设计。施工期限、主要施工方法和所用机具设备、临时工程的设置、施工场地布置等。

b. 施工调查资料。当地资源可利用情况、交通情况，主要材料价格、来源、运输及供应方法的安排，地质、气候、水文条件等。

c. 与概（预）算有关的委托书、协议书、会谈纪要的主要内容（或将抄件附后）。

d. 采用的定额，费用标准，人工、材料、机具台班单价依据和来源，补充定额及编制依据的详细说明。

e. 总造价、指标及人工、材料、机具等差价说明，各设计方案的经济比较，以及编制中存在的问题。

f. 其他与概（预）算有关但不能在表格资料中反映的事项。

（4）概（预）算表格

　　铁路工程概（预）算按《编制办法》中的概（预）算表格计算填写。概算表格与预算表格的式样基本相同，只是表头字样有别：总概（预）算汇总表、总概（预）算（汇总）对照表、总概（预）算表、综合概（预）算（汇总）表、综合概（预）算（汇总）对照表、单项概（预）算表、补充单价分析汇总表、补充单价分析表、补充材料单价表、主要材料预算价格表、补充设备单价表、设备单价汇总表、外资总概（预）算表、内外资总概（预）算对照表、外资综合概（预）算表、外资采购设备单项概（预）算表、外资采购材料单项概（预）算表、外资采购设备数量清单、外资采购材料数量清单、技术经济指标统计表。

　　概（预）算应按一个建设项目如一条路线或一座独立大（中）桥、隧道等进行编制。当一个建设项目需要分段或分部编制时，应根据需要分别编制，但必须汇总编制"总概（预）算总表"。

　　（5）附件

　　① 有关计算资料。如电价分析资料、特殊地区施工增加费计算资料等。

　　② 有关协议、纪要、合同及公文等。

　　③ 其他与概（预）算有关但不能在表格中反映的事项。

6.2　概（预）算编制的基本要求

6.2.1　设计概（预）算的编制层次

　　建设项目设计概（预）算按单项概（预）算、综合概（预）算、总概（预）算三个层次编制。

6.2.1.1　总概（预）算的编制范围

　　总概（预）算是用以反映整个建设项目投资规模和投资构成的文件，一般应按整个建设项目的范围进行编制。若遇有以下情况，应分别编制总概（预）算，并汇编该建设项目的汇总总概（预）算。

　　① 两端引入工程，与项目有关的联络线、疏解线等可根据需要单独编制总概（预）算。

　　② 铁路枢纽、编组站、物流中心、动车段、动车运用所、综合物业开发相关内容应单独编制总概（预）算。

　　③ 采用工程所在地统一定额的旅客站房及站房综合楼应单独编制总概（预）算。

　　④ 跨越省（自治区、直辖市）或铁路局（公司）者，除应按各自所辖范围编制总概（预）算外，尚需以铁路枢纽为界，分别编制总概（预）算。

　　⑤ 分期建设的项目，应按分期建设的工程范围，分别编制总概（预）算。

　　⑥ 一个建设项目，如由两个及以上设计单位共同设计，则各设计单位按其承担的设计范围编制总概（预）算，该建设项目的汇总总概（预）算应由总体设计单位负责汇编。

　　如有其他特殊情况，可结合项目需要划分总概（预）算的编制范围。施工图总预算编制单元原则上应与初步设计总概算编制单元一致。

6.2.1.2　综合概（预）算的编制范围

　　综合概（预）算是具体反映一个总概（预）算范围内的工程投资总额及其构成的文件，其编制范围应与相应的总概（预）算一致。

6.2.1.3　单项概（预）算的编制内容及单元

　　单项概（预）算是编制综合概（预）算、总概（预）算的基础，是详细反映各工程类别和重大、特殊工点的主要概（预）算费用的文件。

建筑安装工程单项概（预）算的编制内容包括人工费、材料费、施工机具使用费、价外运杂费、价差、填料费、施工措施费、特殊施工增加费、间接费和税金。设备单项概（预）算的编制内容包括设备费、设备运杂费和税金。

编制单元应按总概（预）算的编制范围划分，结合综合概（预）算章节表的要求，分工程类别编制。其中技术复杂的特大、大、中桥（指最大基础水深在 10m 以上的桥梁或 100m 以上大跨度的桥梁或有正交异型板钢梁等特殊结构的桥梁）及高桥（最大墩高 50m 及以上），4000m 以上或有辅助坑道的单、双线隧道，多线隧道及Ⅰ级风险隧道，机车库、县级及以上旅客站房（含站房综合楼）等大型房屋以及投资较大、工程复杂的新技术工点等，应按工点分别编制单项概（预）算。

6.2.2 编制深度及要求

设计概（预）算的编制深度应与设计阶段及设计文件组成内容的深、细度相一致。

（1）单项概（预）算 根据不同设计阶段，各类工程的单项概（预）算编制深度见表 6-2。

表 6-2 单项概（预）算编制深度

序号	工程类别	设计阶段	
		初步设计	施工图设计
1	路基土石方	根据工程数量，采用预算定额编制	根据设计土石方调配数量，采用预算定额编制
2	路基附属工程	根据工程数量，采用预算定额编制	根据工程数量，采用预算定额编制
3	桥涵	根据工程数量，采用预算定额编制	根据工程数量，采用预算定额编制
4	隧道及明洞	根据工程数量，采用预算定额编制	根据工程数量，采用预算定额编制
5	轨道	根据工程数量，采用预算定额编制	根据工程数量，采用预算定额编制
6	房屋	根据工程数量，采用概算定额或预算定额编制	根据工程数量，采用预算定额编制
7	通信、信号、信息、灾害监测、电力、电力牵引供电	根据设计标准和数量，采用概算定额或预算定额编制	根据设计标准和数量，采用预算定额编制
8	给排水、机务、车辆、动车、工务、站场、其他建筑及设备等	根据设计规模、结构类型、设备能力及工程数量，采用概算定额或预算定额编制	根据设计规模、结构类型、设备能力及工程数量，采用预算定额编制
9	其他工程	按详细工程项目及施工组织设计确定的规模与数量采用概算定额或预算定额编制	按详细工程项目及施工组织设计确定的规模与数量采用预算定额编制

（2）综合概（预）算 根据单项概（预）算，按本书附录"综合概（预）算表"的顺序进行汇编，没有费用的章，其章号及名称应保留，各节中的细目结合具体情况可以增减调整。一个建设项目有多个综合概（预）算时，应汇编综合概（预）算汇总表。

（3）总概（预）算 根据综合概（预）算，分章汇编。没有费用的章，在输出总概（预）算表时其章号及名称一律保留。一个建设项目有多个总概（预）算时，应汇编总概（预）算汇总表。

6.2.3　定额的采用

① 基本规定。根据不同设计阶段各工程类别的编制深度要求，原则上采用铁路工程定额体系编制。

② 旅客站房及站房综合楼的房屋工程等可采用工程所在地的地区统一定额编制，其工料机价格及单项概（预）算中的各项费用标准应配套采用。

③ 对于现行定额未涵盖或不适用而建设项目急需的工程，应根据该工程施工工艺要求等编制补充单价分析。

6.2.4　精度的要求

（1）人工、材料、施工机具台班单价　单价的单位为"元"，取 2 位小数，第 3 位四舍五入。

（2）定额（补充）单价分析　单价和合价的单位为"元"，取 2 位小数，第 3 位四舍五入；单重和合重的单位为"t"，单重取 6 位小数，第 7 位四舍五入，合重取 3 位小数，第 4 位四舍五入。

（3）运杂费单价分析　汽车运价率的单位为"元/（t·km）"，取 3 位小数，第 4 位四舍五入；火车运价率的单位及运价率按编制期《铁路货物运价规则》执行；装卸费单价单位为"元"，取 2 位小数，第 3 位四舍五入；综合运价单位为"元/t"，取 2 位小数，第 3 位四舍五入。

（4）单项概（预）算　单价和合价的单位为"元"，单价取 2 位小数，第 3 位四舍五入，合价取整数。

（5）材料重量　材料单重和合重的单位为"t"，均取 3 位小数，第 4 位四舍五入。

（6）人工、材料、施工机具台班数量统计　按定额中的单位，均取 2 位小数，第 3 位四舍五入。

（7）综合概（预）算　概（预）算价值和指标的单位为"元"，概（预）算价值取整，土石方指标取 2 位小数，第 3 位四舍五入，其他指标取整。

（8）总概（预）算　概（预）算价值和指标的单位为"万元"，均取整；费用比例的单位为"%"，取 2 位小数，应检算是否闭合。

（9）工程数量

① 计量单位为"m³""m²""m"的取 2 位，第 3 位四舍五入。

② 计量单位为"km"的，轨道工程取 5 位，第 6 位四舍五入；其他工程取 3 位，第 4 位四舍五入。

③ 计量单位为"t"的取 3 位，第 4 位四舍五入。

④ 计量单位为"个、处、组、座或其他可以明示的自然计量单位"的取整。

6.3　铁路工程概（预）算费用分类与组成

6.3.1　概（预）算章节的划分及费用组成

6.3.1.1　章节划分

铁路基本建设工程的概（预）算费用，按不同工程和费用类别划分为 4 部分，共 16 章 36 节，编制设计概（预）算应采用统一的章节表，其各章节的细目及内容，见《铁路基本建设工程设计概（预）算编制办法》附录"综合概（预）算章节表"。

各部分和各章费用名称如下：

第一部分：静态投资

　　第一章　拆迁及征地费用

　　第二章　路基

　　第三章　桥涵

　　第四章　隧道及明洞

　　第五章　轨道

　　第六章　通信、信号、信息及灾害监测

　　第七章　电力及电力牵引供电

　　第八章　房屋

　　第九章　其他运营生产设备及建筑物

　　第十章　大型临时设施和过渡工程

　　第十一章　其他费用

　　第十二章　基本预备费

第二部分：动态投资

　　第十三章　价差预备费

　　第十四章　建设期投资贷款利息

第三部分：机车车辆（动车组）购置费

　　第十五章　机车车辆（动车组）购置费

第四部分：铺底流动资金

　　第十六章　铺底流动资金

6.3.1.2　静态投资费用种类划分

按投资构成划分，静态投资分属下列 5 种费用：

（1）建筑工程费（费用代号：Ⅰ）　建筑工程费指路基、桥涵、隧道及明洞、轨道、通信、信号、信息、灾害监测、电力、电力牵引供电、房屋、给排水、机务、车辆、动车、站场、工务、其他建筑工程等和属于建筑工程范围内的管线敷设、设备基础、工作台等，以及迁改工程、大型临时设施和过渡工程中应属于建筑工程费内容的费用。

（2）安装工程费（费用代号：Ⅱ）　安装工程费指各种需要安装的机电设备的装配、装置工程，与设备相连的工作台、梯子等的装设工程，附属于被安装设备的管线敷设以及被安装设备的绝缘、刷油、保温和调试等所需的费用。

（3）设备购置费（费用代号：Ⅲ）　设备购置费指一切需要安装与不需要安装的生产、动力、弱电、起重、运输等设备（包括备品备件）的购置费，以及构成固定资产的工器具（包括备品备件）、专用工具（包括备品备件）等购置费。

（4）其他费（费用代号：Ⅳ）　其他费指土地征（租）用及拆迁补偿费、项目建设管理费、建设单位印花税及其他税费、建设项目前期费、施工监理费、勘察设计费、设计文件审查费、其他咨询服务费、营业线施工配合费、安全生产费、研究试验费、联调联试等有关费用、利用外资有关费用、生产准备费、其他等。

（5）基本预备费　基本预备费指为建设阶段各种不可预见因素的发生而预留的可能增加的费用。

6.3.2　费用项目组成及单项概（预）算计算程序

①　铁路工程概（预）算费用组成见图 6-2，各项费用计算在本书附录附表 1 的概（预）算表格中完成。

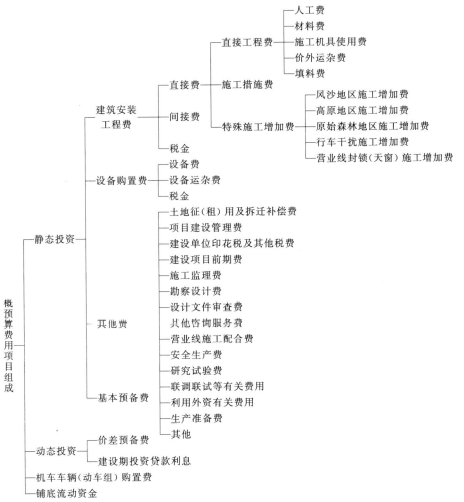

图 6-2　铁路工程概（预）算费用组成

② 建筑安装工程单项概（预）算计算程序见表 6-3。

③ 设备单项概（预）算计算程序见表 6-4。

表 6-3　建筑安装工程单项概（预）算计算程序

序号	费用名称		计 算 式
(1)	基期人工费		按设计工程量和采用的基期价格计算
(2)	基期材料费		
(3)	基期施工机具使用费		
(4)	定额直接工程费		(1)+(2)+(3)
(5)	价外运杂费		指需要单独计列的价外运杂费,按施工组织设计的材料供应方案及本办法的有关内容计算
(6)	价差	人工费价差	基期至编制期价差按本办法的有关内容计算
(7)		材料费价差	
(8)		施工机具使用费价差	
(9)		价差合计	(6)+(7)+(8)
(10)	填料费		按设计数量和采用的购买价计算

续表

序号	费用名称	计　算　式
(11)	直接工程费	(4)+(5)+(9)+(10)
(12)	施工措施费	[(1)+(3)]×费率
(13)	特殊施工增加费	以相应的编制期人工费、编制期施工机具使用费为基数计算
(14)	直接费	(11)+(12)+(13)
(15)	间接费	[(1)+(3)]×费率
(16)	税金	[(14)+(15)]×税率
(17)	单项概(预)算价值	(14)+(15)+(16)

表 6-4　设备单项概（预）算计算程序

序号	费用名称	计　算　式
(1)	基期设备费	按设计设备数量和采用的基期设备原价计列
(2)	设备运杂费	(1)×费率
(3)	设备费价差	基期与编制期价差按本办法的有关内容计算
(4)	税金	[(1)+(2)+(3)]×税率
(5)	单项概(预)算价值	(1)+(2)+(3)+(4)

6.4　铁路工程概（预）算费用内容及计算方法

6.4.1　人工费

6.4.1.1　概念

人工费指直接从事建筑安装工程施工的生产工人各项开支的费用，包括现场内水平、垂直运输等辅助工人和附属辅助生产单位的工人开支，但不包括：①材料采购及保管人员工资；②材料到达工地以前的搬运、装卸工人等人员的工资；③驾驶施工机具、运输工具的工人的工资；④由管理费支付工资的人员的工资。

6.4.1.2　费用组成

① 基本工资。

② 津贴和补贴。指按规定标准发放的流动施工津贴、隧道津贴、副食品价格补贴、煤燃气补贴、交通费补贴、住房补贴及特殊地区津贴、补贴。

③ 生产工人辅助工资。指生产工人年有效施工天数以外非作业天数的工资，包括开会和执行必要的社会义务时间的工资，职工学习、培训、调动工作、探亲、休假期间的工资，因气候影响停工期间的工资，女工哺乳时间的工资，病假在 6 个月以内的工资及产、婚、丧假期的工资。

④ 职工福利费。按国家规定标准计列的职工福利基金和医药费基金。

⑤ 生产工人劳动保护费。指按国家有关部门规定标准发放的劳动保护用品的购置费及修理费、工作服装补贴、防暑降温费，在有碍身体健康环境中施工的保健费用。

6.4.1.3　计算方法

$$人工费 = \sum 定额人工消耗量 \times 综合工费标准$$

编制期人工费与基期人工费差额按人工费价差计列。

6.4.1.4　综合工费标准

铁路工程综合工费标准（工日单价）参考表 6-5。

表 6-5　铁路工程综合工费标准（工日单价）

综合工费类别	工程类别	基期综合工费单价/（元/工日）
Ⅰ类工	路基(不含路基基床表层及过渡段的级配碎石、砂砾石)，涵洞，一般生产房屋和附属、给排水、站场(不含旅客地道、天桥、雨棚)等的建筑工程，取弃土(石)场处理，大临工程	66
Ⅱ类工	路基基床表层及过渡段的级配碎石、砂砾石	68
Ⅲ类工	桥梁(不含箱梁的预制、运输、架设、现浇、桥面系)、通信、信号、信息、灾害监测、电力、电力牵引供电、机务、车辆、动车、工务、其他建筑及设备等的建筑工程	70
Ⅳ类工	设备安装工程(不含通信、信号、信息、灾害监测、电力、电力牵引供电的设备安装工程)	71
Ⅴ类工	箱梁(预制、运输、架设、现浇)、钢梁、钢管拱架设、桥面系，粒料道床，站房(含站房综合楼)，旅客地道、天桥、雨棚	73
Ⅵ类工	轨道(不含粒料道床)、通信、信号、信息、灾害监测、电力、电力牵引供电的设备安装工程	77
Ⅶ类工	隧道	82

注：1. 本表中的基期综合工费单价，不包含特殊地区津贴、补贴。特殊地区津贴、补贴按国家有关部门和省(自治区、直辖市)的规定计算，按人工费价差计列。海拔 3000m 及以上高原地区工资补贴以基本工资为计算基数，按表 6-6 列出的补贴比例计算。基本工资按综合工费单价的 40% 计算。计列高原地区工资补贴后，不再计列该地区生活带补贴和艰苦边远地区津贴。

2. 掘进机、盾构机施工的隧道综合工费单价结合其实际情况另行分析确定。

3. 过渡工程执行同类正式工程综合工费单价。

4. 本表工程类别外的其他工程，执行Ⅰ类工单价。

表 6-6　高原地区工资补贴比例

海拔高度/m	工资补贴比例/%	海拔高度/m	工资补贴比例/%
3000(含)～3500(含)	70	4000(不含)～4500(含)	140
3500(不含)～4000(含)	100	4500 以上	165

6.4.2　材料费

6.4.2.1　概念

材料费指施工过程中耗费的构成工程实体的原材料、辅助材料、构配件、零件、半成品、成品的费用，以及不构成工程实体的一次性材料消耗费用和周转材料摊销费用等。

6.4.2.2　建筑材料的分类

（1）按材料列算范围分类

① 工程本身材料。指直接用于工程上并构成建筑或结构本体的材料，可按定额计算其用量，如水泥、砂、石等。

② 辅助材料。指在施工中必需的但不构成建筑物或结构本体的材料。如路基石方、隧道石方开挖所需的炸药、引线、雷管等一次性消耗材料，可按定额计算其用量。

③ 周转性材料。指的是在施工过程中，为完成建筑物或结构本体而周转使用的材料，并不构成建筑物或结构本体，按使用次数摊入定额计算。

④ 零星材料。由于定额中只列主要材料数量，零星材料均未详列，故综合为其他料费，以"元"表示。

（2）按供应渠道分类　外来供应材料：指由材料供应部门供应的材料。按其不同供应方式又分为厂发料和直发料两种。

① 厂发料：铁路工程中由施工组织设计所拟定的材料厂供料基地或既有线卸料地点前方办理货运业务的营业站发运的材料，这是以前铁路工程材料的主要供应方式。但现在该方

式使用情况在逐步减少。

② 直发料：由用料单位直接从料源地组织运回的材料。

当地自备材料指不属材料供应部门供应范围而由施工部门自行组织采购、开采或制作材料、构配件等。一般有以下两种情况：

① 向其他企业采购的砖、瓦、石灰、砂、石等地方材料。

② 由施工部门自行开采的砂、石或设厂预制的钢筋混凝土成品（包括半成品）等。

6.4.2.3　计算方法

$$材料费=\sum 定额材料消耗量\times 材料预算价格$$

编制期材料费与基期材料费差额按材料费价差计列。

其中，材料预算价格由材料原价、价内运杂费、采购及保管费组成。

$$材料预算价格=（材料原价+价内运杂费）\times（1+采购及保管费率）$$

（1）材料原价　指材料的出厂价或指定交货地点价格。对同一种材料，因产地、供应渠道不同出现几种原价时，其综合原价可按其供应量的比例加权平均确定。

（2）价内运杂费　指材料自来源地（生产厂或指定交货地点）运至工地所发生的计入材料费的有关费用，包括运输费、装卸费及其他有关运输费用。

（3）采购及保管费　指材料在采购、供应和保管过程中所发生的各项费用。包括采购费、仓储费、工地保管费、运输损耗费、仓储损耗费以及办理托运所发生的费用（如由托运单位负担的包装、捆扎、支垫等的料具损耗费，从钢厂到焊轨基地的钢轨座架使用费、转向架租用费和托运签条）等，采购及保管费的费率标准按表6-7执行。

表 6-7　采购及保管费的费率标准

序号	材料名称	费率/%
1	水泥	3.78
2	碎石(包括道砟及中、小卵石)	3.45
3	砂	4.47
4	砖、瓦、石灰	4.98
5	钢轨、道岔、轨枕、钢梁、钢管拱、斜拉索、钢筋混凝土梁、铁路桥梁支座、电杆、铁塔、钢筋混凝土预制桩、接触网支柱及硬横梁、机柱	1.10
6	其他材料	2.65

注：价外运杂费的采购及保管费费率同本表。

6.4.2.4　铁路工程材料预算价格的确定

按照材料预算价格的组成及材料供应方式的划分，各项工程材料预算价格随各建设项目所在地区、修建年代的不同而不同。为统一概算编制工作，编制设计概算时一般采用统一发布的《铁路工程建设材料预算价格》作为基期材料价格，正确确定材料预算价格是为了正确合理地确定工程造价。

① 水泥、木材、钢材、砖、瓦、砂、石、石灰、粉煤灰、风沙路基防护用稻草（芦苇）、黏土、花草苗木、土工材料、钢轨、道岔、轨枕、钢轨扣件（混凝土枕）、钢梁、钢管拱、斜拉索、桥梁高强螺栓、钢筋混凝土梁、铁路桥梁支座、桥梁防水卷材、桥梁防水涂料、钢筋混凝土预制桩、隧道防水板、火工品、电杆、铁塔、机柱、接触网支柱、接触网及电力线材、光电缆线、给水排水管材、钢制防护栅栏网片等主要材料（电算代号见表6-8）的基期价格按《铁路工程材料基期价格》执行，编制期价格采用包含可抵扣进项税额的价格，由设计单位调查分析确定。若调查价格中未含采购及保管费，要计算其按不含可抵扣进项税额的调查价格计取的采购及保管费；若调查价格为指定交货地点（非工地）的价格，还需在单项概（预）算中单独计算由指定交货地点运至工地所发生的价外运杂费。

② 设计单位自行补充材料的预算价格，比照主要材料预算价格的确定方法确定。

③ 施工机具用油燃料的预算价格为包含该材料全部运杂费和采购及保管费的价格。基期价格按《铁路工程材料基期价格》执行，编制期价格采用不含可抵扣进项税额的价格，由设计单位调查分析确定。编制期价格与基期价格的差额按价差计列，计入施工机具使用费价差中。

④ 除上述材料以外的其他材料（辅助材料）的预算价格为包含该材料全部运杂费和采购及保管费的价格。基期价格按《铁路工程材料基期价格》执行，其编制期与基期的价差按有关部门颁布的辅助材料价差系数计算。

表 6-8　采用调查价格材料的品类及电算代号

序号	材料名称	电算代号
1	水泥	1010002～1010015
2	木材	1110001～1110018
3	钢材	1900014～1910109,1920001～1962001,1980012,1980050,1980053,2000001～2000027,2200100～2201071,2220016～2240019,2810023～2810115
4	钢筋混凝土管、铸铁管、塑料管	1400001～1403004,2300010～2300512,2330010～2330055,3372010～3372041,3372150～3372399
5	砂	1260022～1260024
6	石	1230001～1240121,1300010,1300011
7	石灰、黏土	1200014～1200015,1210004,1210016
8	粉煤灰、矿粉	1260129～1260132,1210020
9	砖、瓦	1300001～1300002,1300060～1300070,1300085～1300088,1310002～1310005
10	花草苗木	1170050～1170075
11	风沙路基防护用稻草（芦苇）	1150002
12	土工材料	3410010～3412012
13	钢制防护栅栏网片	2547322
14	钢轨	2700010～2700401
15	道岔	2720218～2726206
16	轨枕	2741012～2741120,2741200～2741704
17	钢轨扣件（混凝土枕）	2750020～2750021,2750024,2750026,2750029,2750030,2760015～2761012,2762012～2762015,2762018～2763011,2765012,2766020,2766022,2766026～2766029,2766101～2766113
18	钢梁、钢管拱、斜拉索	2624010～2624152
19	钢筋混凝土梁	2601110～2601219
20	铁路桥梁支座	2610010～2612116,2613110～2613181
21	桥梁防水卷材、涂料	1710050,1710054,1710056,1710061,1710101～1710106
22	桥梁高强螺栓	2750027,2750028
23	钢筋混凝土预制桩	1405001～1405103
24	隧道防水板	3341021～3341044
25	火工品	3220012～3220013,3220110～3220214
26	电杆、铁塔、机柱	1410001～1413006,7812010～7812112,8111036～8111038
27	接触网支柱	5200303～5200703,5300202～5322203
28	接触网及电力线材	2120015,5800201～5800332,5811022～5866401
29	光电缆线	4710010～4715112,4720010～4732517,4732610～4732692,4732801～4732840,4733010～4734403,7010010～7310116,7311010～7311012,7311110～7312311,8010010～8017010,8018101～8018120

6.4.3　施工机具使用费

施工机具使用费指施工作业所发生的施工机具、仪器仪表的使用费或其租赁费。

施工机具使用费＝施工机具使用费＋施工仪器仪表使用费

施工机具使用费＝∑定额施工机具台班消耗量×施工机具台班单价

施工仪器仪表使用费＝∑定额施工仪器仪表台班消耗量×施工仪器仪表台班单价

编制期施工机具使用费与基期施工机具使用费差额按施工机具使用价差计列。

6.4.3.1 施工机具台班费用组成

施工机具台班费用是由不变费用和可变费用组成的。

（1）不变费用（又称第一类费用或固定费用） 不变费用是指不因施工机具的归属单位、施工地点和条件不同而变的费用，包括四项费用：折旧费、检修费、维护费、安装拆卸费。

① 折旧费：指施工机具在规定的耐用总台班内，陆续收回其预算价格的费用。

② 检修费：指施工机具在规定的耐用总台班内，按规定的检修间隔进行必要的检修，以恢复其正常功能所需的费用。

③ 维护费：指施工机具在规定的耐用总台班内，按规定的维护间隔进行各级维护和临时故障排除所需的费用，包括为保障机具正常运转所需替换设备与随机配备工具附具的摊销费用、机具运转及日常维护所需润滑与擦拭的材料费用及机具停滞期间的维护费用等。

④ 安装拆卸费：指施工机具在现场进行安装与拆卸所需的人工、材料、机具和试运转费用以及机具辅助设施的折旧、搭设、拆除等费用。

（2）可变费用 可变费用指机具工作过程中直接发生的费用，它随工作地区的不同和物价的浮动而变化，包括人工费、燃料动力费、其他费。

① 人工费：指机上司机（司炉）和其他操作人员的人工费。

② 燃料动力费：指施工机具在作业中所耗用的燃料及水、电等费用。

③ 其他费：指施工机具按照国家规定应缴纳的车船税、保险费及检测费等。

6.4.3.2 施工仪器仪表台班费用的组成

施工仪器仪表台班费用由折旧费、维护费、校验费、动力费组成。

① 折旧费：指施工仪器仪表在规定的耐用总台班内，陆续收回其预算价格的费用。

② 维护费：指施工仪器仪表各级维护、临时故障排除所需的费用及为保证仪器仪表正常使用所需备件（备品）的维护费用。

③ 校验费：指施工仪器仪表按规定进行标定与检验的费用。

④ 动力费：指施工仪器仪表在使用过程中所耗用的电费。

施工机具台班单价及施工仪器仪表台班单价的确定按 2017 年的《铁路工程施工机具台班费用定额》执行。

编制设计概（预）算以《铁路工程施工机具台班费用定额》作为计算施工机具台班单价及施工仪器仪表台班单价的依据。对《铁路工程施工机具台班费用定额》中没有的施工机具，应补充编制相应台班费用定额，作为计算该施工机具台班单价的依据。

以《铁路工程材料基期价格》中的油燃料价格及本章中的基期综合工费单价、基期水电单价等计算出的台班单价作为基期施工机具台班单价及基期施工仪器仪表台班单价；以编制期的折旧费综合工费单价、油燃料价格、水电单价等计算出的台班单价作为编制期施工机具台班单价及编制期施工仪器仪表台班单价。编制期的折旧费以基期折旧费为基数乘以表 6-9 的系数计算。

表 6-9 施工机具折旧费调差系数表

施工组织设计的建设项目开工日期	施工机具折旧费调差系数
2017 年 5 月 1 日～2018 年 4 月 30 日	1.111
2018 年 5 月 1 日～2019 年 4 月 30 日	1.094
2019 年 5 月 1 日～2020 年 4 月 30 日	1.077

施工组织设计的建设项目开工日期	施工机具折旧费调差系数
2020 年 5 月 1 日～2021 年 4 月 30 日	1.060
2021 年 5 月 1 日～2022 年 4 月 30 日	1.043
2022 年 5 月 1 日～2023 年 4 月 30 日	1.026
2023 年 5 月 1 日～2024 年 4 月 30 日	1.013
2024 年 5 月 1 日～2025 年 4 月 30 日	1.004
2025 年 5 月 1 日以后	1.000

6.4.3.3　工程用水、电综合单价

（1）工程用水综合单价　工程用水基期单价为 0.35 元/t，该单价仅为扬程 20m 及以下的抽水费用。一般地区编制期工程用水单价应在基期单价基础上另加按国家或工程所在地区的省（自治区、直辖市）政府有关规定计取的水资源费。

特殊缺水地区（指区域地表水及地下水资源匮乏的地区）或取水困难的工程（指区域浅层地下水缺乏且地表水水源远离线路的工程），可按施工组织设计确定的供水方案，分析不含可抵扣进项税额编制期工程用水单价，并计列相关大型临时工程（如给水干管路深水井等）等费用。必须使用自来水的，应按当地规定的自来水价格分析不含可抵扣进项税额的编制期工程用水单价。

编制期用水单价与基期用水单价之差，按价差计列。属于材料消耗用水的，计入材料费价差中；属于施工机具消耗用水的，计入施工机具使用费价差中。

（2）工程用电单价　工程用电基期单价为 0.47 元/度，编制期单价分析方法根据施工所用电不同来源进行计算，详见《铁路基本建设工程设计概（预）算》。

编制期用电单价与基期用电单价之差，按价差计列。属于材料消耗用电的，计入材料费价差中；属于施工机具消耗用电的，计入施工机具使用费价差中。

6.4.4　价外运杂费

铁路工程施工现场分布区域广，大多工程地处荒僻地区，交通不便，材料来源广，品种杂，运输方法多，建设周期长，材料的运杂费占直接费比重比较大，有些材料的运杂费无法简单地记在料价中。价外运杂费指根据设计需要，在编制单项概（预）算时，需在材料费之外单独计列的材料运杂费，包括材料自指定交货地点运至工地所发生的运输费、装卸费、其他有关运输的费用，以及为简化概（预）算编制，以该运输费、装卸费、其他有关运输费用之和为基数计算的采购及保管费。

价外运杂费＝∑（运输费＋装卸费＋其他有关运输的费用）×（1＋采购及保管费率）

6.4.4.1　价外运杂费的内容

① 运输费：指用各种运输工具运送各种材料物品所发生的运费。

② 装卸费：运输过程中的装车和卸车的费用。材料运到工地料库或堆料地点，可能不止一次发生装卸，应有一次计算一次。如有的运输费的装卸费已包括在运输费中，就不能另计装卸费，避免重复。

③ 其他有关运输的费用（如火车运输的取送车费、过轨费，汽车运输的渡船费等）：《编制办法》规定，运输费、装卸费、其他有关运输的费用根据施工组织设计的材料供应方案计算，采购及保管费的内容及费率（见表 6-7）同价内运杂费，不再赘述。

6.4.4.2　运输方法及运输费单价计算规定

（1）火车运输及运价

火车运输分为营业线火车、临管线火车、工程列车、其他铁路四种。

① 营业线火车

按《铁路货物运价规则》等有关规定，计算公式如下：

$$营业线火车运价＝K_1×(基价1＋基价2×运价里程)＋附加费运价$$

$$附加费运价＝K_2×(电气化附加费费率×电气化里程＋新路新价均摊运价率×$$

$$运价里程＋铁路建设基金费率×运价里程)$$

单片梁重≥120t-32m T梁营业线火车运价＝K_1×(基价1＋基价2×运价里程)＋K_2×(电气化附加费费率×电气化里程＋新路新价均摊运价率×运价里程＋铁路建设基金费率×运价里程＋D型长大货物车使用费单价×运价里程)＋D型长大货物车空车回送费

式中，火车运价单位为元/t。

计算公式中的有关因素说明如下：

a. 各种价格、费率等，均为不含可抵扣进项税额的价格与费率。

b. 各种材料计算货物运价所采用的综合系数 K_1、K_2 见表6-10。

表 6-10　火车运输综合系数表

序号	分类名称	项目	
		综合系数 K_1	综合系数 K_2
1	砖、瓦、石灰、砂石料	1.00	1.00
2	道砟	1.20	1.20
3	钢轨(≤25m)、道岔、轨枕、钢梁、电杆、机柱、钢筋混凝土管桩、接触网圆形支柱	1.08	1.08
4	100m长定尺钢轨	1.80	1.80
5	500m长钢轨、25m轨排	1.43	1.43
6	单片梁重≥120t-32m T梁	3.01	1.47
7	其他钢筋混凝土 T梁	3.48	1.64
8	接触网方形支柱、铁塔、硬横梁	2.35	2.35
9	接触网及电力线材、光电缆线	2.00	2.00
10	其他材料	1.05	1.05

注：K_1 包含了游车、超限、限速和不满载等因素；K_2 只包含不满载及游车因素。火车运土的综合系数 K_1、K_2，比照"砖、瓦、石灰、砂石料"确定。各类材料的运价号按《铁路货物运价规则》的有关规定确定。

c. 电气化附加费按该批货物经由国家铁路正式营业线和实行统运价的运营临管线电气化区段的运价里程合并计算。

d. 货物运价、电气化附加费费率、新路新价均摊运价率、铁路建设基金费率、D型长大货物车使用费单价、D型长大货物车空车回送费等按《铁路货物运价规则》等有关规定执行。

e. 计算货物运输费用的运价里程，由发料地点起算，至卸料地点止，按《铁路货物运价规则》的有关规定计算。其中，区间（包括区间岔线）装卸材料的运价里程，应由发料地点的后方站起算，至卸料地点的前方站（均系指办理货运业务的营业站）止。

② 临管线火车　临管线火车运价应执行批准的运价，扣除可抵扣进项税额后确定。运价里程应按发料地点起算，至卸料地点止，区间卸车算至区间工地。

③ 工程列车　工程列车运价包括机车、车辆的使用费，乘务员及有关行车管理人员的工资津贴和差旅费，线路及有关建筑物和设备的养护维修费、折旧费以及有关运输的管理费用。运价里程应按发料地点起算，至卸料地点止，区间卸车算至区间工地。工程列车运价按不含可抵扣进项税额的营业线火车运价（不包括铁路建设基金、电气化附加费、限速加成等）的1.4倍计算。计算公式：

$$工程列车运价＝1.4×K_2×(基价1＋基价2×运价里程)$$

其中，单片梁重≥120t-32m T 梁工程列车运价＝1.4×K_2×（基价 1＋基价 2×运价里程＋D 型长大货物车使用费单价×运价里程）。

上述运价均应为不含可抵扣进项税额的价格，单位为元/t。

④ 其他铁路　其他铁路运价按该铁路运营主管部门的相关价格执行，在编制设计概（预）算时应扣除其中包含的可抵扣进项税额。

（2）汽车运输及运价

汽车运输综合运价率按《汽车运价规则》或市场调查资料确定。为简化概（预）算的编制，可按下列计算公式分析汽车运价：

汽车运价＝公路综合运价率×公路运距＋汽车运输便道综合运价率×汽车运输便道运距

公式中有关因素说明如下：

① 公路综合运价率 [元/(t·km)]：材料运输道路为公路时，考虑过路过桥费等因素，以建设项目所在地不含可抵扣进项税额的汽车运输单价乘以 1.05 的系数计算。

② 汽车运输便道综合运价率 [元/(t·km)]：材料运输道路为汽车运输便道时，结合地形、道路状况等因素，按当地不含可抵扣进项税额的汽车运输单价乘以 1.2 的系数计算。

③ 公路运距：应按发料地点起算，至卸料地点止所途经的公路长度计算。运距以 "km" 为单位，尾数不足 1km 的，四舍五入。

④ 汽车运输便道运距：应按发料地点起，至卸料地点止所途经的汽车运输便道长度计算。运距以 "km" 为单位，尾数不足 1km 的，四舍五入。

（3）船舶运输及运价

船舶运价及渡口等收费价格按工程所在地的有关市场价格执行，在编制设计概（预）算时应扣除其中包含的可抵扣进项税额。

（4）其他运输及运价

材料运输过程中，因确需短途接运而采用的双（单）轮车、单轨车、大平车、轻轨斗车、轨道平车、小型运输车、人力挑抬等运输方法的运价，可另行分析确定。但应扣除其中包含的可抵扣进项税额。

（5）装卸费单价

火车、汽车装卸费单价，按表 6-11 所列单价计列。

表 6-11　火车、汽车装卸费单价　　　　　　　　　　　　单位：元/t

一般材料	钢轨、道岔、接触网支柱及硬横梁	其他 1t 以上的构件
3.4	12.5	8.4

注：其中装占 60%，卸占 40%。

a. 水运等的装卸单价，按工程所在地的有关市场价格执行，在编制设计概（预）算时应扣除其中包含的可抵扣进项税额。

b. 双（单）轮车、单轨车、大平车、轻轨斗车、轨道平车、小型运输车、人力挑抬等的装卸单价，可另行分析确定，但应扣除其中包含的可抵扣进项税额。

（6）其他有关运输费用

① 取送车费（调车费）。用铁路机车往专用线、货物支线（包括站外出岔）或专用铁路的站外交接地点调送车辆时，收取的送车费。计算取送车费的里程，应自车站中心线起算，到交接地点或专用线最长线路终端止，里程往返合计（以千米计）。取送车费按《铁路货物运价规则》计列，在编制设计概（预）算时应扣除其中包含的可抵扣进项税额。

② 汽车运输的渡船费按工程所在地的有关市场价格执行，在编制设计概（预）算时应扣除其中包含的可抵扣进项税额。

③ 长钢轨供应费用按有关费用定额分析计列，但不应包含可抵扣进项税额。

6.4.4.3　其他规定

① 单项材料价外运杂费单价的编制范围，原则上应与总概（预）算的编制单元相对应。单独编制单项概（预）算的桥隧工程等应按工点材料供应方案计算价外运杂费；其他桥隧工程可先按工点材料供应计算运距，然后按单项概（预）算的编制单元（同类型结构）加权平均计算价外运杂费；路基、涵洞、轨道等工程（含站后工程），可按正线每千米用料量相等供应方案来求算各类材料的平均运距，计算价外运杂费。

② 运输方式和运输线路要经过调查、比选，综合分析确定。以经济合理并且符合工程要求的材料来源地作为计算价外运杂费的起运点。

③ 分析各单项材料价外运杂费单价，应按施工组织设计所拟定的材料供应计划，对不同的材料品类及不同的运输方法分别计算平均运距。

④ 长钢轨供应有关费用，特指在合理的施工组织和正常的施工条件下，单根长度 200m 及以上长钢轨从焊轨基地供应到铺轨基地所发生的部分费用，包含：长钢轨供应过程中的座架使用、维修维护费，座架倒装费，长钢轨装车费，取送车费，焊轨基地场内机车使用费，管理费等。

⑤ 旧轨件的运杂费，其重量应按设计轨型计算。如设计轨型未确定，可按代表性轨型的重量，其运距由调拨地点的车站起算。如未明确调拨地点者，可按以下原则编列：

a. 已明确调拨的铁路局，但未明确调拨地点者，由该铁路局所在地的车站起算；

b. 未明确调拨的铁路局者，则按工程所在地区的铁路局所在地的车站起算。

6.4.4.4　运杂费的编制依据

① 施工组织设计。

② 材料成品、半成品、构件和机电设备等的来源地点及工程分布。

③ 沿线交通运输条件的平面示意图。

④ 各种运输方法和费率。

⑤ 概（预）算的编制单元。

6.4.4.5　运输距离的确定

材料运距是指从材料的供应地点到工地料库或堆料场地的实际距离，实际运距应考虑规定的起码运距和进级。编制概（预）算时，运距的确定是依据工程公布情况、运输方法和料源地而定的。厂发料的发料运费应以施工运输组织设计确定的材料供应基地（总承包单位材料厂）为起算点，直发料和当地料的发料运费应按调查属实的生产厂家或料源地为起算点。根据材料供应起算点和工程分布情况，参考当地交通状况，有关铁路、公路、水路运输的里程资料，或通过实际丈量确定从起算点到工地料库或堆料场地的距离。

往往一个施工单位在一段线路上施工，该施工区段内工点多且分散，各工业用料多少也不一样，所用的材料又分当地料和外来料。为了计算简便，对多工点用料应综合求算出各类材料的运输重心的运距，即平均运距。那么，计算多工点范围内材料运输费中的运距都采用平均运距，也就是用平均运距来分析平均运杂费单价。必须注意，在计算平均运距前，各类材料起算点至工地料库或堆料点的距离已考虑起码运程并按规定进级，则计算的平动运距不应再进级；如计算前各规定距离未按规定进级，则计算出结果后再进级。作为一个编制单元的施工段若干工点，由一个料源供料，或特大桥、长隧道的两端进料均可用加权平均法计算平均运距。

$$平均运距 = \frac{\sum\left[各种所运材料的重(t) \times 该种材料的运距(km)\right]}{\sum 各种所运材料的重量(t)}$$

如果一个施工段范围内有两个或两个以上料源供应，要先计算出各料源供应分界点，然后分别计算其供应材料的平均运距，最后计算几个料源供应全段时的加权平均运距。

6.4.4.6　全程平均运杂费单价分析

平均运杂费单价分析的编制范围，原则上应与单项概 (预) 算的编制单元相适应，作为一个编制单元的施工段若干工点。一个料源供料或特大桥长隧道的两端进料，均可用加权平均法计算。

6.4.4.7　运输重量的确定

在实际运输中，整车货物运输，一般按照货车标记载重量计算运费。而编制概 (预) 算运杂费，一律按工程材料 (设备) 实际重量计算确定。

6.4.4.8　运杂费的计算

① 按单项材料的平均运杂费单价计算运杂费时，该项材料运输单位重量乘以该项材料的数量，即为该项材料的运输重量，则：

该工程运杂费＝∑ (各类材料各自的平均运杂费单价×各类材料的运输重量)

② 按工程全部材料的综合平均运杂费单价计算运杂费时，该工程材料重量按工程项目的概 (预) 算定额重量乘以该工作项目的工程数量，即为该工程项目的材料重量，求其和即为该工程材料总重，则：

该工程运杂费＝该工程全部材料综合平均运杂费单价×该工程材料总重

6.4.5　填料费

填料费指购买不作为材料对待的土方、石方、渗水料、矿物料等填筑用料所支出的费用。填料价格采用不含可抵扣进项税额的价格，由设计单位调查分析确定。若设计为临时占地取填料，其发生的租用土地、青苗补偿、拆迁补偿、复垦及其他所有与土地有关的费用等纳入临时用地费项下。

填料费＝∑填料消耗量×填料价格

以上 5 种费用组成为直接工程费，是指施工过程中耗费的构成工程实体的、有助于工程形成的各项费用。直接工程费是计算工程概 (预) 算一切费用的基础，必须确保其准确。

6.4.6　施工措施费

施工措施费指为完成铁路建设工程施工，发生于该工程施工前和施工过程中的需综合计算的费用。

6.4.6.1　费用内容

(1) 冬雨季施工增加费　指建设项目的某些工程需在冬季、雨季施工，为保证工程质量，按相关规范、规程中所规定的冬雨季施工要求，需要采取的防寒、保温、防雨、防潮和防护等措施，人工与机具的功效降低以及技术作业过程的改变等所需增加的有关费用。

(2) 夜间施工增加费　指因必须在夜间连续施工或在隧道内铺砟、铺轨，敷设电线、电缆，架设接触网等工程，所发生的工作效率降低、夜班津贴以及增设照明设施 (包括所需照明设施的装拆、摊销、维修及油燃料、电) 等增加的有关费用。

(3) 小型临时设施费　指施工企业为进行建筑安装工程施工，所必须修建的生产和生活用的一般临时建筑物、构筑物和其他小型临时设施所发生的费用。

① 小型临时设施项目包括：

a. 为施工及施工运输 (包括临管) 所需修建的临时生活及居住房屋、文化教育及公共房屋 (如职工宿舍、食堂、开水间、洗衣房、卫生间、洗浴室、多功能室、广播室、会议室、资料室、看护房屋、文体活动场所等) 和办公、生产房屋 (如办公室、实验室、货运室、发电站、变电站、空压机站、料库、火工品库、车库等房屋，铺架工程临时调度房屋、材料棚、停机棚、加工棚等，不包括轨枕预制场、轨道板预制场、管片预制场主体厂房）及上述各类房屋的配套设施。

b. 为施工及施工运输而修建的小型临时设施，如通往涵洞等工程和施工队伍驻地以及料库、车库等的运输便道引入线（含便桥、涵），列入大临的工地内沿线纵向运输便道以外的工地内运输便道（含便桥、涵）、轻便轨道、吨位<10t 或长度<100m 的龙门吊走行线、由干线到工地或施工队伍驻地的电力线、地区通信线和达不到大临给水管路标准的给水管路等。

c. 为施工及施工运输（包括临管）而修建的临时建筑物、构筑物。如临时给水设施（水塔、水池、井深<50m 的水井等），临时排水沉淀池、隔油池，钻孔用泥浆池、沉淀池，临时整备设施（检修、上油、上沙等设施），临时信号，临时通信（指地区线路及引入部分），临时供电，临时站场建筑，接触网预配场、杆塔存放场地，分散的预制构件存放场，钢结构等加工场，架桥机等大型机具设备安拆拼装场地及配套设施等。

d. 其他。大型临时设施和过渡工程项目内容以外的临时设施。

② 小型临时设施费用包括：

a. 小型临时设施的场地土石方、地基处理、硬化面、圬工等的工程费用及小型临时设施的搭设、移拆、维修、摊销及拆除恢复等费用。

b. 因修建小型临时设施而发生的租用土地、青苗补偿、拆迁补偿、复垦及其他所有与土地有关的费用等，不含大型临时设施中临时场站生产区的土地有关费用。

③ 工具、用具及仪器、仪表使用费。指施工生产所需不属于固定资产的生产工具、检验用具及仪器、仪表等的购置、摊销和维修费，以及支付给生产工人自备工具的补贴费。

④ 工程定位复测、工程点交、场地清理费。

⑤ 文明施工及施工环境保护费。指现场文明施工费用及防噪声、防粉尘、防振动干扰、生活垃圾清运排放等费用。

⑥ 已完工程及设备保护费。指竣工验收前，对已完工程及设备进行保护所需费用。

6.4.6.2 施工措施费的计算

施工措施费以各类工程的基期人工费与基期施工机具使用费之和为计算基数，根据施工措施费地区划分表（见表 6-12），按一定费率（见表 6-13）计列。

施工措施费＝(基期人工费＋基期施工机具使用费)×施工措施费费率

表 6-12　施工措施费地区划分表

地区编号	地域名称
1	上海,江苏,河南,山东,陕西(不含榆林市、延安市),浙江,安徽,湖北,重庆,云南(不含昭通市、迪庆藏族自治州、贡山独龙族怒族自治县、宁蒗彝族自治县),贵州(不含毕节市),四川(不含凉山彝族自治州西昌市以西地区、阿坝藏族羌族自治州、甘孜藏族自治州、雅安市宝兴县、绵阳市的平武县和北川羌族自治县)
2	广东、广西、海南、福建、江西、湖南
3	北京,天津,河北(不含张家口市、承德市),山西(不含大同市、朔州市、忻州市原平以西各县),陕西延安市,甘肃(不含酒泉市、嘉峪关市、张掖市、金昌市、武威市、甘南藏族自治州、临夏回族自治州积石山保安族东乡族撒拉族自治县、临夏县、和政县、定西市岷县及漳县、陇南市文县),宁夏,贵州毕节市,云南昭通市、迪庆藏族自治州(不含德钦县)、贡山独龙族怒族自治县、宁蒗彝族自治县,四川凉山彝族自治州西昌市以西地区、阿坝藏族羌族自治州(不含壤塘县、阿坝县、若尔盖县)、甘孜藏族自治州(不含石渠县、德格县、甘孜县、白玉县、色达县、理塘县)、雅安市宝兴县、绵阳市的平武县和北川羌族自治县,新疆和田地区、喀什地区(含图木舒克市)、吐鲁番地区、巴音郭楞蒙古自治州(不含若羌县、且末县)
4	河北张家口市(不含康保县)、承德市(不含围场满族蒙古族自治县),山西大同市、朔州市、忻州市原平以西各县,陕西榆林市,辽宁,内蒙古呼和浩特市、包头市、乌海市、巴彦淖尔市、鄂尔多斯市、阿拉善盟

地区编号	地域名称
5	新疆阿克苏地区（含阿拉尔市）、克孜勒苏柯尔克孜自治州、伊犁哈萨克自治州、哈密地区,甘肃酒泉市（不含阿克塞哈萨克族自治县、肃北蒙古族自治县马鬃山镇以外地区）、嘉峪关市、张掖市（不含肃南裕固族自治县皇城镇、山丹县及民乐县南部山区）、金昌市、武威市（不含天祝藏族自治县）
6	河北张家口市康保县、承德市围场满族蒙古族自治县,内蒙古赤峰市、乌兰察布市、通辽市、兴安盟、锡林郭勒盟锡林浩特以南各旗（县）,甘肃甘南藏族自治州、酒泉市阿克塞哈萨克族自治县及肃北蒙古族自治县马鬃山镇以外地区、张掖市肃南裕固族自治县皇城镇和山丹县及民乐县南部山区、武威市天祝藏族自治县、临夏回族自治州积石山保安族东乡族撒拉族自治县、临夏县及和政县、定西市岷县及漳县、陇南市文县,吉林,青海西宁市、海东地区、黄南藏族自治州、海南藏族自治州、海北藏族自治州（不含祁连县、门源回族自治县）、海西蒙古族藏族自治州格尔木—都兰及以北地区（不含大柴旦—德令哈—天峻以北地区）,新疆乌鲁木齐市（含石河子市）、昌吉回族自治州（含五家渠市）、博尔塔拉蒙古自治州（不含温泉县）、塔城地区、克拉玛依市、巴音郭楞蒙古自治州若羌县及且末县,西藏林芝地区雅鲁藏布江以南地区、山南地区错那县,云南迪庆藏族自治州德钦县,四川甘孜藏族自治州石渠县、德格县、甘孜县、白玉县、色达县、理塘县、阿坝藏族羌族自治州壤塘县、阿坝县、若尔盖县
7	黑龙江（不含大兴安岭地区）,内蒙古呼伦贝尔市阿尔山—图里河一线以东各旗（县）、锡林郭勒盟锡林浩特及以北各旗（县）,新疆阿勒泰地区（含北屯市）、博尔塔拉蒙古自治州温泉县,青海海西蒙古族藏族自治州格尔木—都兰以南地区（不含唐古拉山镇）及大柴旦—德令哈—天峻以北地区、玉树藏族自治州（不含曲麻莱县及其以西地区）、果洛藏族自治州（不含玛多县）,西藏拉萨市（不含当雄县）、昌都地区、林芝地区雅鲁藏布江及以北地区、山南地区（不含错那县）、日喀则地区（不含萨嘎县、仲巴县、昂仁县、谢通门县）
8	内蒙古呼伦贝尔市阿尔山—图里河以西各旗（县）,黑龙江大兴安岭地区,青海玉树藏族自治州曲麻莱县及其以西地区、海北藏族自治州祁连县、门源回族自治县、果洛藏族自治州玛多县、海西蒙古族藏族自治州格尔木市辖的唐古拉山镇,西藏拉萨市当雄县、阿里地区、那曲地区、日喀则地区的萨嘎县、仲巴县、昂仁县、谢通门县

表 6-13　施工措施费费率表

类别代号	工程类别 \ 地区编号	1	2	3	4	5	6	7	8	附注
		费率/%								
1	人力施工土石方	8.0	8.3	10.2	11.2	11.3	12.6	12.9	13.5	包括人力拆除工程,绿色防护,各类工程中单独挖填的土石方,石方爆破工程
2	机械施工土石方	5.7	6.1	9.2	10.1	10.3	12.5	13.0	13.8	包括机械拆除工程,填级配碎石、砂砾石、渗水土,公路路基路面,各类工程中单独挖填的土石方,综合维修通道,大型临时土石方工程
3	汽车运输土石方采用定额"增运"部分	3.6	3.5	3.8	4.4	4.5	4.8	4.9	5.4	仅指区间路基土石方及站场土石方,包括隧道出渣洞外运输
4	特大桥、大桥下部建筑	6.7	5.9	8.3	9.2	9.7	9.7	9.8	10.0	含附属工程
5	预制混凝土梁	13.6	10.7	19.1	21.0	22.8	22.9	23.2	23.7	含各种桥梁桥面系、支座、梁的横向连接和湿接缝
6	现浇混凝土梁	10.3	8.0	14.5	16.0	17.4	17.5	17.7	18.1	包括分段预制后拼接的混凝土梁
7	运架混凝土简支箱梁	4.1	4.1	4.2	4.5	4.6	4.8	4.9	5.1	
8	隧道、明洞、棚洞,自采砂石	6.8	6.6	7.1	7.7	7.8	7.8	7.9	7.9	不含隧道的照明、通风与空调等工程,不含掘进机、盾构施工的隧道
9	路基附属工程（不含附属土石方）	7.4	6.9	8.2	8.8	8.9	9.0	8.9	8.9	含区间线路防护栅栏、与路基同步施工的接触网支柱基础等

续表

类别代号	地区编号 工程类别	1	2	3	4	5	6	7	8	附注
		费率/%								
10	框架桥、公路桥、中小桥下部(含附属工程)、涵洞、轮渡、码头、一般生产房屋和附属、给排水、工务、站场、其他建筑物等建筑工程	7.2	6.7	8.2	8.9	9.2	9.2	9.3	9.3	含除大型临时土石方、大型临时轨道、临时电力、临时通信以外的大临工程,环保降噪工程
11	铺轨、铺岔、架设其他混凝土梁、钢梁、钢管拱、钢结构站房(含站房综合楼)、钢结构雨棚、钢结构车库等	12.7	12.6	13.1	14.1	14.4	15.7	16.7	20.6	简支箱梁除外,包括轨道附属工程、线路备料及大临轨道;钢管拱包钢管、钢管内混凝土、系杆、吊杆、梁及桥面板
12	铺砟	6.1	5.3	7.6	8.4	8.6	9.1	9.4	10.2	包括道床清筛、沉落整修、有砟轨道调整
13	无砟道床	16.3	13.4	21.4	23.8	25.5	25.6	25.9	26.3	包括道床过渡段
14	通信、信号、信息、灾害监测、电力、牵引变电、供电段、机务、车辆、动车的建筑工程,所有安装工程	10.9	11.0	11.2	12.0	12.1	12.3	12.5	13.0	含桥梁、隧道的照明工程,隧道通风与空调工程、临时电力、临时通信、管线路防护、管线迁改
15	接触网建筑工程	14.5	13.6	16.0	17.1	17.2	17.4	17.7	17.9	含不与路基同步施工的接触网支柱基础

注:过渡工程按表列同类正式工程的费率计列,大型临时设施按表列同类正式工程的费率乘以 0.45 的系数计列;掘进机、盾构施工的隧道施工措施费费率另行分析计列。

6.4.7 特殊施工增加费

特殊施工增加费指在特殊地区及特殊施工环境下进行建筑安装工程施工时,所需增加的费用。

6.4.7.1 风沙地区施工增加费

指在非固定沙漠或戈壁地区,月(或连续 30 天)平均风力达到四级以上(平均风速＞5.5m/s)的风季,在相应的风沙区段进行室外建筑安装工程施工时,由于受风沙影响而增加的费用,内容包括防风、防沙的措施费,材料费,人工、机具降效增加的费用,风力预警观测设施费用,以及积沙、风蚀的清理修复等费用。

本项费用以风沙区段范围内室外建筑安装工程的编制期人工费与施工机具使用费之和为基数,乘以风沙地区施工增加费费率计算,风沙地区施工增加费费率为 2.6%。

大风高发月(或连续 30 天)平均风力达到四级以上(平均风速＞5.5m/s)且小时极大风速大于 13.9m/s 的风力累计 85h 以上的风沙、大风地区,可根据调查资料另行分析计算本项费用。

6.4.7.2 高原地区施工增加费

指设计线路高程在海拔 2000m 以上的高原地区施工时,由于人工和机具受气候、气压的影响而降低工作效率所增加的费用。

本项费用根据工程所处的不同海拔高度,按下列算法计列:

高原地区施工增加费＝定额工天×编制期综合工费单价×高原地区工天定额增加幅度＋定额机具(仪器仪表)台班量×编制期机具(仪器仪表)台班单价×高原地区施工机具台班定额增加幅度

高原地区施工定额增加幅度按表 6-14 执行。

表 6-14　高原地区施工定额增加幅度

海拔高度/m	增加幅度/%	
	工天定额	施工机具台班定额
2000(含)～3000(含)	12	20
3000(不含)～4000(含)	22	34
4000(不含)～4500(含)	33	54
4500(不含)～5000(含)	40	60
5000 以上	60	90

注：通过辅助坑道施工的隧道工程，按辅助坑道最高海拔确定高原地区施工定额增加幅度；海拔高度范围内的长大隧道（隧长＞4km），其高原地区施工定额增加幅度按提高一个档别计算。

6.4.7.3　原始森林地区施工增加费

指在原始森林地区进行新建或增建二线铁路施工，由于受环境影响，其路基土方工程应增加的费用。

本项费用按下列算法计列：

原始森林地区施工增加费＝(路基土方工程的定额工天×编制期综合工费单价＋路基土方工程的定额机具台班量×编制期机具台班单价)×原始森林地区施工增加费费率

原始森林地区施工增加费费率为 30%。

6.4.7.4　行车干扰施工增加费

指在不封锁的营业线上，在维持通车的情况下或本线封锁施工、邻线维持通车的情况下，进行建筑安装工程施工时，由于受行车影响造成局部停工或妨碍施工而降低工作效率等所需增加的费用。

（1）行车干扰施工增加费的计费范围　受行车干扰施工增加费的计费范围见表 6-15。

表 6-15　受行车干扰施工增加费计费范围

名称	受行车干扰范围	受行车干扰项目	包括	不包括
路基	在行车线上或在行车线中心平距 12.5m 及以内	填挖土方、填石方、地基处理工程	路基抬高落坡全部工程	控制爆破开挖石方
	在行车线的路堑内	土石方工程以及路堑内的挡土墙、护墙、护坡、侧沟、吊沟的全部砌筑工程		
	平面跨越行车线运土石方	跨越运输的全部土石方	隧道弃渣	
桥涵	在行车线上或在行车线中心平距 12.5m 及以内	涵洞的主体圬工，桥梁工程的下部建筑主体圬工，桥梁架设、现浇	桥涵的锥体护坡及桥头填土	桥涵其他附属工程及桥面系等，框架桥、涵管的挖土、顶进，框架桥内、涵洞内的路面、排水等工程
隧道及明洞	在行车线的隧道、明洞内	改扩建隧道或增设通风、照明设备的全部工程	明洞、棚洞的挖基及衬砌工程	明洞、棚洞拱上的回填、防水层、排水沟等
轨道	在行车线上或在行车线中心平距 12.5m 及以内或在行车线的线间距≤12.5m 的邻线上施工	全部工程	拆铺、改拨线路，更换钢轨、轨枕、线路整修作业	线路备料
电力牵引供电	在行车线上或在行车线中心平距 12.5m 及以内或在行车线的线间距≤12.5m 的邻线上施工	在既有线上非封锁线路作业的全部工程和邻线未封锁而本线封锁线路作业的全部工程		封锁线路作业的项目(邻线未封锁的除外)；牵引变电及供电段的全部工程
其他室外建筑安装及拆除	在行车线上或在行车线中心平距 12.5m 及以内	全部工程	靠行车线较近的基本站台、货物站台，天桥、跨线站房、灯棚、雨棚，地道的上下楼梯	站台土方不跨线取土

在未移交运营的线路上施工和在避难线、安全线、存车线及其他段管线上施工均不计列行车干扰施工增加费。

（2）行车干扰施工增加费的计算 行车干扰施工增加费包含施工期间人工、机具受行车影响降效增加的费用，因行车而应做的整理和养护工作费用，以及在施工时为防护所需的信号工、电话工、看守工等的人工费用及防护用品的维修、摊销费用等。

每昼夜的行车次数（以编制期铁路局运输部门的计划运行图为准，所有计划外的小运转、轨道车、补机、加点车的运行等均不计算），以及行车干扰范围内工程项目的工程数量，按以下方法计算。

① 土石方施工及跨股道运输的行车干扰施工增加费，不论施工方法如何，均按下列算法计列：

施工增加费＝土石方施工及跨股道运输计行车干扰的工天×编制期综合工费单价×受干扰施工土石方数量×每昼夜行车次数×0.40%

土石方施工及跨股道运输计行车干扰的工天按表 6-16 所列定额确定。

表 6-16 土石方施工及跨股道运输计行车干扰的工天定额   单位：工日/100m³ 天然密实体积

序号	工作内容	土方	石方
1	仅挖、装（爆破石方仅为装）在行车干扰范围内	15.7	7.7
2	仅卸在行车干扰范围内	3.1	4.6
3	挖、装、卸（爆破石方为装、卸）均在行车干扰范围内	18.9	12.3
4	平面跨越行车线运输土石方，仅跨越一股道或跨越双线、多线股道的第一股道	15.7	23.1
5	平面跨越行车线运输土石方，每增跨一股道	3.1	4.6

② 接触网工程的行车干扰施工增加费按下列算法计列：

施工增加费＝受行车干扰范围内的工程数量×（所对应定额的应计行车干扰的工天×编制期综合工费单价＋所对应定额的应计行车干扰的施工机具台班量×编制期施工机具台班单价）×每昼夜行车次数×0.48%

③ 其他工程的行车干扰施工增加费按下列算法计列：

施工增加费＝受行车干扰范围内的工程数量×（所对应定额的应计行车干扰的工天×编制期综合工费单价＋所对应定额的应计行车干扰的施工机具台班量×编制期施工机具台班单价）×每昼夜行车次数×0.40%

④ 邻近或在列车运行速度＞200km/h 的营业线上施工时，原则上不考虑按行车间隔施工的方案。

6.4.7.5 营业线封锁（天窗）施工增加费

指为确保营业线行车和施工安全，需封锁线路施工而造成的施工效率降低等所发生的费用。

本项费用根据相关规定及施工组织设计确定的需封锁线路施工或利用天窗时间施工的工程数量，以其编制期人工费和施工机具使用费之和为计算基数，乘以表 6-17 所列的工天与施工机具台班定额增加幅度计算。

表 6-17 工天与施工机具台班定额增加幅度

序号	工程类别	工天与施工机具台班定额增加幅度/%
1	人力拆铺轨	340
2	机械拆铺轨	180
3	拆铺道岔	170
4	粒料道床	180

序号	工程类别	工天与施工机具台班定额增加幅度/%
5	线路有关工程	120
6	接触网恒张力架线	130
7	接触网非恒张力架线	250
8	接触网其他工程	250
9	架设预应力混凝土 T 梁	150
10	架设预应力混凝土箱梁及其他上跨结构	100
11	其他工程	260

6.4.8　大型临时设施和过渡工程费

大型临时设施和过渡工程费指施工企业为进行建筑安装工程施工及维持既有线正常运营，根据施工组织设计确定所需的大型临时建筑物和过渡工程修建及拆除恢复所发生的费用。

6.4.8.1　大型临时设施项目及费用内容

（1）大型临时设施（简称大临）项目

① 铁路便线（含便桥、隧、涵）。指通往临时场站、砂石（道砟）场的临时铁路线、架梁岔线及场内铁路便线、机车转向用的三角线等，独立特大桥的吊机走行线，以及为重点桥隧等工程专设的铁路运料便线等。

② 汽车运输便道（含便桥、隧、涵）。指汽车运输干线、沿线纵向运输便道及通往重点土石方工点、桥梁、隧道、站房、取弃土石场、砂石（道砟）场、区间牵引变电所及临时场站等的引入线。

③ 运梁便道。指专为运输大型混凝土成品梁而修建的运输便道。

④ 临时给水设施。指为解决工程用水而铺设的给水干管路（管径 100mm 及以上或长度 2km 及以上）及隧道工程的水源点至山上蓄水池的给水管路，缺水地区临时储水站，井深 50m 及以上的深水井等。

⑤ 临时电力线（供电电压在 6kV 及以上）。包括临时电力干线及通往隧道、特大桥、大桥和临时场站、砂石（道砟）场等的电力引入线。

⑥ 集中发电站、集中变电站（包括升压站和降压站）。

⑦ 临时通信基站。指在没有通信条件的边远山区、无人区等区域设置的无线通信基站。

⑧ 临时场站。指根据施工组织设计需要确定的大型临时场站，包括材料场、填料集中加工站、混凝土集中拌和站、独立设置的混凝土构配件预制场、制（存）梁场（含提梁站）、钢梁拼装场（含提梁站）、掘进机拼装场、盾构泥水处理场、管片预制场、仰拱预制场、轨节拼装场、长钢轨焊接（存放）基地、换装站、道砟存储场、轨枕预制场、轨道板预制场等。

⑨ 隧道污水处理站。指根据特殊环保要求（如有水源保护区、高类别功能水域等保护要求）必须设置的隧道污水处理站。

⑩ 渡口、码头、浮桥、吊桥、天桥、地道。指为施工服务的通行设施。

（2）大型临时设施费用内容

① 铁路便线，汽车运输便道，运梁便道，临时给水设施，临时电力线，临时通信基站，渡口、码头、浮桥、吊桥、天桥、地道等的工程费用及养护维修费用。

② 轨道板预制场、轨枕预制场、管片预制场的主体厂房工程费用。

③ 临时场站、集中发电站、集中变电站、隧道污水处理站等的场地土石方、地基处理、

生产区硬化面、圬工、吨位≥10t 且长度≥100m 的龙门吊走行线等的工程费用。

④ 修建"大临"而发生的租用土地、青苗补偿、拆迁补偿、复垦及其他所有与土地有关的费用等。其中临时场站中应计列的所有与土地有关的费用列入临时用地项下。

6.4.8.2　过渡工程

过渡工程指由于改建既有线、增建第二线等工程施工，为了保持既有线（或车站）运营工作进行，尽可能地减少运输与施工之间的相互干扰和影响，从而对部分既有工程设施必须采取的施工过渡措施。内容包括临时性便线、便桥、过渡性站场设施等及其相关的配套工程，以及由此引起的临时养护、租用土地、青苗补偿、拆迁补偿、复垦及其他所有与土地有关的费用等。

6.4.8.3　费用计算及相关规定

大型临时设施和过渡工程，应根据施工组织设计确定的项目、规模及工程量，采用定额按单项概（预）算计算程序计算或按类似指标计列。

大型临时设施和过渡工程，均应结合具体情况，充分考虑借用本建设项目正式工程的材料，以尽可能节约投资，其有关费用的计算要求如下。

（1）借用正式工程的材料

① 钢轨、道岔计列一次铺设的施工损耗，钢轨扣配件、轨枕、电杆计列铺设和拆除各一次的施工损耗（拆除损耗与铺设同），便桥枕木垛所用的枕木计列一次搭设的施工损耗。

② 该类材料一般应计列由材料堆存地点至使用地点和使用完毕由材料使用地点运至指定归还地点的运杂费。

③ 该类材料在设计概（预）算中一般不计使用费，材料工地搬运及操作损耗率按《铁路工程基本定额》执行。

（2）使用施工企业的工程器材

使用施工企业的工程器材，按表 6-18 中所列的施工器材年使用费率计算使用费。

表 6-18　施工器材年使用费率

序号	材料名称	年使用费率/%
1	钢轨、道岔	10
2	钢筋混凝土电杆	10
3	铁横担	10
4	铸铁管、钢管、万能杆件、钢铁构件	16
5	木制构件、油浸电杆	16
6	素材电杆、木横担	20
7	通信、信号及电力线材(不包括光缆、电杆及横担)	30
8	过渡工程用设备	25

注：1. 不论按摊销或折旧计算，均一律按表列费率作为编制设计概（预）算的依据。其中通信、信号及电力线材的使用年限超过 3 年时，超过部分的年使用费率按 10% 计。困难山区使用的钢筋混凝土电杆，不论其使用年限多少，均按100% 摊销。

2. 光缆、接触网混凝土支柱不论其使用年限多少，均按 100% 摊销。

3. 计算单位为季度，不足一季度，按一季度计。

（3）利用旧道砟

除计运杂费外，还应计列必要的清筛费用。

（4）不能倒用的材料

如圬工用料、道砟（不能倒用时）等，计列全部价值。

6.4.8.4　铁路便线的养护费计费定额

为使铁路便线经常保持完好状态，其养护费按表 6-19 所列的定额计算。

表 6-19 铁路便线养护费计费定额

项目	人工	零星材料费	道砟/[米³/(月·千米)]		
			3 个月以内	3~6 个月	6 个月以上
便线	32 工日/(月·千米)	—	20	10	5
便线中的便桥	11 工日/(月·百换算米)	1.25 元/(月·延长米)	—	—	—

注：1. 人工费按设计概 (预) 算编制期 I 类综合工费单价计算。

2. 便线长度不满 100m 者，按 100m 计；便桥长度不满 1m 者，按 1m 计。计算便线长度，不扣除道岔及便桥长度。

3. 便桥换算长度的计算：

钢梁桥：1m＝1 换算米；

木便桥：1m＝1.5 换算米；

圬工及钢筋混凝土梁桥：1m＝0.3 换算米。

4. 养护的期限，根据施工组织设计确定，按月计算，不足一个月者，按一个月计。

5. 道砟数量采用累计法计算（例：1km 便线当其使用期为一年时，所需道砟数量＝3×20＋3×10＋6×5＝120m³）。

6. 定额内包括冬季积雪清除和雨季养护等一切有关养护内容。

7. 通行工程列车或临管列车的便线，并需计列运费者，因运价中已包括了养护费用，不应另列养护费；运土、运料等临时便线，只计取送车费或机车、车辆租用费者，可计列养护费。

8. 营业线上施工，为保证不间断行车而修建通行正式运营列车的便线，在未办理交接前，其养护费按照表列定额加倍计算。

6.4.8.5 汽车便道养护费计费定额

为使通行汽车运输便道经常保持完好的状态，其养护费按表 6-20 所列定额计算。

表 6-20 汽车运输便道养护费定额

项目		人工/[工日/(月·千米)]	碎石或粒料/[米³/(月·千米)]
土路		15	—
粒料路(包括泥结碎石路面)	干线	25	2.5
	引入线	15	1.5

注：1. 人工费按设计概 (预) 算编制期 I 类综合工费单价计算。

2. 计算便道长度，不扣除便桥长度。不足 1km 者，按 1km 计。

3. 养护的期限，根据施工组织设计确定，按月计算，不足一个月者，按一个月计。

4. 定额内包括冬季积雪清除和雨季养护等一切有关养护内容。

5. 便道中的便桥不另计养护费。

6.4.9 间接费

间接费指施工企业为完成承包工程而组织施工生产和经营管理所发生的费用。

6.4.9.1 费用内容

间接费包括企业管理费、规费和利润。

（1）企业管理费

指建筑安装企业组织施工生产和经营管理所需的费用。内容包括：

① 管理人员工资。指管理人员的基本工资、津贴和补贴、辅助工资、职工福利费、劳动保护费等。

② 办公费。指管理办公用的文具、纸张、账表、印刷、邮电、书报、宣传、通信、会议室、水、电、煤（燃气）等费用。

③ 差旅交通费。指职工因公出差、调动工作的差旅费，助勤补助费，市内交通费和误餐补助费，职工探亲路费，劳动力招募费，职工退休、退职一次性路费，工伤人员就医路费以及管理部门使用的交通工具的油料、燃料及牌照费。

④ 固定资产使用费。指管理和试验部门及附属生产单位使用的属于固定资产的房屋、车辆、设备仪器等的折旧、大修、维修或租赁费。

⑤ 工具用具使用费。指管理使用的不属于固定资产的生产工具、器具、家具、交通工具和检验、试验、测绘、消防用具等的购置、维修和摊销费。

⑥ 检验试验费。指施工企业按照规范和施工质量验收标准的要求，对建筑安装的设备、材料、构件和建筑物进行一般鉴定、检查所发生的费用，包括自设试验室进行试验所耗用的材料和化学药品费用等，以及根据规定由施工单位委外检验试验的费用。不包括应由研究、试验费和科技三项费用支出的新结构、新材料的试验费；不包括建设单位要求对具有出厂合格证明的材料进行试验，对构件破坏性试验及其他特殊要求检验试验的费用；不包括由建设单位委外检验试验的费用；不包括施工质量验收标准以外设计要求的检验试验费用。

⑦ 财产保险费。指施工管理用财产、车辆保险费用。

⑧ 税金。指企业按规定交纳的房产税、车船税、土地使用税、印花税、城市维护建设税、教育费附加、地方教育附加等各项税费。

⑨ 施工单位进退场及工地转移费。指施工单位根据建设任务需要，派遣人员和机具设备从基地迁往工程所在地或从一个项目迁至另一个项目所发生的往返搬迁费用及施工队伍在同一建设项目内，因工程进展需要，在本建设项目内往返转移，以及劳动工人上、下路所发生的费用。包括：承担任务职工的调遣差旅费，调遣期间的工资，施工机具、工具、用具、周转性材料及其他施工装备的搬运费用；施工队伍在转移期间所需支付的职工工资、差旅费、交通费、转移津贴等；劳动工人上、下路所需的车船费、途中食宿补贴及行李运费等。

⑩ 劳动保险费。指由企业支付离退休职工的易地安家补助费、职工退职金、6个月以上病假人员的工资以及支付给离休干部的各项经费等。

⑪ 工会经费。指企业按照职工工资总额计提的工会经费。

⑫ 职工教育经费。指企业为职工学习先进技术和提高文化水平，按职工工资总额计提的费用。

⑬ 财务费用。指企业为筹集资金而发生的各种费用，包括企业经营期间发生的短期贷款利息净支出、金融机构手续费、担保费以及其他财务费用。

⑭ 工程排污费。指施工现场按规定缴纳的工程排污费用。

⑮ 其他。包括技术转让费、技术开发费、业务招待费、绿化费、广告费、公证费、法律顾问费、审计费、咨询费、无形资产摊销费、投标费、施工定额测定费、企业信息化管理系统建设及使用费、工程验收配合费等。

（2）规费

指政府和有关部门规定必须缴纳的社会保障费用。内容主要包括：

① 社会保险费。指企业按规定缴纳的基本养老保险费、失业保险费、基本医疗保险费、工伤保险费、生育保险费等。

② 住房公积金。指企业按规定缴纳的住房公积金。

（3）利润

指施工企业完成所承包的工程应获得的盈利。

6.4.9.2　费用计算

间接费依不同工程类别按下式计算：

$$间接费＝（基期人工费＋基期施工机具使用费）×间接费费率$$

间接费费率按表6-21执行。

表 6-21 间接费费率

类别代号	工程类别	费率/%	附 注
1	人力施工土石方	47.4	包括人力拆除工程，绿色防护，各类工程中单独挖填的土石方，石方爆破工程
2	机械施工土石方	21.9	包括机械拆除工程，填级配碎石、砂砾石、渗水土，公路路基路面，各类工程中单独挖填的土石方、综合维修通道、大临土石方工程
3	汽车运输土石方采用定额"增运"部分	10.9	仅指区间路基土石方及站场土石方，包括隧道出渣、洞外运输
4	特大桥、大桥下部建筑	26.4	含附属工程
5	预制混凝土梁	56.7	含各种桥梁桥面系、支座、梁横向连接和湿接缝
6	现浇混凝土梁	43.6	包括分段预制后拼接的混凝土梁
7	运架混凝土简支箱梁	29.9	
8	隧道、明洞、棚洞，自采砂石	33.9	不含隧道的照明、通风与空调等工程，不含大型机械化施工及掘进机、盾构施工的隧道
9	路基附属工程（不含附属土石方）	33.5	含区间线路防护栅栏、与路基同步施工的接触网支柱基础等
10	框架桥、公路桥、中小桥下部(含附属工程)、涵洞、轮渡、码头、一般生产房屋和附属、给排水、工务、站场、其他建筑物等建筑工程	44.2	含除大临土石方、大临轨道、临时电力、临时通信以外的大临工程，环保降噪声工程
11	铺轨、铺岔、架其他混凝土梁、钢梁、钢管拱、钢结构站房(含站房综合楼)、钢结构雨棚、钢结构车库等	89.5	简支箱梁除外，包括轨道附属工程、线路备料及大临轨道；钢管拱包括钢管、钢管内混凝土、系杆、吊杆、梁及桥面板
12	铺砟	40.4	包括道床清筛、沉落整修、有砟轨道调整
13	无砟道床	67.1	包括道床过渡段
14	通信、信号、信息、灾害监测、电力、牵引变电、供电段、机务、车辆、动车，所有安装工程	59.8	含桥梁、隧道的照明工程，隧道通风与空调工程，临时电力，临时通信，管线路防护，管线迁改
15	接触网建筑工程	59.4	含不与路基同步施工的接触网支柱基础

注：1. 采用大型机械化施工开挖定额的隧道工程，间接费费率按 25.9% 计，掘进机、盾构机施工的隧道间接费费率另行分析计列。

2. 过渡工程按表列同类正式工程的费率计列，大型临时设施按表列同类正式工程的费率乘以 0.8 的系数计列。

6.4.10 设备购置费

设备购置费指购置的达到固定资产标准的设备、工器具、生产家具和虽低于固定资产标准，但属于设计明确列入设备清单的设备等所需的费用。购买计算机硬件设备时所附带的软件若不单独计价，其费用应随设备硬件一起列入设备购置费中。设备购置费包括设备费、设备运杂费和设备购置费税金。

6.4.10.1 设备费

设备费指根据设计确定的设备规格、型号、数量，按相应的设备原价计算的费用。

$$设备费＝\sum 设备数量 \times 设备原价$$

编制期设备费与基期设备费差额按设备费价差计列。

设备原价指标准设备的出厂价（含按专业标准要求的保证在运输过程中不受损失的一般包装费，及按产品设计规定配带的工具、附件和易损件的费用）或非标准设备的加工订货价（包括材料费、加工费及加工厂的管理费等）。

基期设备原价按《铁路工程建设设备预算价格》执行，若《铁路工程建设设备预算价格》为含可抵扣进项税额的价格，则应以扣除可抵扣进项税额后的价格作为基期设备原价。

编制期设备原价采用不含可抵扣进项税额的价格。标准设备原价可根据生产厂家的出厂价及国家机电产品市场价格目录和设备信息价等资料综合分析确定；非标准设备原价可按厂家加工订货等价格资料，并结合设备信息价格，经分析论证后确定。

设计单位自行补充设备的价格应为不含可抵扣进项税额的价格。

6.4.10.2 设备运杂费

设备运杂费指设备自生产厂家（来源地）运至施工安装地点所发生的运输费、装卸费、手续费、采购及保管费等费用的总称。

$$设备运杂费＝基期设备费×设备运杂费费率$$

设备运杂费费率一般地区按 6.5% 计列，新疆、西藏、青海按 8.4% 计列。

6.4.10.3 设备购置费税金

设备购置费税金按下式计算：

$$税金＝（基期设备费＋设备运杂费＋设备费价差）×税率$$

设备购置费税金的税率为 11%。

6.4.11 税金

税金指按照设计概（预）算构成及国家税法等有关规定计算的增值税额。

建筑安装工程费税金按下式计算：

税金＝（基期人工费＋基期材料费＋基期施工机具使用费＋价外运杂费＋价差＋填料费＋施工措施费＋特殊施工增加费＋间接费）×税率

建筑安装工程费税金为 11%。

6.4.12 其他费

其他费指应由基本建设投资支付并列入建设项目投资内，除建筑安装工程费、设备购置费、基本预备费之外的有关静态投资费用。不包括政府有关部门对建设项目实施审批、核准或备案管理，委托专业服务机构等中介提供评估评审等服务所发生的费用。

6.4.12.1 土地征（租）用及拆迁补偿费

土地征（租）用及拆迁补偿费指按照《中华人民共和国土地管理法》等规定，为进行铁路建设所需的土地征（租）用及拆迁补偿等费用。

（1）费用内容

① 土地征用补偿费。指土地补偿费、安置补助费、必须缴纳或支出的失地农民保险、被征用土地地上附着物及青苗补偿费、征用城市郊区菜地缴纳的菜地开发建设基金、征用耕地缴纳的耕地开垦费和耕地占用税等。

② 拆迁补偿费。指被征用土地上的房屋及附属构筑物、城市公共设施等迁建补偿费等；既有管线路迁改、改沟（渠、河），导流设施、消能设施、挑水坝修建及河道加固防护等所发生的补偿性费用；项目建设造成封井，农田、水利设施、水系损坏及房屋损坏修复费或补偿费等。

③ 临时用地费。指取弃土（石）场（含隧道弃渣场）以及大型临时设施中的临时场站等工程的临时占地费用，包括租用土地、青苗补偿、拆迁补偿、复垦及其他所有与土地有关的费用等。

④ 征地拆迁工作经费。指在征地拆迁过程中，工程所在地有关部门配合征地拆迁工作所发生的相关人员的工作经费、资产评估费及土地登记管理费等。

⑤ 用地勘界费。指委托有资质的土地勘界机构对铁路建设用地地界进行勘定所发生的费用。

⑥ 土地预审费。指铁路工程建设项目用地预审工作的组织协调，技术方案制定，组卷汇总，各级的材料核查、初审及上报自然资源部等工作所需的费用。内容包括图件费、咨询

费、听证费及差旅费等。

⑦ 森林植被恢复费。指为保护森林资源，促进我国林业可持续发展，按照《中华人民共和国森林法》和《中华人民共和国森林法实施条例》等规定缴纳的所征用林地的植被恢复费用。

⑧ 临时用地复垦方案报告编制费。指在铁路工程建设申请用地之前，依据土地开发整理相关规范和要求，对铁路工程临时用地复垦开展设计，提出具体工程措施，编制详细的土地复垦方案，计算土地复垦费用，编制临时用地复垦方案报告等所需的费用。

⑨ 压覆矿藏评估与补偿费。指按照有关规定，了解铁路建设工程所在地区的矿产资源分布和开采情况，由建设单位组织对压覆矿藏进行评估与补偿所需的费用。

（2）费用计列

① 土地征用补偿费、拆迁补偿费、临时用地费等应根据设计提出的建设用地面积和补偿动迁工程数量，按国家有关部门及工程所在地区的省（自治区、直辖市）政府有关规定和标准计列。

② 征地拆迁工作经费、用地勘界费、土地预审费、森林植被恢复费、临时用地复垦方案报告编制费、压覆矿藏评估与补偿费等按国家和工程所在地区的省（自治区、直辖市）政府有关规定计列。

6.4.12.2 项目建设管理费

项目建设管理费指项目建设单位从项目筹建之日起至办理竣工财务决算之日止发生的管理性质开支。包括：不在原单位发工资的工作人员工资及相关费用、办公费、办公场地租用费、差旅交通费、劳动保护费、工具用具使用费、固定资产使用费、招募生产工人费、技术图书资料费（含软件）、业务招待费、施工现场津贴、竣工验收费和其他管理性质开支。

本项费用以建设项目静态投资（不含项目建设管理费）、价差预备费和建设期投资贷款利息总额扣除土地征（租）用及拆迁补偿费为基数，按表6-22所列费率采用累进法计算。项目建设管理费按上述方法计算确定后，再对因项目建设管理费计入概算而引起的相关章节费用变化做一次调整。

由多个建设单位承担的建设项目（代建除外），按各建设单位管理范围计算。

表 6-22　项目建设管理费费率

总概算/万元	费率/%	算例/万元	
		总概算	项目建设管理费
1000 以下	2.0	1000	$1000 \times 2.0\% = 20$
1001～5000	1.5	5000	$20 + (5000-1000) \times 1.5\% = 80$
5001～10000	1.2	10000	$80 + (10000-5000) \times 1.2\% = 140$
10001～50000	1.0	50000	$140 + (50000-10000) \times 1.0\% = 540$
50001～100000	0.8	100000	$540 + (100000-50000) \times 0.8\% = 940$
100000 以上	0.4	200000	$940 + (200000-100000) \times 0.4\% = 1340$

例如：某铁路工程总概算83234万元，则项目管理费＝540＋（100000-83234）×0.8％＝674.128（万元）。

6.4.12.3 建设单位印花税及其他税费

建设单位印花税及其他税费指项目建设单位发生的各类与建设相关的合同印花税、资本金印花税、房产税、车船税、契税及按规定缴纳的其他税费等。

本项费用按本书附录附表1第一部分：静态投资第一～第十章费用总额扣除土地征（租）用及拆迁补偿费为基数，乘以0.07％的费率计列。

6.4.12.4　建设项目前期费

建设项目前期费指建设项目在预可行性研究及可行性研究阶段，由项目建设单位组织进行项目论证评估、立项批复、申报核准等工作所发生的有关费用。主要包括可行性研究费、建设项目选址报告编制费、社会稳定风险评估报告编制费、环境影响报告编制与评估费、水土保持方案报告编制与评估费、节能评估报告书编制与评审费、洪水影响评价报告编制费、职业病危害预评价费、地质灾害危险性评估费、地震安全性评估费、通航论证费、文物保护费等。

（1）可行性研究费　指编制项目建议书（或预可行性研究报告）、可行性研究报告（含初测）所需的费用。

（2）建设项目选址报告编制费　指按照国家有关规定，就项目规划选址报批编制建设项目选址意见书等所需的费用。

（3）社会稳定风险评估报告编制费　指按照国家有关规定，就项目建设方案、建设用地及征地拆迁补偿、生态环境、文物保护以及对沿线生产生活的其他影响等编制社会稳定风险评估报告等所需的费用。

（4）环境影响报告编制与评估费　指按照有关规定编制建设项目环境影响报告，以及由建设单位组织的评估等所发生的费用。

（5）水土保持方案报告编制与评估费　指按照有关规定编制建设项目水土保持方案报告，以及由建设单位组织的评估等所发生的费用。

（6）节能评估报告书编制与评审费　指根据国家有关规定，由国家发展和改革委核报国务院审批或核准以及由国家发展和改革委审批或核准的新建、改建铁路建设项目（含独立枢纽、大型客站等）的节能评估报告书的编制，以及由建设单位组织的评估等发生的费用。

（7）洪水影响评价报告编制费　指按照有关规定，就洪水对建设项目可能产生的影响和建设项目对防洪可能产生的影响做出评价，在编制洪水影响评价报告时所需的费用。

（8）职业病危害预评价费　指建设项目因可能产生职业病危害，而在编制职业病危害预评价报告及由建设单位组织的报告评审时所需的费用。

（9）地质灾害危险性评估费　指为避免和减轻地质灾害对铁路工程建设运营造成的损失，对建设项目所在地区的地质灾害危险性进行评估所需的费用。

（10）地震安全性评估费　指按照有关规定对建设项目进行地震安全性评估所需的费用。

（11）通航论证费　指根据有关规定，对修建的与通航有关的铁路工程设施进行安全论证和尺度论证等工作时所需的费用。

（12）文物保护费　指按照有关规定，建设单位在进行大型基本建设工程前，请从事考古发掘的单位在工程范围内有可能埋藏文物的地方进行考古调查、勘探，以及对受建设项目影响的文物进行原址保护、迁移、拆除所需的费用。

本项费用按项目预可行性研究和可行性研究阶段的实际发生金额计列。

6.4.12.5　施工监理费

施工监理费指由建设单位委托具有相应资质的单位，在铁路建设项目的施工阶段实施监理的费用。

考虑设计概（预）算编制需要，制定了施工监理费的费用定额。本项费用的计算按《费用定额》执行，工程实际发生的费用应按国家有关规定实行市场调节价。

本项费用采用按照工程概（预）算投资额分档定额计费方法计算后，纳入设计概（预）算，工程实际发生的费用应按国家有关规定实行市场调节价。

施工监理费可按下式计算：

$$施工监理费 = 计算基数 \times 施工监理费费率 \times 施工监理费复杂程度调整系数 \times$$
$$高程调整系数 \times 工期调整系数$$

公式中有关因素解释如下。

① 计算基数　本项费用以总概算编制（本书附录附表 1）范围的第一～第十章建筑安装工程费用总额为计算基数。

② 施工监理费费率　施工监理费费率根据总概算编制（本书附录附表 1）范围的第一～第十章建筑安装工程费用总额，按表 6-23 所列费率采用直线内插法确定。

表 6-23　施工监理费费率表

序号	第一～第十章建筑安装工程费用总额/万元	施工监理费费率/%
1	5000	2.42
2	10000	2.19
3	50000	1.70
4	100000	1.51
5	500000	1.17
6	1000000	1.04

注：第一～第十章建筑安装工程费用总额大于 1000000 万元的，施工监理费费率按 1.04% 计划。

【例 6-1】　若第一～第十章建筑安装工程费用总额为 75687 万元，则按直线内插法

施工监理费费率设为 x，则有：$\dfrac{100000-50000}{1.51-1.70} = \dfrac{75687-50000}{x-1.70}$

解方程，$x=1.60$，则施工监理费率 $=75687 \times 1.60\% = 1210.99$（万元）。

③ 施工监理费复杂程度调整系数　施工监理费复杂程度调整系数根据工程特征，按表 6-24 所列系数选用。

表 6-24　铁路工程施工监理费复杂程度调整系数表

复杂程度等级	工程特征	施工监理费复杂调整系数
Ⅰ级	新建Ⅱ、Ⅲ、Ⅳ级铁路	0.85
Ⅱ级	①新建时速 200km 客货共线；②新建Ⅰ级铁路；③货运专线；④独立特大桥；⑤独立隧道；⑥改扩建和技术改造铁路	新建双线 0.85；其他 1.0
Ⅲ级	①客运专线；②技术特别复杂的工程	0.95

④ 高程调整系数　施工监理费高程调整系数根据设计线路海拔高度，按表 6-25 所列系数选用。

表 6-25　铁路工程施工监理费高程调整系数表

序号	海拔高度/m	高程调整系数
1	2000(含)以下	1.0
2	2000(不含)～3000(含)	1.1
3	3000(不含)～3500(含)	1.2
4	3500(不含)～4000(含)	1.3
5	4000 以上	由发包人和监理人协商确定

⑤ 工期调整系数　施工监理费工期调整系数根据设计施工工期，按表 6-26 所列系数选用。

表 6-26　铁路工程施工监理费工期调整系数表

序号	设计施工工期/月	工期调整系数
1	≤60	0.8
2	61～72	0.9
3	73～84	1.0
4	85～96	1.1
5	≥97	1.2

6.4.12.6　勘察设计费

勘察费指勘察人根据发包人的委托，收集已有资料，现场踏勘、制定勘察纲要，进行测绘、勘探、取样、试验、测试、检测、监测等勘察作业，以及编制工程勘察文件和岩土工程设计文件等收取的费用。

本项费用按下列方法计算后，纳入设计概（预）算，工程实际发生的费用应按国家有关规定实行市场调节价。

（1）勘察费

铁路工程勘察费采用实物工作量法计算。

① 计算公式

$$勘察费＝（勘察费定额＋七项费用定额）×实物工作量×$$
$$勘察费附加调整系数×（1＋主体勘察协调费系数）$$

② 公式中有关因素

a. 勘察费定额。勘察费定额根据铁路工程勘察复杂程度，按表 6-27 所列定额采用直线内插法确定。

表 6-27　铁路工程勘察费定额表

建设项目类型	工作阶段	计费单位	勘察费定额/万元 勘察复杂程度				
			I	II	III	IV	V
新建单线非电气化铁路	初测	正线公里	2.46	3.16	4.64	6.30	8.50
	定测		3.00	3.86	5.66	8.67	11.67
	合计		5.46	7.02	10.30	14.97	20.17

注：1. 铁路工程勘察复杂程度按表 6-28 的复杂程度划分，根据表 6-29 所列勘察因素的赋分值计算确定。

2. 铁路工程全线复杂程度按里程加权平均确定。

3. 若可行性研究费中已经包含初测费用，则不应重复计算。

4. 施工图设计阶段的补充定测勘察费定额按定测勘察费定额的 0.6 倍计算。

5. 在铁路线路工程勘察正线公里范围内引起的其他铁路改建的工程勘察不再计算费用。

6. 正线长度在 30km 以下的独立项目的勘察费定额按本表相应定额的 1.5 倍计算。

7. 枢纽内正线，1km 以上的联络线（包括干线与干线、干线与支线、专用线之间的联络线）、环到线、环发线、疏解线，1km 以上专用线的工程勘察费定额，按本表相应定额计列。

8. 本勘察费定额对应的基本钻探含量见表 6-30，相邻复杂程度之间的基本钻探含量采用直线内插法计算。超出表 6-30 钻探量的，或者需要做工程地质加深勘察，或者需要进行专项工程勘察的，由发包人与勘察人根据市场价格另行计算需增加的费用。

表 6-28　铁路工程勘察复杂程度表

复杂类别	I	II	III	IV	V
类别分值	4	10	15	20	≥25

注：复杂程度分值处于两档之间，采用直线内插法确定勘察复杂程度。

表 6-29 铁路工程勘察复杂程度赋分表

复杂程度	I		II		III		IV		V	
因素分类	因素	分值	因素	分值	因素	分值	因素	分值	因素	分值
地形	地形平坦或稍有坡度	1	地形起伏小,高差≤20m 的缓丘地区	3	地形起伏较大,高差≤80m 的重丘地区	5	地形起伏变化大,高差≤150m 的山区	7	地势起伏变化很大,高差≥150m 的山区	9
通视通行	地区开阔,通视良好;通行方便的平原或草原	1	高草、高农作物、树林、竹林隐蔽地区面积≤20%;有部分杂草和低农作物或高差较小的梯田地区	2	高草、高农作物、树林、竹林隐蔽地区面积≤40%;容易通过的沼泽水网、高差较大的梯田地区	4	高草、高农作物、树林、竹林隐蔽地区面积≤50%;沙漠、较难通行的水网、沼泽、较深的冲沟、石峰石林及难以通行的岩石露头地区	6	高草、高农作物、树林、竹林隐蔽地区面积＞50%;岭谷险峻、地形切割剧烈、攀登艰难的山区,很难通行的沼泽、密集的荆棘灌木丛林区	8
地物	房屋、矿洞、地质勘探点(线)、沟坎、道路、水系、灌网及各种管线等面积≤5%	1	房屋、矿洞、地质勘探点(线)、沟坎、道路、水系、灌网及各种管线等面积≤10%	2	房屋、矿洞、地质勘探点(线)、沟坎、道路、水系、灌网及各种管线等面积≤25%	3	房屋、矿洞、地质勘探点(线)、沟坎、道路、水系、灌网及各种管线等面积≤40%	4	房屋、矿洞、地质勘探点(线)、沟坎、道路、水系、灌网及各种管线等面积＞40%	5
工程地质	地质构造简单、地屋岩性单一	1	地质构造、地层岩性较简单,不良地质及特殊地质现象较少	3	地质构造、地层岩性较复杂,不良地质现象发育,特殊地质现象较多	5	地质构造复杂,地层岩性变化大,不良地质现象发育,特殊地质现象多	7	地质构造很复杂,地层岩性种类繁多,变化复杂,不良地质、特殊地质现象规模大且复杂	9

表 6-30 铁路工程勘察基本钻探含量表

复杂程度	I	II	III	IV	V
初测/(m/正线公里)	27.0	36.0	45.0	54.0	63.0
定测/(m/正线公里)	37.8	50.4	63.0	79.4	93.4

b. 七项费用定额。七项费用是指办理铁路工程勘察相关许可以及购买有关资料的费用;拆除障碍物,开挖以及修复地下管线的费用;修通至作业现场的道路,接通电源、水源以及平整场地的费用;勘察材料以及加工的费用;水上作业用船、排、平台以及水监费;勘察作业大型机具搬运费;青苗、树木以及水域养殖物赔偿费等。

本项费用根据铁路工程勘察复杂程度,按表 6-31 所列定额采用内插法计算。

表 6-31 铁路工程勘察七项费用定额表

费用名称	工作阶段	计费单位	七项费用定额/万元				
			勘察复杂程度				
			I	II	III	IV	V
七项费用	初测	正线公里	0.56	0.88	1.22	1.66	2.20
	定测		1.16	1.42	1.76	2.38	2.68
	合计		1.72	2.30	2.98	4.04	4.88

c. 实物工作量。计算铁路工程勘察费的实物工作量为铁路线路长度,以正线公里计,但下列情况需特殊考虑。

ⓐ 枢纽内的大站 (包括编组站、工业站、含客技站的客站) 的勘察费计算时,除其贯

通正线按线路长度作为实物工作量外，另应增列大站长度 2 倍的实物工作量。

ⓑ 枢纽内进出大站上、下行分开的疏解线，其实物工作量按照上下行线路长度之和计算。其他方向引入正线，环到线、环发线、疏解线，1km 以上联络线和专用线等在大站长度范围以内的部分，其实物工作量按照线路长度的 0.5 倍计算。

ⓒ 枢纽内的勘察为独立复杂的技术设施，如机务段、车辆段独立货场等，或者上述设施不在大站长度范围内的工程勘察，其实物工作量按基线长度的 1～2 倍计算。

ⓓ 单独委托勘察的铁路特大桥、长隧道的工程勘察费由发包人与勘察人根据市场价格另行计算。

d. 勘察费附加调整系数。勘察费附加调整系数是对工程勘察的自然条件作业内容和复杂程度差异进行调整的系数。附加调整系数为两个或者两个以上的，附加调整系数不能连乘。将各附加调整系数相加，减去附加调整系数的个数，加上定值 1，作为附加调整系数值。铁路工程勘察费附加调整系数包括气温附加调整系数、高程附加调整系数、铁路专业附加调整系数。

ⓐ 气温附加调整系数。在气温（以当地气象台、站的气象报告为准）≥35℃或者≤−10℃条件下进行勘察作业时，气温附加调整系数为 1.2。

ⓑ 高程附加调整系数。在海拔高程超过 2000m 地区进行工程勘察作业时，高程附加调整系数见表 6-32。

表 6-32　铁路工程勘察费高程附加调整系数表

序号	海拔高度/m	高程附加调整系数
1	2000（含）以下	1.0
2	2000（不含）～3000（含）	1.1
3	3000（不含）～3500（含）	1.2
4	3500（不含）～4000（含）	1.3
5	4000 以上	由发包人和勘察人协商确定

ⓒ 铁路专业附加调整系数，见表 6-33。

表 6-33　铁路专业附加调整系数表

序号	项目	铁路专业附加调整系数	备注
1	一次勘察	0.80	按初、定测勘察费定额之和计算费用
2	$v<160km/h$ 新建电气化单线铁路	1.05	
3	$v<160km/h$ 新建双线非电气化铁路	1.10	
4	$v<160km/h$ 新建双线电气化铁路	1.15	
5	$160km/h<v\leq200km/h$ 铁路	1.30	不再考虑双线系数
6	$200km/h<v\leq250km/h$ 铁路	初测:1.40; 定测:1.54	不再考虑其他铁路专业附加调整系数
7	$300km/h\leq v\leq350km/h$ 铁路	初测:1.60; 定测:1.74	不再考虑其他铁路专业附加调整系数
8	非电气化铁路增建第二线	1.00	
9	既有线（含电气化铁路）技术改造	0.60～0.90	根据项目的实际情况，由发包人和勘察人协商确定本系数的取值
10	电气化铁路增二线	1.05	
11	既有线技术改造并电气化	0.80～1.05	根据项目的实际情况，由发包人和勘察人协商确定本系数的取值
12	既有线现状电气化	0.70	
13	永久砟场专用线	1.00	

e. 主体勘察协调费系数。铁路建设项目工程勘察由两个或者两个以上勘察人承担的，可根据需要计算主体勘察协调费。主体勘察协调费系数按不超过 5% 计列。

（2）设计费

指设计人根据发包人的委托，提供编制建设项目初步设计文件、施工图设计文件等服务所收取的费用。

考虑设计概（预）算编制需要，制定了勘察设计费的费用定额。勘察设计费的计算按《费用定额》执行，工程实际发生的费用应按国家有关规定实行市场调节价。

铁路工程设计费采用按照工程概算投资额分档定额计费方法计算。

① 计算公式

$$设计费＝计算基数×设计费费率×设计复杂程度调整系数×$$
$$设计费附加调整系数×(1＋其他设计费系数)$$

② 公式中有关因素

a. 计算基数。本项费用以本书附录附表 1 中第二～第十章费用总额为计算基数。

b. 设计费费率。设计费费率根据本书附录附表 1 中第二～第十章费用总额，按表 6-34 所列费率采用直线内插法确定。

表 6-34　设计费费率表

序号	本书附表 1 第二～第十章费用总额/万元	设计费费率/%
1	5000	1.18
2	10000	1.10
3	50000	0.92
4	100000	0.86
5	500000	0.73
6	1000000	0.68
7	2000000	0.58

注：1. 本书附表 1 第二～第十章费用总额大于 2000000 万元的，设计费费率按 0.58% 计列。

2. 设计费费率中，初步设计费占比为 45%，施工图设计费占比为 55%。

c. 设计复杂程度调整系数。设计复杂程度调整系数根据工程特征，按表 6-35 所列系数选用。

表 6-35　设计复杂程度调整系数表

复杂程度等级	工程特征	设计复杂调整系数
Ⅰ级	新建单线铁路	0.85
Ⅱ级	①新建时速 200km 及以下双线铁路；②改扩建和技术改造铁路	1.00
Ⅲ级	①时速 200km 以上双线铁路；②技术特别复杂的工程	1.15

d. 设计费附加调整系数。根据铁路建设工程的设计速度目标值，设计费附加调整系数如下：

$v ≤ 200km/h$ 铁路：1.00；

$200km/h < v ≤ 250km/h$ 铁路：1.11；

$250km/h < v ≤ 350km/h$ 铁路：1.22。

e. 其他设计费系数。根据工程设计实际需要或者发包人要求所发生的总体设计费、主体设计协调费等其他设计费，按不超过 5% 的系数计算。

6.4.12.7　设计文件审查费

设计文件审查费指为保证铁路工程勘察设计工作质量，由建设单位组织有关专家或委托有资质的单位，对设计单位提交的建设项目预可行性研究（项目建议书）、可行性研究、初步设计、Ⅰ类变更设计及调整概算文件进行审查（核）所需要的相关费用。

本项费用以建筑安装工程费为基数，按表 6-36 所列费率计算后，纳入设计概（预）算，工程实际发生的费用应按国家有关规定实行市场调节价。

表 6-36　设计文件审查费费率

建设项目投资总额/亿元	10 及以下	50	200	500	1000 及以上
费率/%	0.22	0.16	0.09	0.06	0.03

注：1. 建设项目设计文件审查费应根据建设项目投资总额，采用直线内插法确定费率，并以建设项目投资总额对应的建筑安装工程费为基数计算。

2. 根据设计复杂程度，计算本项费用时乘以设计复杂程度调整系数，见表 6-35。

6.4.12.8　其他咨询服务费

其他咨询服务费指由建设单位委托具有相应资质的单位，在铁路项目建设过程中实施咨询服务的相关费用，包括招标咨询费、勘察监理与咨询费、设备（材料）采购监造费、施工图审查（核）费、第三方审价费、环境保护专项监理费、水土保持监测费、无砟轨道铺设条件评估费、环境保护和水土保持设施验收报告编制费、职业病危害控制效果评价费、第三方检测费、计算机软件开发与购置费等。

（1）招标咨询费　指具有相应资质的单位接受建设单位委托，提供代理工程、货物、服务招标，编制招标文件、最高投标限价，审查投标人资格，组织投标人踏勘现场并答疑，组织开标、评标、定标，以及提供招标前期咨询、协调合同的签订等服务收取的费用。

（2）勘察监理与咨询费　指具有相应资质的单位接受建设单位委托，在铁路建设项目勘察阶段，对勘察工作中的相关规程、规范和勘察合同的符合性进行检查，对工程地质、水文地质、物探、钻探、原位测试、室内试验的全过程进行监理等工作所收取的费用。

（3）设备（材料）采购监造费　指具有相应资质的单位接受建设单位委托，按照有关法规和价格，对铁路建设工程中出现的新材料、新设备（或非标材料、非标设备）制造过程的质量实施监督服务所发生的费用。

（4）施工图审查（核）费　指具有相应资质的单位接受建设单位委托，按照有关法律、法规、规范、标准，对施工图涉及公共利益、公共安全和工程建设强制性标准进行审查，对施工图的图纸及施工图预算等进行审核所发生的费用。

（5）第三方审价费　指具有相应资质的单位接受建设单位委托，对铁路建设项目的征地拆迁、岩溶处理、材料价差等进行专项审价所发生的费用。

（6）环境保护专项监理费　指为控制铁路工程施工阶段的环境污染和生态破坏，由建设单位委托具有工程环境监理资质的单位对铁路工程施工进行环境监测、检查、监理所发生的费用。

（7）水土保持监测费　指水土流失防治任务的铁路建设项目，按照有关规定，设立专项监测点对水土流失状况进行监测，并定期向项目所在地县级监测管理机构报告监测成果所需的费用。

（8）无砟轨道铺设条件评估费　指根据铁路建设需要，在无砟轨道铺设之前，受建设单位委托的评估单位对观测数据抽检、检查，建立沉降变形观测数据库，对观测数据及无砟轨道铺设条件进行评估等所需的费用。

（9）环境保护和水土保持设施验收报告编制费　指在铁路建设工程验收之前，对工程中的环境保护设施、水土保持设施进行验收报告编制所需的费用。

（10）职业病危害控制效果评价费　指对建设项目的职业病危害控制效果进行评价，编制评价报告及由建设单位组织的报告评审所需的费用。

（11）第三方检测费　指为保证工程质量，由建设单位委托具有相应资质的单位对根据要求必须进行第三方检测的工程项目进行检测所需的费用。

（12）计算机软件开发与购置费　指购买计算机硬件所附带的单独计价的软件，或需另行开发与购置的软件所需的费用。不包括项目建设、设计、施工、监理、咨询工作所需软件。

本项费用按本书附表1第一～第十章费用总额扣除土地征（租）用及拆迁补偿费为基数，乘以0.5%的费率计算后，纳入设计概（预）算，工程实际发生的费用应按国家有关规定实行市场调节价。

6.4.12.9　营业线施工配合费

营业线施工配合费指施工单位在营业线上或邻近营业线进行建筑安装工程施工时，需要运营单位在施工期间参加配合工作所发生的费用（含运营单位安全监督检查费用）。

营业线施工配合费情况较复杂，编制设计概（预）算时，本项费用可按不同工程类别的计算范围，以编制期人工费与编制期施工机具使用费之和为基数，乘以表6-37所列参考费率计算。

表6-37　营业线施工配合费费率表

工程类别	费率/%	计算范围
一、路基		
(1)石方爆破	4.1	在铁路线路路堤坡脚、路堑坡顶、铁路桥梁外侧起向外各1000m范围内，以及在铁路隧道上方中心线两侧各1000m范围内
(2)邻近营业线路基工程	1.3	距离铁路路堤坡脚、路堑坡顶、设备或设施外缘，向外延伸20m范围，含涵洞配合费
(3)营业线路基工程	1.7	路基改建工程(不含土方的运输)
二、桥涵		
(1)邻近营业线桥梁(含上跨营业线)	3.9	距离铁路路堤坡脚、路堑坡顶、设备或设施外缘，向外延伸20m范围
(2)营业线桥涵改建	4.8	桥涵改建工程
(3)顶进框架桥、顶进涵洞	2.5	包括主体预制、工作坑、引道及框架桥、涵洞的路面、排水工程
三、隧道及明洞		
(1)邻近营业线隧道	4.4	距离铁路路堤坡脚、路堑坡顶、设备或设施外缘，向外延伸20m范围，及距离洞口1000m范围内的爆破工程
(2)营业线隧道改建	5.0	隧道改建工程
四、轨道		
(1)邻近营业线轨道(包括有砟轨道、无砟轨道)	3.1	距离铁路路堤坡脚、路堑坡顶、设备或设施外缘，向外延伸20m范围
(2)邻近营业线铺道岔	5.6	
(3)营业线铺轨	5.3	轨道改建工程
(4)营业线铺道岔	7.9	
(5)营业线铺道床	3.6	
五、通信(含信息、灾害监测)		
(1)邻近营业线	4.8	距离铁路路堤坡脚、路堑坡顶、设备或设施外缘，向外延伸20m范围内建安工程
(2)营业线	5.4	改建建安工程
六、信号		
(1)邻近营业线	22.0	距离铁路路堤坡脚、路堑坡顶、设备或设施外缘，向外延伸20m范围内建安工程
(2)营业线	25.0	改建建安工程

工程类别	费率/%	计算范围
七、电力		
(1)邻近营业线	4.6	距离铁路路堤坡脚、路堑坡顶、设备或设施外缘,向外延伸20m范围内建安工程
(2)营业线	5.2	改建建安工程
八、接触网		
(1)邻近营业线	5.5	距离铁路路堤坡脚、路堑坡顶、设备或设施外缘,向外延伸20m范围内建安工程
(2)营业线	6.2	改建建安工程
九、牵引变电所		
(1)邻近营业线	4.1	距离铁路路堤坡脚、路堑坡顶、设备或设施外缘,向外延伸20m范围内建安工程
(2)营业线	4.6	改建建安工程
十、给排水		
(1)邻近营业线	2.1	距离铁路路堤坡脚、路堑坡顶、设备或设施外缘,向外延伸20m范围内建安工程
(2)营业线	2.3	改建建安工程
十一、站场		
(1)邻近营业线	8.7	距离铁路路堤坡脚、路堑坡顶、设备或设施外缘,向外延伸20m范围内建安工程
(2)营业线	9.9	改建建安工程

注:本表费率为参考费率,供设计概(预)算编制时参考使用。具体设计概(预)算编制时,设计单位应调查并综合考虑相关铁路运营企业的规定以及市场在资源配置中的作用。

6.4.12.10 安全生产费

安全生产费指施工企业按照规定标准提取在成本中列支,专门用于完善和改进施工企业安全生产条件的资金。铁路工程安全生产费使用范围见表6-38,表6-38内的安全生产项目在设计概(预)算其他部分中不应再重复计列相关费用。

表 6-38 铁路工程安全生产费使用范围表

一、完善、改造和维护安全防护设施设备支出(不含"三同时"要求初期投入的安全设施)

(1)"洞口"(楼梯口、电梯井口、预留洞口、通道口等)、"临边"(未安装栏杆的平台临边、无外架防护的层面临边、升降口临边、基坑沟槽临边、上下斜道临边等)、挖井、挖孔、沉井、泥浆池等防护、防滑设施

(2)施工场地安全围挡设施

(3)施工供配电及用电安全防护设施(漏电保护、接地保护、触电保护等装置,变压器、配电盘周边防护设施,电器防爆设施,防水电缆及备用电源等)

(4)各类机电设备安全装置

(5)隧道及孔洞开挖过程中有毒有害气体监测、通风设备设施,隧道内粉尘监测设备设施

(6)地质灾害监控防护设备设施

(7)防火、防爆、防尘、防毒、防雷、防台风等设备设施及备品

(8)机具设备(起重机具、提升设备、锅炉、压力器、压缩机等)上的各种保护、保险装置及安全防护措施

(9)爆破及交叉作业(穿越村镇、公路、河流、地下管线进行施工、运输等作业)所增设的防护、隔离、栏挡等防护措施

(10)防止临边滑坡设备

(11)高处作业中防止物体、人员坠落设置的安全带、棚、护栏等防护设施

(12)各种安全警示、警告标志

(13)航道临时防护及航标设置等

(14)安全防护通信设备

(15)其他临时安全防护设备、设施

二、配备、维护、保养应急救援器材、设备支出和应急演练支出

(1)应急电源、照明、通风、抽水、提升设备及锹镐铲、千斤顶等

(2)防洪、防坍塌、防山体落石、防自然灾害等物资设备

(3)急救药箱及器材

(4)应急救援设备、器械(包括救援车等)

(5)救生衣、救生圈、船等、船只靠岸设备

(6)各种消防设备和器材

(7)安全应急救援及预案演练

(8)其他救援器材、设备

三、开展重大危险源和事故隐患评估、监控和整改支出[含邻近既有线或建(构)筑物施工所产生的影响等]

(1)超前地质预报(不含Ⅰ级风险隧道中极高风险段的加强超前地质预报:超前钻孔、加深炮孔、地震波反射法物理探测),重大危险源评估、监控费用

(2)水上及高空作业评估、整改

(3)危险源辨识与评估(高路堑开挖、深基坑开挖、瓦斯隧道、既有线隧道评估等)

(4)邻近既有线或建(构)筑物施工危险源和事故隐患评估、监控和整改支出

(5)重大事故隐患评估、整改支出

(6)应急预案措施投入

(7)自然灾害预警费用

(8)爆炸物运输、储存、使用时安全监控、防护费用及安全检查与评估费用

(9)施工便桥安全检测、评估费用

(10)其他重大危险源、重大事故隐患的评估、整改、监控支出

四、安全生产检查,评价(不包括新建、改建、扩建项目安全评价)、咨询和标准化建设支出

(1)聘请专家参与安全检查、评价和咨询费用

(2)各级安全生产检查、督导与评价费

(3)安全生产标准化建设费用

五、配备和更新现场作业人员安全防护用品支出

(1)配备现场作业人员的安全防护用品

(2)更新现场作业人员的安全防护用品

六、安全生产宣传、教育、培训支出

(1)购置编印安全生产书籍、刊物、影像资料等

(2)举办安全生产展览和知识竞赛活动,设立陈列室、教育室等

(3)召开安全生产专题会议等

(4)专职安检人员、生产管理人员安全生产专业培训等

(5)全员安全及特种(专项)作业安全技能培训等

(6)各种安全生产宣传支出

(7)其他安全教育培训费用

七、安全生产适用的新技术、新标准、新工艺、新装备的推广应用支出

八、安全设施及特种设备检测检验支出

(1)各种安全设备设施的检测、检查费

(2)特种机具设备、压力容器、避雷设施等检查检测费

九、其他与安全生产直接相关的支出

(1)特种作业人员(从事高空、井下、尘毒作业的人员及炊管人员等)体检费用

(2)办理安全施工许可证

(3)办公、生活区的防腐、防毒、防"四害"、防触电、防煤气、防火患等支出

(4)与安全员有关的费用支出

(5)其他

注:1.Ⅰ级风险隧道中极高风险段的超前钻孔、加深炮孔、地震波反射法物理探测的加强超前地质预报费用按相关定额另计,列入本书附表1第十一章其他费用中的安全生产费项下。

2.本表所列使用范围均指保障施工企业安全生产的支出,保障施工企业之外的其他安全性支出,需按设计的保障措施另计费用,列入相关正式工程章节中。

安全生产费的计算:

a. 按费率计算部分,以建筑安装工程费的 2.0% 计列。

b. 加强超前地质预报费用,以设计数量按相关定额计算。

6.4.12.11 研究试验费

研究试验费指为建设项目提供或验证设计数据、资料等所进行的必要的研究试验，以及按照设计规定在施工中必须进行的试验、验证所需的费用。不包括：

① 应由"科技三项费用"（即新产品试制费、中间试验费和重要科学研究补助费）开支的项目。

② 应由检验试验费开支的施工企业对建筑材料、设备、构件和建筑物等进行一般鉴定、检查所发生的费用及技术革新的研究试验费。

③ 应由勘察设计费开支的项目。

本项费用应根据设计提出的研究试验内容和要求，经建设主管单位批准后按有关规定计列。

6.4.12.12 联调联试等有关费用

联调联试等有关费用包括静态检测费、联调联试费、安全评估费、运行试验费及综合检测列车高级修理费等。

本项费用按有关部门的规定计列。

6.4.12.13 利用外资有关费用

利用外资有关费用指铁路基本建设项目利用国外贷款（用于土建工程或采购材料和设备）时，发生的有关附加费用。工程实际发生的费用应按国家有关规定实行市场调节价。

（1）附加支出费

指外资项目通过招标方式采购材料、设备，引进技术和服务所需支出的费用。

① 手续费　由于贷款方不同，所发生的手续费也不同。

目前主要有国内代理银行手续费、建设期国外贷款转贷手续费、采购代理人手续费以及商检费。

本项费用按下列方法计算后，纳入设计概（预）算，工程实际发生的费用应按国家有关规定实行市场调节价。不同贷款方发生的手续费计列定额如下：

a. 国内代理银行手续费。根据商务部有关文件规定，国内代理银行为办理进口业务而收取的手续费，以贷款总额按现行汇率折合人民币后的 0.1％计列。

b. 建设期国外贷款转贷手续费。根据转贷协议规定，国内转贷银行收取的转贷手续费，以评估报告的建设期内已提取未偿还部分的贷款额，按有关费用定额计算。

c. 采购代理人手续费。根据商务部有关文件规定，作为采购代理人的进出口公司，为进行国家招标、合同签约、执行等业务所收取的费用，以材料、设备中标数额，按现行汇率折合人民币后为计算基数，乘以下列费率计算：

材料、设备中标数额 500 万美元以下部分：1.0％；

材料、设备中标数额 500 万美元以上部分：0.5％。

d. 商检费。根据国家规定，进口材料、设备抵达中国口岸、工地后，商检部门进行商检所发生的费用，原则上以进口材料、设备费用按现行汇率折合人民币后的 0.2％计列。

为简化概（预）算编制，设计阶段手续费以外资贷款总额按现行汇率折合人民币后的 1.5％计列，实施阶段应按有关合同约定计算。

② 港杂费　指进口材料和设备海（空）运到达我国指定的口岸起，至港口车站装车前止，所发生的既不属于海（空）运费又不属于国内运杂费的有关费用。

本项费用原则上应按交通部有关规定以及采购合同的运货条件计算。为简化概（预）算编制，在设计阶段，无论利用的外资采购材料、设备是国内中标或是国外中标，均以外资采购费用按现行汇率折合人民币为计算基数，设备按 0.4％计列，材料按 1.4％计列，实施阶段应按有关合同约定计算。

③ 国内运杂费　指由港口存货地点运往工地发生的运费、过路费、装卸费、工地保管费等。本项费用按国内采购材料设备运杂费的计算方法计列。

④ 汇兑损益　指因采用不同的汇率而产生的会计记账本位币金额的差异。

项目利用外资完成后，本项费用按初验完成之日的汇率折算，与实际支付人民币的差值计列。

⑤ 利用外资管理其他费　指对外资项目进行管理所发生的费用，内容包括：项目预评估与评估费、标书编译及评标费、竣工报告及后评价费等。

本项费用以利用外资贷款总额按现行汇率折合人民币后的 0.13％计列。利用国外贷款实施的土建工程，另以外资建筑工程费总额的 0.10％计列建设单位利用外资管理费。

（2）利用外资可行性研究报告编译费

指编制、翻译和评估项目利用外资可行性研究报告所需的费用。

本项费用以利用外资贷款总额按现行汇率折合人民币后的 0.05％计列。

（3）外资设计概 (预)算编制费

指承担利用国外贷款项目设计任务的设计单位，按规定完成各阶段外资概 (预)算编制所发生的费用。

本项费用以利用外资贷款总额按现行汇率折合人民币后的 0.05％计列。

（4）征地拆迁和移民安置实施计划编译费

指根据国外贷款机构的要求，对外资项目征地拆迁和移民安置进行社会调查、建立信息管理系统和实施计划编译等工作所发生的费用。

当国外贷款机构有此要求时，以本项目利用外资贷款总额按现行汇率折合人民币后的 0.05％～0.10％计列。

（5）征地拆迁和移民安置监控费

指按照国外贷款机构的要求，对外资项目征地拆迁和移民安置进行监控所发生的费用，包括外部监控和内部监控。

外部监控的内容包括：对移民安置总量 5％的基底调查，每半年一次的现场调查，移民安置监控报告和后评估报告的编译，陪同国外贷款机构检查，参加谈判等。

内部监控的内容包括：每半年编制一份工程进度和移民安置进展情况的报告，配合外部监控单位开展工作，配合国外贷款机构检查等。

计算方法：当国外贷款机构有此要求时，本项费用根据建设期年限按 1210 元/（年·正线公里）计列。

（6）环境监控费

指按照国外贷款机构的要求，在外资项目实施过程中对周围环境的影响进行监控所发生的费用。

当国外贷款机构有此要求时，本项费用根据建设期年限，按铁路正线长度计算，400km以内按 1210 元/（年·正线公里）计列，1000km 以上按 605 元/（年·正线公里）计列，400～1000km 按内插法计列。

（7）环境影响评价报告编译费

指按照国外贷款机构的要求，对外资项目进行环境影响评价报告编译工作所发生的费用。

当国外贷款机构有此要求时，本项费用以本项目环境影响报告编制与评估费的 40％计列。

（8）引进技术和进口设备项目的其他费用

指由于利用国外贷款，在执行贷款协议或贷款合同时所发生的有关费用。

本项费用根据贷款协议或贷款合同的要求，分人民币支付和外币支付两部分计列。

（9）进口关税及增值税

指利用国外贷款采购的材料、设备应交纳的进口关税及增值税。

本项费用对应需计取进口关税及增值税的进口材料、设备，按以下公式计算：

$$进口关税及增值税＝进口货物到岸价格×[A＋(1+A)×B]×C \tag{6-1}$$

式中　A——进口关税税率；

　　　B——增值税税率；

　　　C——现行汇率。

（10）国外贷款承诺费

指国外贷款协议生效后，其贷款余额部分（即未提取部分）必须按其要求支付贷款方一定数额的承诺费。

当国外贷款机构有此规定时，本项费用根据评估报告的支付进度及建设期各年度贷款余额，按有关费率计列。

（11）国外贷款项目启动费

指国外贷款机构按规定收取的项目启动费，一般从贷款本金中直接扣取。

当国外贷款机构有此规定时，本项费用以利用外资贷款总额按现行汇率折合人民币后为计算基数，按有关费率计列。

（12）社会影响评估报告编译费

指根据国外贷款机构的规定，有关单位在对外资项目进行社会影响评估报告编译工作时所发生的费用。

（13）少数民族发展计划编译费

指根据国外贷款机构的规定，有关单位在对外资项目进行少数民族发展计划编译工作时所发生的费用。

（14）生物多样性研究报告编译费

指根据国外贷款机构的规定，有关单位在对外资项目进行生物多样性研究报告编译工作时所发生的费用。

6.4.12.14　生产准备费

（1）生产职工培训费

指新建和改扩建铁路工程，在交验投产以前对运营部门生产职工培训所必需的费用。内容包括：培训人员的工资、津贴和补贴、职工福利费、差旅交通费、劳动保护费、培训及教学实习费等。

生产职工培训费按表 6-39 所列定额计算。

表 6-39　生产职工培训费定额　　　　　　　　　单位：元/正线公里

线路类别		铁路类别	
		非电气化铁路	电气化铁路
设计速度>200km/h 铁路		—	17000
设计速度≤200km/h 铁路	新建双线	11300	16000
	新建单线	7500	11200
	增建第二线	5000	6400
	既有线增建电气化	—	3200

注：独立建设项目的站房、动车段、专用线、车站改造等项目的生产职工培训费按 1400 元/定员计列；其中新建项目按设计定员计算，改建项目按新增定员计算。

（2）办公和生活家具购置费

指为保证新建、改扩建项目初期正常生产、使用和管理，所必须购置的办公和生活家具、用具的费用。范围包括：行政、生产部门的办公室、会议室、资料档案室、文娱室、食堂、浴室、单身宿舍、行车公寓等的家具用具。不包括应由企业管理费、奖励基金或行政开支的改扩建项目所需的办公和生活家具购置费。

办公和生活家具购置费按表 6-40 所列定额计算。

表 6-40　办公和生活家具购置费定额　　　　　　　　单位：元/正线公里

线路类别		铁路类别	
		非电气化铁路	电气化铁路
设计速度＞200km/h 铁路		—	11000
设计速度≤200km/h 铁路	新建双线	9000	10000
	新建单线	6000	7000
	增建第二线	3500	4000
	既有线增建电气化	—	2000

注：独立建设项目的站房、动车段、专用线、车站改造等项目的办公和生活家具购置费按 800 元/定员计列；其中新建项目按设计定员计算，改建项目按新增定员计算。

（3）工器具及生产家具购置费

指新建、改建项目和扩建项目的新建车间，验交后为满足初期正常运营必须购置的第一套不构成固定资产的设备、仪器、仪表、工卡模具、器具、工作台（框、架、柜）等的费用。不包括：构成固定资产的设备、工器具和备品、备件，已列入设备购置费中的专用工具和备品、备件。

工器具及生产家具购置费按表 6-41 所列定额计算。

表 6-41　工器具及生产家具购置费定额　　　　　　　单位：元/正线公里

线路类别		铁路类别	
		非电气化铁路	电气化铁路
设计速度＞200km/h 铁路		—	22000
设计速度≤200km/h 铁路	新建双线	18000	20000
	新建单线	12000	14000
	增建第二线	7000	8000
	既有线增建电气化	—	4000

注：独立建设项目的站房、动车段、专用线、车站改造等项目的工器具及生产家具购置费按 1000 元/定员计列；其中新建项目按设计定员计算，改建项目按新增定员计算。

6.4.12.15　其他

其他指除以上费用之外，按国家、相关部委及工程所在省（自治区、直辖市）规定应纳入设计概（预）算的费用；或在设计阶段无法准确核定的特殊工程处理措施费用估算，以及铁路专利专有技术等知识产权使用费等。

6.4.13　基本预备费

① 基本预备费指为建设阶段各种不可预见因素的发生而预留的可能增加的费用。

② 本项费用以第一～第十一章费用总额（本书附表 1）为基数乘以 5% 的费率计算。

6.4.14　价差预备费

价差预备费指为正确反映铁路基本建设工程项目的概（预）算总额，在设计概（预）算编制年度到项目建设竣工的整个期限内，因形成工程造价诸因素的正常变动（如材料、设备、征地拆迁价格等的上涨，人工费及其他有关费用标准的调整等），导致必须对该建设项目所需的总投资额进行合理的核定和调整，而需预留的费用。

本项费用应根据建设项目施工组织设计安排，以其分年度投资额及不同年限，按国家有关部门公布的工程造价年上涨指数计算。计算公式如下：

$$E = \sum_{n=1}^{N} F_n \left[(1+p)^{c+n} - 1 \right] \tag{6-2}$$

式中　E——价差预备费；

　　N——施工总工期，年；

　　F_n——施工期第 n 年的分年度投资额；

　　c——编制年至开工年年限，年；

　　n——开工年至结（决）算年年限，年；

　　p——工程造价年增长率。

6.4.15　建设期投资贷款利息

建设期投资贷款利息指建设项目中分年度使用国内外贷款，在建设期应归还的贷款利息。

计算方法如下：

① 利用国内贷款的建设期投资贷款利息计算公式：

建设期国内投资贷款利息＝∑（年初付息贷款本金累计＋本年度付息贷款额÷2）×年利率

即

$$s = \sum_{n-1}^{N} \left(F_{n-1} + \frac{b_n}{2} \right) i \tag{6-3}$$

式中　s——建设期贷款利息，元；

　　N——项目建设期，年；

　　n——施工年度；

　　F_{n-1}——建设期第 n 年度末需付息贷款本息累计，元；

　　b_n——建设期第 n 年度付息贷款额，元；

　　i——建设期贷款年利率，%。

② 利用国外贷款的建设期投资贷款利息，以评估报告确定的建设期限为准，按评估报告采用的利率及折算系数，采用以下公式计算：

建设期国外投资贷款利息＝∑（上半年累计贷款额本金＋本年度贷款额×折算系数）×贷款利率×现行汇率

【例 6-2】 某铁路工程新建项目需贷款 120000 万元，建设期 3 年，分年均等进行国内贷款，银行贷款按施工进度分年度均衡发放，年利率为 12%，试计算建设期贷款利息。

解： 各年利息计算如下。

第一年：$s_1 = (40000 \div 2) \times 12\% = 2400$（万元），第一年末本息累计 42400 万元；

第二年：$s_2 = (42400 + 40000 \div 2) \times 12\% = 7488$（万元），第二年末本息累计 $42400 + 40000 + 7488 = 89888$（万元）；

第三年：$s_3 = (89888 + 40000 \div 2) \times 12\% = 13186.56$（万元）；

建设期贷款利息总额为：$s = s_1 + s_2 + s_3 = 2400 + 7488 + 13186.56 = 23074.56$（万元）。

6.4.16　机车车辆（动车组）购置费

机车车辆（动车组）购置费指根据铁路机车、客车投资有偿占用有关办法的要求，在新建铁路、增建二线和电气化改造等基建大中型项目总概（预）算中根据需要计列的机车车辆（动车组）的购置费。

本项费用按设计确定的初期运量所需新增机车车辆（动车组）的型号、数量及编制期机车车辆（动车组）购置价格计算。

6.4.17　铺底流动资金

铺底流动资金指为保证新建铁路项目投产初期正常运营所需流动资金有可靠来源，而计列的费用。它主要用于购买原材料、燃料、动力，支付职工工资和其他有关费用。

本项费用按以下定额计算：

设计速度＞200km/h 新建铁路：16.0 万元/正线公里；

设计速度≤200km/h 新建双线铁路：12.0 万元/正线公里；

设计速度≤200km/h 新建单线Ⅰ级铁路：8.0 万元/正线公里；

设计速度≤200km/h 新建单线Ⅰ级铁路：6.0 万元/正线公里；

新建Ⅰ级地方铁路：6.0 万元/正线公里；

新Ⅱ级地方铁路：4.5 万元/正线公里；

如初期运量较小，上述指标可酌情核减。

既有线改扩建、增建二线以及电气化改造工程等不计列铺底流动资金。

例如：新建Ⅰ级地方铁路止线 85.342km，则铺底流动资金为 85.342×6＝512.052（万元）。

6.5　概（预）算的编制

6.5.1　概（预）算编制的原则与依据

6.5.1.1　适用范围

铁路基本建设大中型项目。

6.5.1.2　编制原则

（1）概算编制原则

① 应全面了解工程所在地的建设条件，掌握工程相关各项基础资料。

② 正确使用规定的定额、取费标准、工费标准和材料设备的价格。

③ 按《编制办法》的各项规定进行编制。

④ 概算或修正概算能完整准确地反映设计内容。

⑤ 以批准的初步设计进行施工招标的工程，其标底应在批准的总概算范围之内。

⑥ 设计概算应控制在已批准的建设项目可行性研究报告投资估算的允许幅度范围内（不大于 10%）。

（2）施工图预算（投资检算）编制原则

① 根据施工图设计的工程量和施工方法，按照《编制办法》的规定进行编制。

② 按照规定的定额、取费标准、工费单价、材料设备预算价格编制。

③ 以施工图设计进行施工招标的工程，建设单位编制的施工图预算经审核后是编制工程标底的依据；参加招投标的施工单位编制的施工图预算作为投标报价的确定依据，中标单位所编施工图预算作为签订合同的依据。

④ 施工图预算的编制必须正确，以使其成为考核设计图设计经济合理的依据。

⑤ 施工图设计应控制在批准的初步设计及概算范围内。

（3）概算和施工图预算的编制必须严格执行党和国家的政策、方针和制度，符合工程建设施工技术规范。

（4）概（预）算文件应达到的质量要求是符合规定、结合实际、经济合理、不重不漏、计算正确，提交及时。

（5）设计单位应加强基本建设的管理工作，配备和充实工程经济专业人员，切实做好概（预）算的编制工作。

（6）工程经济专业人员应具备本专业的能力，掌握设计、施工情况，做好设计方面的经济技术比较，使技术工作和经济工作结合起来，全面有效地提高设计质量。

（7）概（预）算编制工作要符合市场经济的规律和特点，要切实反映实际，投资要打足，不留缺口。估算要包住概算，概算要包住预算，预算要包住决算。

6.5.1.3　编制依据

（1）批准建设项目的任务书和主管部门的有关规定及设计项目一览表。

（2）施工设计文件，包括设计说明书、设计图表、工程数量或审核意见，设计过程中有关各方签订的涉及费用的协议、纪要。

（3）基本建设概（预）算的编制办法。铁路工程现执行铁建〔2017〕30号文件。

（4）各种定额，包括消耗定额和费用定额。

（5）施工组织设计。

（6）施工调查资料，包括地质、水文、气象、各种标准、既有线运行情况等。

（7）有关设计规划、施工技术规划、工程质量验收标准、安全操作规程等。

6.5.2　编制步骤

6.5.2.1　基础资料的准备

（1）熟悉设计图纸和有关资料，搜集相应的标准图、技术规范及工程建设文件资料，对工程的全局做到融会贯通，心中有数。

（2）准备工具书、概（预）算表格，包括现行的《铁路基本建设工程设计概（预）算编制办法》《铁路基本建设工程设计概（预）算费用定额》《预算定额》及相应配套的各种新版定额。概（预）算编制用表采用2017年版《编制办法》当中的附表，详见本教材相关附表。

（3）已批准的合理的施工组织设计文件和材料、设备及资金的来源。

（4）编制期的工料机调查价格。

6.5.2.2　按项目施工内容列项并查定额、计算工程量

对应《编制办法》附表综合概（预）算章节表将拟建工程按设计内容列项并计算出各项工程量填至综合概（预）算汇总表中进行该表的初步编写，在不变动表中章、节的前提下，可根据不同编制阶段与具体工程内容，对各节细目做适当增减，列项内容要不重不漏。铁路工程基本建设项目一般包括如下内容。

（1）拆迁工程

一般以总承包单位或独立工程段（标段）承担的施工范围进行编制。

① 拆迁建筑物　因施工必须拆除或迁移的房屋、附属建筑物（如围墙、水井）、坟墓、瓦窑、灰窑、水利设施（如水闸），无论属于公产、私产或集体所有，均列本项。在其费用中，房屋按拆迁数量、种类，根据当地政府有关规定协议及单价编列，其他拆迁可按调查资料编列。

拆迁工程属于前期工作，由业主负责完成，它是整个建设项目概（预）算的重要组成部分，其编制方法一般是根据国家或当地行政主管部门补偿标准及现场测量确定的"量"计列。

② 改移道路所发生的工程费用均列入本项　其费用根据设计工程数量进行定额单价分析计列。

③ 迁移通信、电力线路等　由于修建铁路往往与路内外电线路发生干扰，因而需要进

行迁移，其费用按设计数量和分析单价或有关单位提出的预算资料进行编列。

④ 砍树、挖树根或除草处理　一般地区不计列，当线路通过森林等大面积地区时要按调查数量，分析单价计列；如无调查资料时，可按照类似线路综合指标计列。

（2）路基

路基工程一般以总承包单位或独立工程段承担的施工范围根据基层的核算要求，分别编列各段的区间路基土石方、路基附属工程、挡土墙等项目，分别编制单项概（预）算。

① 区间路基土石方、站场土石方的编制内容及要求

a. 土石方工程数量。必须根据土壤的成分（6 类）划分，如遇有填渗水土壤及永久冻土、可增列项目，按土石方调配所确定的施工方法、运输距离等条件进行编制。因土方与石方、机具与人工的各种管理费率不同，所以这几项必须分别编列。

b. 土方与石方数量。除区间路基土石方和站场土石方外，仅指单独挖填土石方的项目和无须砌筑的各种沟渠等的土石方。

c. 填土压实数量为路堤填方数量减去设计中规定的石质路堤数量。无论采用人力还是机械施工，均计列填土压实费。利用石方填筑的路堤（非设计的填石路堤），均计列填土打夯费。

d. 码头填心路基，按照设计要求分别计列码头砌边坡和填心费。

e. 路基地基处理所列项目不包括路基本体或基床以外构筑物的地基处理。挡土墙、护坡、护墙等的地基处理及墙背所设垫层等的费用应分别列入挡土墙护坡护墙等项目。

② 路基附属工程编制内容及要求

a. 路基附属工程包括区间、站场的天沟、排水沟等，其费用根据设计数量，按定额单价分析计列。附属土石方无资料时，可按正、站线路基土石方费用的 5% 计列。

b. 路基的加固和防护。包括区间及站场等的加固及防护措施，其费用按设计工程数量进行定额单价分析编列。

③ 挡土墙　挡土墙分浆砌片石挡土墙及混凝土挡土墙，其费用按设计圬工类型，分别计算工程数量后进行定额单价分析编列，大型的挡土墙以座编列，一般的挡土墙按施工管段范围编列。

（3）桥涵

① 特大桥、大桥、复杂中桥及 50m 以上的高桥，按座编列。

一般小桥、中桥按标段或总承包单位施工范围，汇总工程数量，分析定额单价编列，并根据工程设计数量进行设计汇总，分析定额单价编制单项工程概（预）算。如基层核算需要，也可按座编列。

明渠、圆管、盖板箱涵、拱涵、倒虹吸管、渡槽等类，按标段或总承包单位施工范围编列，或根据基层核算单位分类编列，并根据工程设计数量进行设计汇总，分析定额单价编列单项工程概（预）算。

② 有挖基应增列基坑抽水费。

③ 要考虑计列围堰筑岛的数量。

④ 上部结构因桥跨种类和桥梁方法繁多，费用标准各不相同，应按照下列分类编制。

a. 拱桥。上部工程数量由拱脚起算，因现场浇砌，相关管理费应与下部建筑相同。

b. 钢梁。指钢梁结构及其架设费用。钢梁按出场价格计算，钢梁的栏杆、支座以及检查设备的钢构件，若已经包括在钢梁价格中则不宜重复计列，而未包括者单独计列。

c. 钢筋混凝土梁。现场浇筑钢筋混凝土梁，指在桥位上直接浇筑或在桥边、桥头预先浇筑并架设，包括制作与架设全部费用。施工单位预制的成品混凝土梁，按预算定额分析单

价计列。

　　d. 架设钢筋混凝土梁。应包括由存梁场或预制成品运至桥梁工点的价外运杂费和架设钢筋混凝土梁的费用，但不包括梁本身的费用。

　　e. 桥面。指桥面上的栏杆、人行道、避车台、护轮轨及配件、钢梁上的桥枕、压梁木、步行板等。

　　桥长在500m以上的特大桥，应编制单独概（预）算。工程项目和数量的确定，除设计图纸及施工组织设计所列的特大桥本身主体建筑工程外，还应包括试验墩、梁等的费用，在基础施工中的封底等工程及数量、洪水期间进行防洪措施费用等。由于特大桥工程复杂，工程细目较多，列项要注意做到不重不漏。

　　（4）隧道及明洞

　　① 隧道及明洞均以座编列。

　　② 隧道单向概（预）算分别按正洞、压浆、明洞、辅助坑道、洞门附属工程、整体道床、设备器具购置工程细目分别编制，然后再汇总成一个隧道单向概（预）算。

　　③ 隧道内整体道床工程量列入隧道（包括短枕），但不包括钢轨与扣件以及过渡段的道砟道床。

　　④ 隧道正洞开挖数量应按铁路工程技术规范计算，允许超挖部分和施工误差的范围与设计部门协商确定。

　　⑤ 利用隧道弃砟填筑路堤的运输费用列入隧道内。

　　⑥ 隧道内使用的施工机具（如通风机、发电机等）要考虑备用机具台班。

　　⑦ 设备工器具购置费是指隧道永久通风及照明设备，按设计数量、单价计算编列，永久设备安装费用列入隧道安装工程项目内。

　　（5）轨道

　　① 正、站线铺轨长度按设计标准进行计算；正、站线铺砟数量，按照道床设计断面计算；新铺钢筋混凝土轨枕地段，要考虑预铺道砟数量，一般每千米预铺 $400\sim500\mathrm{m}^3$，道砟单价按道砟来源、运输方式以定额进行分析。

　　② 永久石道砟，应同永久砟场一起编制单项概（预）算。

　　③ 道口、线路标志及正、站线沉落修正等其他有关线路工程，原则上按设计工程数量分析单价编列。当资料不全时，按正线铺轨总值的2%估列，枢纽组按站线铺轨总值（不含铺砟）的1%计列。

　　④ 线路备料应根据《铁路工务修理规则》标准计列。正线每千米25m钢轨两根，轨枕2根，站线每千米25m钢轨1根，轨枕1根；每100组道岔配备道岔1组。

　　⑤ 利用旧轨时，按照〔2017〕30号文《铁路基本建设工程设计概（预）算编制办法》中的规定计列。

　　（6）站后工程

　　站后工程包括通信、信号、电力、电气化、房屋等运营生产设备及建筑物的建筑安装工程及设备，它们是形成运输力的配套设备，其内容已经详细列入概（预）算章节表中。站后工程的特点是面广，琐碎，复杂，专业性强，设备安装工程量大；应组织各有关业务部门计算工程数量，编制单项概（预）算，然后进行汇总。编制时要认真查阅核对设计文件，将需要安装和不需要安装的设备机具材料汇编成册，以便查阅和结算。

　　各项工程量计算应按定额中相应的单位进行并应符合相应的定额章节说明规定，执行中应注意以下问题：

　　① 计算前应熟悉设计文件、资料及有关规范，弄清设计标准、规格，按图计算。

② 熟悉定额的内容及应用方法。

③ 了解有关文件、规定及协议。

④ 设计断面以外并在施工规范允许内的工程数量，应计算在内。

⑤ 由于地形、地质等原因，常会出现设计与实际情况不符的情况，因此，计算前应进行核对。

⑥ 由于沉落、余涨、压缩而引起的数量变化应计列。

⑦ 由于施工原因，不可避免地造成数量增加应予以考虑。

⑧ 由于客观原因造成的特殊情况处理所增加的数量应计算。

⑨ 有关术语的含义要符合规定。

⑩ 铺轨的工程数量按设计图示每股道的中心线长度 (不含道岔) 计算。

⑪ 工程数量计列范围要符合规定。

⑫ 铺设道岔的工程量按设计图示数量计算，铺道砟的工程量按设计断面的尺寸计算。

6.5.2.3 编制各个单项概 (预) 算表

将列好的综合概 (预) 算表中各项内容按不同章节分别抄列在各个单项概 (预) 算表中，填好表头后进行各单项工程建筑安装工程费即单项概 (预) 算价值的计算。本环节是概 (预) 算编制的主体内容，也是重中之重，需在查阅定额后结合工程量分章节和细目多次按照建筑安装工程单项概 (预) 算计算程序 (表 6-3) 分别计算各个定额子目下单项概 (预) 算价值 (建安费)，具体按本章前述费用计算方法逐步计算。

单项概 (预) 算编制的难点为价差和价外运杂费的计算。

(1) 人工费价差

按定额统计的人工消耗量 (不包括施工机具台班中的人工) 乘以编制期综合工费单价与基期综合工费单价的差额计算。

《费用定额》规定：编制期综合工费单价按有关部门颁发的调整文件执行。

人工费价差＝(编制期综合工费单价－基期综合工费单价)×定额人工消耗量×工程数量

(2) 材料费价差

① 水、电价差 (不包括施工机具台班消耗的水、电)，按定额统计的消耗量乘以编制期价格与基期价格之间的差额计算。

② 水泥、木材、钢材、砖、瓦、砂、石、石灰、粉煤灰、风沙路基防护用稻草 (芦苇)、黏土、花草苗木、土工材料、钢轨、道岔、轨枕、钢轨扣件 (混凝土枕用)、钢梁、钢管拱、斜拉索、桥梁高强螺栓、钢筋混凝土梁、铁路桥梁支座、桥梁防水卷材、桥梁防水涂料、钢筋混凝土预制桩、隧道防水板、火工品、电杆、铁塔、机柱、接触网支柱、接触网及电力线材、光电缆线、给水排水管材、钢制防护栅栏网片等材料的价差，按定额统计的消耗量乘以编制期价格与基期价格之差计算。

③ 上述材料以外的辅助材料价差以基期辅助材料费 (定额辅助材料消耗量乘以基期价格) 为计算基数，按有关部门发布的辅助材料价差系数调整，调整公式如下：

辅助材料价差＝基期辅助材料费×(辅助材料价差系数－1)

相应材料价格填主要材料预算价格表。对于定额中没有的材料价格，要编制《补充材料单价表》《补充单价分析表》及《补充单价分析汇总表》。

材料费价差＝∑(编制期材料预算价格－基期材料预算价格)×定额材料消耗量×工程数量

若主材编制期的调查价格为指定交货地点 (非工地) 的价格，还需在单项概 (预) 算中单独计算由指定交货地点运至工地所发生的价外运杂费。

(3) 施工机具使用费价差

以《铁路工程材料基期价格》中的油燃料价格及本章中的基期综合工费单价、基期水电单价等计算出的台班单价作为基期施工机具台班单价及基期施工仪器仪表台班单价；以编制期的折旧费综合工费单价、油燃料价格、水电单价等计算出的台班单价作为编制期施工机具台班单价及编制期施工仪器仪表台班单价。

$$施工机具使用费价差＝施工机械使用费价差＋施工仪器仪表使用费价差$$

$$施工机械施工费价差＝\sum(编制期施工机具台班单价－基期施工机具台班单价)\times$$
$$定额机械台班消耗量\times工程数量$$

$$施工仪器仪表使用费价差＝\sum(编制期施工仪器仪表台班单价－$$
$$基期施工仪器仪表台班单价)\times定额施工仪器仪表台班消耗量\times工程数量$$

$$价差＝人工费价差＋材料费价差＋施工机具使用费价差$$

价差计算完成后，其余各项费用按照费用计算程序正常计算即可，直至算出各单项概（预）算价值。

建安费计算完成后按本章前述内容计算各章涉及到设备的设备购置费，并填设备单价汇总表和补充设备单价表。

$$设备购置费＝设备费＋设备费价差＋设备运杂费＋设备购置费税金$$

以《铁路工程建设设备预算价格》中的设备原价作为基期设备原价。编制期设备原价由设计单位按照国家或主管部门发布的信息价和生产厂家的编制期出厂价分析确定。基期至编制期设备原价的差额按价差处理，不计取设备运杂费。计算填设备单价汇总表，若有补充设备，填补充设备单价表。

至此可得各个单项概（预）算表的三部分费用（建筑工程费、安装工程费和设备购置费）费用。将以上各费用计算结果回填至"综合概（预）算汇总表"数据部分续编该表，并根据前述相关费用计算方法，计算第十一章其他费用和第十二章基本预备费，则第一部分静态投资内容编制完成。进而结合前述费用计算方法进行第二部分至第四部分的费用计算。直至完成概（预）算总额即完成综合概（预）算表全部费用计算。最后将该表的计算结果按表格要求汇总到总概（预）算表。

填《技术经济指标汇总表》（各项指标均为单位工程量的价值）及填写其他需要填写的表格，若资金来源有外资，则按外资相关表格编制费用内容。

编写编制说明、目录及封面，复核、装订、报批。

能力训练题

一、选择题（单选）

1. 下列不属于铁路工程预算中直接工程费的是（　　）。

A. 人工费　　　　　　B. 材料费　　　　　　C. 价外运杂费　　　　D. 施工措施费

2. 铁路工程预算中间接费不包括（　　）。

A. 企业管理费　　　　B. 规费　　　　　　　C. 利润　　　　　　　D. 税金

3. 风沙地区施工增加费属于工程预算中的（　　）。

A. 特殊施工增加费

C. 直接工程费

B. 规费

D. 间接费

4. 某省人工日工资标准为 90.5 元/工日，采用人工挖运土方定额，运距 20m 时，每 100m³ 需 24.5 个工日，完成 200m³ 任务时，其人工费为（　　）元。

A. 2217.25　　　　　　B. 4434.5　　　　　　C. 4844.53　　　　　　D. 8869

5. 施工图预算的编制依据为 (　　)。

A. 投资估算指标　　　B. 概算定额　　　C. 预算定额　　　D. 施工定额

二、选择题 (多选)

1. 材料的预算价格包括 (　　)。

A. 材料原价　　　B. 价内运杂费　　　C. 价外运杂费

D. 采购及保管费　　　E. 运输损耗费

2. 概 (预) 算文件包括 (　　) 内容。

A. 封面　　　B. 目录　　　C. 编制说明

D. 概 (预) 算表格　　　E. 附件

3. 间接费包括 (　　)。

A. 企业管理费　　　B. 住房公积金　　　C. 利润

D. 规费　　　E. 税金

4. 下列不属于直接工程费的是 (　　)。

A. 人工费　　　B. 材料费　　　C. 价外运杂费

D. 施工措施费　　　E. 税金

5. 施工机具使用费中的可变费用包括 (　　)。

A. 燃料动力费　　　B. 人工费　　　C. 折旧费

D. 检修费　　　E. 其他费

6. (　　) 属于特殊施工增加费。

A. 风沙地区施工增加费　　　B. 高原地区施工增加费

C. 原始森林地区施工增加费　　　D. 行车干扰施工增加费

E. 营业线封锁 (天窗) 施工增加费

三、简答题

1. 铁路工程预算中的直接费包括哪些?

2. 建筑安装工程费包括哪些?

3. 施工措施费的计算基数是什么?

4. 直接工程费中的价差包括哪些?

5. 概 (预) 算费用组成的静态投资包括哪些?

6. 铁路工程概 (预) 算文件编制中常用的表格有哪些?

四、计算题

1. 已知某大桥工程的直接工程费为 213 万元, 基期人工费 65 万元, 基期施工机具使用费为 78 万元, 施工措施费费率 8.3%, 特殊施工增加费 45 万元, 试计算直接费。设间接费的综合费率为 26.4%, 税率为 11%, 试确定建筑安装工程费。(计算结果保留 2 位小数)

2. 某地方铁路建设项目总投资为 10000 万元, 其中 30% 为自有资金, 其余采用国内银行贷款, 项目建设期为 3 年, 第一年贷款 20%, 第二年贷款 50%, 第三年贷款 30%, 银行贷款按施工进度分年度均衡发放, 贷款年利率为 8%, 试求该项目的建设期贷款利息。

第7章 线路设备大修工程预算

知识目标

了解线路大修预算定额及作用；了解线路大修工程预算文件组成及编制程序；清楚线路大修费用内容及计算方法。

能力目标

会计算线路大修的各项费用；会编制线路大修预算书。

7.1 线路设备大修预算定额

关于线路设备大修工程预算定额，中国铁路总公司没有统一的标准，是各铁路局集团公司根据《铁路运输固定资产大修理支出管理办法》以及中国铁路总公司和各铁路局的有关规定而制定的。

（1）大修定额的作用

大修定额为线路大、中修预算确定直接工程数量和大型养路机械设备消耗量提供依据。

（2）制定依据和原则

根据大修施工作业条件（施工能力、施工组织、技术水平、设备条件、行车速度与行车密度以及施工天窗等），汇总分析施工单位实际用工情况，本着合理、简明、实用的原则进行制定。

7.2 线路设备大修预算编制

7.2.1 预算编制依据

线路大修施工预算，应根据已批准的设计说明书、设计图表、工程数量、施工方法和有关规定定额，本着节约的精神进行编制。为了达到提高效率、降低成本的目的，编制预算应采用先进定额及先进施工方法。在施工过程中，由于各种原因引起的预算总额的变动或设计变更及施工方案调整等时，应由设计单位或施工单位提出变更理由，报批准单位批准。

7.2.2 预算文件组成

大修施工预算，应包括下列文件：

（1）大修工程预算书 包括工程名称、施工地点、工程总量、预算总额及预算指标等。

（2）详细预算表 包括各项直接费、间接费、其他费等的明细。

（3）主要附件 包括直接人工计算表、材料数量计算表、运杂费计算表、工程数量汇总表、工程数量计算统计表、补充单价分析表等。

7.2.3 编制程序

预算的编制可参考下列程序：

① 确定每千米工作数量，逐千米列出各项工作的工作量，最后汇总。

② 确定人工及材料数量，根据单价分析计算各项工作所需的人工及材料数量并汇总。

③ 计算工费，根据各项工作所需的人工，按直接工、辅助工、间接工等，分别计算各项工作所需的工费并汇总。

④ 计算材料费，根据各项工作所需的各种材料，按不同规格、数量、单价及损耗定额，分项计算每项材料的材料费及其重量并汇总。

⑤ 计算运杂费，根据施工所用材料，按运距、运价、单价，分项计算由供应地运至工地所需的运输费、调车费、装卸费等运杂费并汇总。

⑥ 编制详细预算表。

⑦ 编写工程预算书。

7.3 线路大修预算费用内容及计算

7.3.1 线路大修预算费用的组成

预算费用由直接费、施工管理费、其他工程费、施工机具购置费、勘察设计费、备用费组成。

7.3.2 线路大修预算费用内容与计算

7.3.2.1 直接费

指直接用于各项工程的工费、材料费及材料差价、运杂费和机械使用费。

（1）工费

包括直接工费、辅助工费、间接工费。

① 直接工费 指从事下列各项工作所需的工费。

a. 按设计文件规定的工作内容所进行的各项设备的更换、修理、整修、巡养、防护等项工作及其辅助工程，如搭设拆除吊轨、防护网、枕木垛、便线便桥，以及拆除或恢复原有建设物及设备的辅助工程。

b. 施工现场各种工程材料的装卸、搬运、清点入库、旧料拆卸回收、分类堆码等工作。

c. 直接配合现场施工并在现场作业的各种装、吊、发电、运输等机具设备的司机、助手等。

d. 线路大修在桥、隧道中作业时需要增加的工时。

e. 从事大中型施工机械、钢轨焊接设备的操作及为保证上述设备正常运转，日常检测耗费的检修工人的工时。

$$直接工数量＝工程数量×直接工预算定额$$
$$直接工费＝预算日工资标准×直接工数量$$

② 辅助工费 指从事下列各项工作所需的工费，如在直接工综合劳动定额中已包括此工作，不得重复计算，应在辅助工数量中扣除：

a. 从事施工机械、动力设备、运输车辆、宿营车及其停车线、临时工棚以及附属的电力、照明、水道、采暖等设施的检修养护工作，各种施工工具、零小配件的制作和修理工作。

b. 脱产工长、工地材料巡守、烧水送饭、施工测量放样、基地维修、机具设备及专用车辆厂修的押送，其他零小设施的修建工作。

c. 运送施工人员、料具的轨道车、汽车等运输工具的司机和助手（不包括已列入直接工的司机和助手）。

d. 各种工程专用车辆的运转车长、随车检车、调车人员以及长轨车工作人员等。

辅助工费按直接工费的百分比计算：各段组织施工的按不超过 10% 计列，大修队（段）施工的按不超过 15% 计列，特殊情况由铁路局批准。

专业大修单位施工:辅助工费＝直接工费×15%

非专业大修单位施工:辅助工费＝直接工费×10%

③ 间接工费　指因气候停工、参加会议、社会活动、探亲、婚丧产假、六个月内的病假、工伤及护理人员等所发生的工费。

间接工费按直接工费加辅助工费的百分比计算：各段组织施工的按不超过 10% 计列，大修队（段）施工的按不超过 15% 计列。

专业大修单位施工:间接工费＝（直接工费＋辅助工费）×15%

非专业大修单位施工:间接工费＝（直接工费＋辅助工费）×10%

工费＝直接工费＋辅助工费＋间接工费

（2）材料费及材料价差

材料费是指用于各项大修工程的材料费用。根据用途分为以下几种：

① 主要材料费　指直接用于工程的材料费，包括按有关规定编列备用及损耗的数量。主要材料均按名称、规格、数量、单价及消耗定额分项计算。

a. 直发料：按实际进料价格计算。要加强同物资和有关部门的密切配合，严格控制议价料。

b. 部管产品按部批准价格办。如机车、车辆大部件及部分配件，工务器材及部分配件等，凡有新的调价可随时按铁路总公司文件办理。

c. 厂发料：按铁路局公布的材料目录或明文规定的价格计算，目录没列举的材料，经大修管理权限单位同意，可按地方企业规定的价格计算。

d. 砂石料：按铁路核定的价格计算，自购料按当地县以上物价局公布的价格计算，当地无规定价格时，参照有关价格计算。

② 周转性材料费　指在施工过程中作为辅助完成建筑物周转使用的材料费，如模型板、脚手架、便线的线上料和风、水、电管线路等。

③ 再用轨料费　再用轨料属未使用固定资产，按规定列整修费和管理费。

④ 零星材料费　一般少量零星材料，可按工程性质列为定额材料费，不列细目，由各局自行核定。

a. 铺设无缝线路：800 元/km。

b. 铺设无缝线路前期工程：大机 900 元/km，中机 1000 元/km。

c. 成段更换混凝土轨枕：Ⅱ 型枕 600 元/km，Ⅲ 型枕 800 元/km。

d. 成组更换新道岔：低值易耗料 500 元/组。

e. 线路中修（包括站线中修）：大机 800 元/km，中机 900 元/km。

f. 成段更换再用轨：800 元/km。

⑤ 材料价差　施工过程中发生的材料价差要单独计列。

材料费＝主要材料费＋周转材料费＋再用轨料费＋零星材料费＋材料价差

（3）运杂费

运杂费指各项材料由生产供应地点运往工地所发生的运费、装卸费、调车费、加固费、材料管理费、业务提成费，以及钢轨、桥梁转向架的租用费，线上料二次装卸费等。当材料单价中已含上述费用时，不得重复计算。

① 运价

a. 火车运输按现行铁路货物运价规则计算。

b. 汽车运输按当地省、市、县规定的运价计算。

c. 水运及人力、畜力车运输按县以上地方规定的单价计算。

d. 材料管理费包括定额以外的零星搬运及新旧料挑选配套费用。

e. 装卸车及调车费按铁路所在局地区单价的有关规定计算。

f. 定额外收集材料费。

② 厂发料　按 30 元/t 计列，当地材料直接费中不计运杂费。工地小搬运费：大修换轨及更换道岔工程按 15.14 元/t 计列。

（4）机械使用费

指各项大修工程在施工过程中使用的机械设备所发生的费用。它包括基本折旧费、大修理费、养护维修费、燃料（柴油、汽油、电力、煤、水等）动力费、养路费、牌照及其他费用。机械使用费可分为大中型施工机械使用费、一般生产机械使用费、机车车辆及施工机械租用费等。施工机械的折旧费、大修理费由铁路局统一考虑，不纳入预算。

① 大中型专用机械使用费　大中型养路机械包括捣固车、清筛机、动力稳定车、道床配砟整形车、中型清筛机、钢轨接触焊机（包括配套机械设备）、移动气压焊机（配套设备）、道岔更换专用机械等，使用费按消耗定额计列。

② 一般施工机械使用费　主要包括工地运送材料和施工人员的重型轨道车、汽车、发电机组、长轨应力拉伸机、小型液压捣固机等，其使用费可按人工费的 2% 计列。

③ 机车车辆使用费　机车车辆使用费指施工中必须使用机车配合作业所发生的费用，按照机车运营成本计算，其费用包括乘务员工资、奖金，机车使用期间发生的燃料、油脂消耗等。机车厂修、折旧一律不计入机车使用费。费用标准由铁路局核定发布并计入预算。车辆使用费指根据铁路总公司《铁路运价规则》有关规定计取的费用及 K 车、长轨车、宿营车日常使用维护费，按工费的 2% 计入预算。

④ 施工机械租用费　施工需要租用施工机械时，按规定租费标准和设计台班数经铁路局主管部门核准后列入预算。

各工务段更换钢轨时，采用轨道车、平板车带轨道吊收轨时，每千米的机械台班费 3000 元，各工务段更换道岔工程，每组计列一台 5t 汽车式吊车台班费 250.58 元/台班。

机械使用费＝大中型专用机械使用费＋一般施工机械使用费＋机车车辆使用费＋施工机械租用费

7.3.2.2　施工管理费

① 管理及服务人员工资　指行政、保卫、技术人员及由施工管理费项下开支的服务人员基本工资、企业工资及工资性质的各项津贴和正常奖金。

② 福利费及工会经费　按工资总额提取的生产工人和管理服务人员的福利基金（福利 5.5%，医疗卫生费 5.5%，工会经费 2%）。

③ 职工教育费　职工脱产短期学习和进行日常职工教育所发生的费用，根据国家规定按投资总额的 1.5% 掌握。

④ 办公费　办公用的文具、纸张、图书杂志、报刊、邮电、水电、采暖、燃料、家具备用品的购置及洗涤用品等费用。

⑤ 差旅、交通费　职工出差、调转的差旅费，工地转移时的住宿费，市内交通补贴，探亲费，劳动招募费，以及行管部门使用的交通工具燃料、油脂、养路费、牌照税等。

⑥ 固定资产维修费　施工单位自行管理和使用的属于固定资产的临时性房屋、设备、仪表、宿营车、活动房屋、帐篷等维修费。

⑦ 低值易耗品的购置、维修费　行管、生活部门管理的低值易耗品，如器具、办公用品、家具、交通工具、检测、测绘用具及其备品的购置和维修费。

⑧ 劳动保护费　按照铁路局规定标准发放的劳动保护用品的购置和修理费、保健费、防暑降温费、技术安全设施费等。

施工管理费应统一按工费的百分比计算，工电重点维修处施工管理费按工费的 46.5% 编列，各工务段施工管理费按工费的 20% 编列。

7.3.2.3　其他工程费

进行大修工程所产生的辅助性工程费用，以及特殊条件下的施工增加费用。

① 临时工程费　包括宿营车大修、工棚、料棚、厨房、厕所、浴室、办公室、学习室等拆搭费及生活临时给水设备的修建费等。

② 配合工程费　大修工程施工过程中必须由电务、供电或其他部门配合时，按文件规定所发生的补助费用和其他必须配合的工程发生的费用。

③ 冬、雨季施工增加费　指在寒冷地区必须冬季施工和在多雨地区的雨季施工，工效降低所引起的工费增加以及防寒、防雨和防护的措施费。

冬、雨季施工日期按历年气象资料查定。每年第一次连续 5 天出现室外日平均温度 0℃以下的第一天起至最后一次连续 5 天出现同样温度的最后一天止，为计算冬季施工增加费用的期限；在一个月内降雨天数在 10 天以上，且平均日降雨量大于 3.5mm 的月份，为计算雨季施工增加费用的期限。冬、雨季施工增加费率由铁路局自行查定。

④ 工地调迁费　在转移工地时所耽误的工时损失和机具、工具杂物等搬运费。

⑤ 其他维修费　其他工程费工电重点维修处按直接费的 2.0% 编列，各工务段按直接费的 1.0% 编列。

7.3.2.4　施工机具购置费

为充分利用大修封锁时间，提高大修工作效率，可适当购置必要的施工机械和交通、运输工具。但必须由大修部门集中使用，报经主管处，计划处会商审批。施工机具购置费按直接费的 2%～3% 计算。工电重点维修处按直接费的 1.3% 编列，各工务段不计列。

7.3.2.5　勘察设计费

指大修勘测设计人员的工资、各项津贴、正常奖金、差旅费、交通费，测绘仪器和测试仪表购置费、修理费、劳动保护费、优质工程提成费，以及按国家规定所提取的费用等。

勘测设计费按直接费、施工管理费和其他工程费的百分比计算，独立核算单位按 0.3%～0.5% 计列；非独立核算单位按 0.1% 计列。

7.3.2.6　备用费

为解决料差、运杂费差和不可预见费等备用的费用，由计划处与主管业务处共同掌握使用，备用费按总费用的 1% 计列。

7.3.2.7　预算总额

预算总额＝直接费＋施工管理费＋其他工程费＋施工机具购置费＋勘察设计费＋备用费

7.3.3　其他几个问题的规定

① 线路大修使用的机车，属运营性质，不应以出租机办理，但需缴纳机车使用费。交费标准按机车运营成本计算，其费用包括乘务员工资、奖金，机车洗、架修和使用期间发生的燃料、油脂消耗等。机车厂修费、折旧费一律不收费。

② 重点病害审批。投资在 500 万元以上的计划任务书和概算由铁路局审查后报铁路总公司批准。

③ 概（预）算审查。概（预）算审查要严格把关，各铁路局应根据具体情况采取下列不同方式进行审批：

a. 由计划外组织审查，业务处会签；

b. 由业务处组织审查，计划处会签；

c. 按定额单价包干项目，由业务处审批，抄送计划处。

无论哪种方式，都必须按铁路总公司下达的计划综合单价限额控制大修成本。

7.4　线路大修预算样例

7.4.1　设计要求及说明

① 根据已知资料计算大修工程所需各种材料数量，计算准确，填写《主要材料用量统计表》（表 7-2）；

② 根据材料单价和单位重量填写《主要材料分析表》（表 7-3）；

③ 本次大修人工费和材料费进行价差调整，材料价差计算填写《价差计算表》（表 7-5）；

④ 更换钢轨按设计说明进行计算，钢轨用量见表 7-8；更换轨枕及主要材料按设计说明进行计算，轨枕及扣配件备用量见表 7-9；

⑤ 既有道床大修清筛、成段更换钢轨、成段更换钢筋混凝土枕、补充新砟石直接工数量见表 7-10；

⑥ 道床横断面尺寸为：道床顶面宽度 3.6m，边坡坡度为 1∶1.75，道床厚度以纵断面设计图为依据，计算抬道后道床增加体积，填写《道床体积增加量计算表》（表 7-1）；

⑦ 抬道后补充新砟石材料消耗量按 1166.00m³/1000m³ 道床体积计算，砟石单位重量 1.6t/m³，预算单价 53 元/t，定额单价 48 元/t；

⑧ 材料来源地：钢轨来自鞍山，钢筋混凝土枕及扣配件来自富拉尔基，砟石来自扎兰屯，所有材料运输方式为工程列车，运距为采购地至大修地点（材料来源地至大修起点站＋大修起点到大修地点）；

⑨ 材料运杂费计算过程填写《主要材料平均运杂费单价分析表》（表 7-4）；

⑩ 根据计算工程量和大修费用组成，计算各项费用，填写《预算费用计算表》（表 7-6）、《预算费用汇总表》（表 7-7）；

⑪ 施工方法采用机械作业。

7.4.2　主要费用计列标准

① 工费单价为 155 元/工日，其中 120 元/工日列直接工费，35 元/工日列价差项。

② 辅助工按 15% 计列，间接工按 15% 计列。

③ 换钢轨及换轨枕主要材料规格、数量、单价按表7-8、表7-9计算。

④ 其他材料费：换轨800元/km，换枕804元/1000根，大修清筛3000元/km。

⑤ 运杂费包括运输费、装卸费、采购及保管费，其中运输费根据运输方式和运距进行计算，工程列车运输单价按公式（7-1）计算；装卸费按材料重量计算，装卸费单价查表7-11；采购及保管费以运输费及装卸费的和为基数乘以相应费率，采购及保管费费率查表7-12。

$$工程列车运价/（元/t）＝1.4K_2×（基价_1＋基价_2×运价里程） \qquad (7-1)$$

式中，K_2、基价$_1$、基价$_2$查表7-13、表7-14。

⑥ 机械使用费：更换钢轨机械使用费768.55元/km，抬道补充新砟石机械使用费9072.07元/1000m^3。

⑦ 施工管理费按工费的46.5％编列。

⑧ 其他工程费按直接费的2.0％编列。

⑨ 施工机具购置费按直接费的1.3％编列。

⑩ 材料费预算单价见表7-8、表7-9。

7.4.3 小数点后位数取定

① 人工、材料、机械台班单价：单价的单位为"元"，取2位小数，第3位四舍五入。

② 单价分析：单价和合价的单位为"元"，取2位小数，第3位四舍五入；单重和合重的单位为"t"，单重取6位小数，第7位四舍五入，合重取3位小数，第4位四舍五入。

③ 运杂费单价分析：汽车运价率的单位为"元/（t·km）"，取3位小数，第4位四舍五入；火车运价率的单位及运价率按现行《铁路货物运价规则》执行；装卸费单价单位为"元"，取2位小数，第3位四舍五入；综合运价单位为"元/t"，取2位小数，第3位四舍五入。

④ 预算费用计算：单价和合价的单位为"元"，单价取2位小数，第3位四舍五入，合价取整数。

⑤ 预算费用汇总：概（预）算价值和指标的单位为"元"，概（预）算价值取整，指标取2位小数，第3位四舍五入。

7.4.4 编制线路大修预算

主要材料数量及工程量计算如下。

（1）更换钢轨工程主要材料及直接工数量　根据设计说明中既有线路状态和大修工作内容，确定更换钢轨的类型和工程量，通过查表7-8计算更换钢轨数量，查表7-10计算更换钢轨工程直接工数量。

【例7-1】设计说明原线路为P60-25钢轨，钢轨疲劳伤损严重，大修时除未更换的道岔岔间短轨外，无缝线路长轨、缓冲区和保留地段均使用60kg U 75V新轨，大修全长5km，按跨区间无缝线路计算，不考虑缓冲区和保留地段钢轨接头。通过查表7-8、表7-10计算得：

① 5km线路大修所需60kg U 75V 25m钢轨数量为：

$$81根/km×5km＝405根$$

② 查表7-10计算5km线路大修更换60kg U 75V 25m钢轨工程直接工数量为：

$$650工日/km×5km＝3250.00工日$$

（2）更换钢筋混凝土轨枕工程主要材料及直接工数量　根据设计说明中既有线路状

态和大修工作内容，确定更换轨枕的类型、配枕要求、联结零件类型，通过查表 7-9 计算更换轨枕、联结零件数量，查表 7-10 计算更换钢筋混凝土枕工程直接工数量。

【例 7-2】 设计说明既有轨枕分为 69 型及 81 型，按 1840 根/km 配置混铺，弹条扣件，轨枕伤损，失效严重，主要以两螺栓孔通裂和水平裂为主，部分为龟裂和劈裂；大修地段既有岔间木枕、69 型轨枕及 R<600m 地段全部更换为Ⅲ型轨枕，直线及 R≥600m 地段 69 型轨枕更换为在用Ⅱ型轨枕。Ⅲ型轨枕无缝线路每千米铺设 1667 根，保留段每千米铺设 1680 根，500m>R≥400m 地段Ⅲ型轨枕每千米铺设 1760 根，其他型轨枕每千米铺设 1840 根，既有 81 型轨枕按 4% 失效率补充同类型轨枕；大修地段有砟桥更换为新Ⅲ型轨枕。查表 7-9、表 7-10 计算：

① 因线路既有轨枕为 69 型及 81 型混铺，设计说明中未明确说明具体位置，69 型及 81 型轨枕都为Ⅰ型枕，所以此 5km 线路按Ⅰ型轨枕全部更换为Ⅲ型桥枕计算，每千米铺设 1667 根，则Ⅲ型轨枕数量为：

1667 根/km×5km×1001 根/1000 根=8343.3 根，取整数 8344 根。

② 5km 更换钢筋混凝土枕工程需螺旋道钉带螺母数量为：

1667 根/km×5km×4018 套/1000 根=33490.0 套，取整数 33490 套。

③ 更换为Ⅱ型、Ⅲ型轨枕，使用Ⅱ型弹条扣件，则：

Ⅱ型弹条数量为：1667 根/km×5km×4046 个/1000 根=33723.4 个，取整数 33724 个；

60kg 钢轨轨距挡板数量为：1667 根/km×5km×4018 个/1000 根=33490.0 个，取整数 33490 个；

60kg 钢轨挡板座数量为：1667 根/km×5km×4018 块/1000 根=33490.0 块，取整数 33490 块；

平垫圈数量为：1667 根/km×5km×4086 个/1000 根=34056.8 个，取整数 34057 个。

④ 60kg 钢轨绝缘缓冲橡胶垫板数量为：

1667 根/km×5km×2018 块/1000 根=16820.0 块，取整数 16820 块。

⑤ 查表 7-10 计算更换钢筋混凝土轨枕工程直接工数量为：

更换Ⅲ型轨枕：1578 工日/1000 根×8344 根=13166.83 工日

(3) 线路大修清筛直接工数量　根据设计说明确定大修清筛类型，通过查表 7-10 计算大修清除直接工数量。

【例 7-3】 设计说明大修经过正线地段道床，全部进行机械破底清筛，查表 7-10 计算大修清筛直接工数量为：1240 工日/km×5km=6200 工日。

(4) 线路大修抬道补充新砟石数量及直接工数量

① 线路大修抬道补充新砟石数量。根据设计要求抬道后补充新砟石材料消耗量按 1166.00m³/1000m³ 道床体积计算，首先应计算抬道后道床增加体积，道床顶面宽度 3.6m，边坡坡度为 1∶1.75，计算时用平均设计道床横断面积与平均既有道床横断面积的差值乘以坡段长度计算道床增加体积，各坡段分别计算道床增加体积：

坡段位置：K×××+×××～K×××+×××（设计坡段起点和终点里程）；

既有道床厚度平均值/cm：根据纵断面设计图计算既有道床平均厚度；

设计道床厚度平均值/cm：根据纵断面设计图计算设计道床平均厚度；

既有道床横断面面积/m²：（道床顶面宽度＋道床顶面宽度＋既有道床厚度平均值×边坡坡度×2）×既有道床厚度平均值/2；

设计道床横断面面积/m²：（道床顶面宽度＋道床顶面宽度＋设计道床厚度平均值×边坡坡度×2）×设计道床厚度平均值/2；

道床增加体积/m³：（设计道床横断面面积－既有道床横断面面积）×坡段长度；

总道床增加体积＝Σ各坡段道床增加体积；

补充砟石量＝1166.00m³/1000m³×总道床增加体积。

【例7-4】 根据××线路大修纵断面设计图（365.000～370.000km）道床体积增加量具体计算如下：

坡段位置：K365＋000～K365＋300；

既有道床厚度在图中未注明，此坡段道床增加体积按0m³计算。

坡段位置：K365＋300～K365＋500；

既有道床厚度平均值：[11＋（－3）]/2＝4(cm)；

设计道床厚度平均值：[20＋（－3）]/2＝9(cm)；

既有道床横断面面积：(3.6＋3.6＋0.04×1.75×2)×0.04/2＝0.15(m²)；

设计道床横断面面积：(3.6＋3.6＋0.09×1.75×2)×0.09/2＝0.34(m²)；

道床增加体积：(0.34－0.15)×200＝38(m³)；

（中间各坡段计算过程省略）

总道床增加体积＝Σ各坡段道床增加体积＝673m³；

补充砟石量＝1166.00m³/1000m³×总道床增加体积＝1166.00m³/1000m³×673m³＝784.72m³。

② 线路大修抬道补充新砟石直接工数量。根据补充砟石数量，通过查表7-10计算线路大修抬道补充新砟石直接工数量。

【例7-5】 查表7-10计算线路大修抬道补充新砟石直接工数量为：

358工日/1000m³×784.72m³＝280.93工日。

7.4.5 大修预算表格填写

（1）填写道床体积增加量计算表 将道床体积增加量计算结果填写在道床体积增加量计算表中，注意计算结果与表中计量单位一致，合计栏填写总道床增加体积，如表7-1所示。

（2）填写材料用量统计表 将更换钢轨、更换钢筋混凝土枕、抬道补充砟石所需各种材料填写在材料用量统计表中，根据表7-8、表7-9填写材料需要和损耗量，如表7-2所示。

（3）主要材料分析表 根据表7-2填写材料数量，查表7-8、表7-9填写材料单价和单位重量，其中单价、合价单位为"元"保留两位小数，第3位四舍五入，单重单位为"t"保留6位小数，第7位四舍五入，合重单位为"t"保留3位小数，第4位四舍五入，如表7-3所示。

（4）主要材料平均运杂费单价分析表 材料来源地：钢轨来自鞍山，钢筋混凝土枕及扣配件来自富拉尔基，砟石来自扎兰屯，所有材料运输方式为工程列车，运距为采购地至大修地点（材料来源地至大修起点站＋大修起点至大修地点）。

① 确定运距。查资料确定材料来源地到大修起点站的运距，大修起点到大修地点运距为大修地点里程与大修起点里程之差。

【例7-6】 钢轨采购地点为鞍山，查资料鞍山至大修起点站（××站）运距为848km，大修起点为××线K268＋592.15，大修地点里程为K365＋000，所以钢轨运距为848＋（365.000－268.59215）＝944.408(km)，将"944"填入表7-4运距一栏中。

② 运费单价、其他有关运输费。

工程列车运价/(元/t)＝1.4×K_2×基价$_1$＋1.4×K_2×基价$_2$×运价里程

查表 7-13、表 7-14 可知 K_2、基价$_1$、基价$_2$，代入上式，将其中 $1.4 \times K_2 \times$ 基价$_1$ 计算结果填入表 7-4 其他有关运输费一栏中，将 $1.4 \times K_2 \times$ 基价$_2$ 计算结果填入表 7-4 运费单价一栏中。

【例 7-7】　工程列车运钢轨，查表 7-13、表 7-14 可知 $K_2 = 1.08$、基价$_1 = 10.2$ 元/t、基价$_2 = 0.0491$ 元/(t·km)，代入上式得：

$$钢轨工程列车运价 = 1.4 \times 1.08 \times 10.2 + 1.4 \times 1.08 \times 0.0491 \times 运价里程$$
$$= 15.42 + 0.0742 \times 运价里程$$

填表时将"0.0742"填入表 7-4 单价一栏中，"15.42"填入表 7-4 其他有关运输费一栏中。

③ 装卸费。装卸费查表 7-11 可知，所查结果直接填入表 7-4 装卸费一栏中。

【例 7-8】　查表 7-11，钢轨装卸费单价为 12.5 元/t，将"12.5"直接填入表 7-4 装卸费一栏中。

④ 运费小计、杂费小计。

$$运费小计 = 运距 \times 运费单价$$
$$杂费小计 = 装卸费 + 其他有关运输费$$

【例 7-9】　钢轨运费小计 $= 0.0742 \times 944.408 = 70.08$（元），将"70.08"填入表 7-4 运费小计一栏中。

钢轨杂费小计 $= 12.5 + 15.42 = 27.92$（元），将"27.92"填入表 7-4 杂费小计一栏中。

⑤ 采购及保管费。采购及保管费费率查表 7-12 可知，所查结果直接填入表 7-4 采购及保管费费率一栏，采购及保管费 $=$（运费小计 $+$ 杂费小计）$\times$ 采购及保管费费率。

【例 7-10】　查表 7-12，钢轨采购及保管费费率为 1.00%，将"1.00"填入表 7-4 采购及保管费费率一栏中。

采购及保管费 $=(70.08 + 27.92) \times 1.00\% = 0.98$（元），将"0.98"填入表 7-4 采购及保管费一栏中。

⑥ 运杂费共计。

$$运杂费共计 = 运费小计 + 杂费小计 + 采购及保管费$$

【例 7-11】　运杂费共计 $= 70.08 + 27.92 + 0.98 = 98.98$（元），将"98.98"填入表 7-4 共计一栏中。

⑦ 运输方法比重。运输方法比重为某种材料重量占所有材料总重的百分比。

【例 7-12】　根据表 7-3 计算结果可知钢轨重量为 610.801t，所有材料总重为 4885.060t，则钢轨的运输方法比重为 610.801t/4885.060t $\times$ 100% $= 12.50\%$，则将"12.50"填入表 7-4 运输方法比重一栏中。

⑧ 运杂费。

$$运杂费 = 运杂费共计 \times 运输方法比重$$

【例 7-13】　运杂费 $= 98.98 \times 12.50\% = 12.37$（元），将"12.37"填入表 7-4 运杂费一栏中。

⑨ 运杂费合计。运杂费合计为各材料运杂费之和。

（5）价差计算表　价差包括材料价差和人工价差。

$$材料价差 = \sum(材料预算单价 - 材料定额单价) \times 数量$$
$$人工价差 = 直接工数量 \times 人工价差单价$$

（6）预算费用计算表

① 直接工费＝∑各项工程直接工数量×人工单价；

② 辅助工费＝直接工费×15％；

③ 间接工费＝（直接工费＋辅助工费）×15％；

④ 工费＝直接工费＋辅助工费＋间接工费；

⑤ 主要材料费为主要材料分析表中合价之和；

⑥ 其他材料费＝换轨其他材料费＋换枕其他材料费＋大修清筛其他材料费

＝800 元/km×大修公里数＋804 元/1000 根×轨枕根数＋3000 元/km×大修公里数；

⑦ 材料费＝主要材料费＋其他材料费；

⑧ 运杂费＝材料总重×平均运杂费单价；

⑨ 机械使用费＝更换钢轨机械使用费＋抬道补充新砟石机械使用费

＝768.55 元/km×大修公里数＋9072.07 元/1000m³×补充新砟石体积；

⑩ 直接费＝工费＋材料费＋运杂费＋机械使用费；

⑪ 施工管理费＝工费×46.5％；

⑫ 其他工程费＝直接费×2.0％；

⑬ 施工机具购置费＝直接费×1.3％；

⑭ 价差＝材料价差＋人工价差。

（7）预算费用汇总表　将预算费用计算表中有关费用计算整理后填入预算费用汇总表。

① 预算价值＝直接费＋施工管理费＋其他工程费＋施工机具购置费＋价差，单位"元"，取整数。

② 预算总额＝预算价值，单位"元"，取整数。

③ 预算指标＝预算总额/工程数量，单位"元/km"，取两位小数，第3位四舍五入。

表 7-1　道床体积增加量计算表

坡段位置	既有道床厚度平均值/cm	设计道床厚度平均值/cm	既有道床横断面面积/m²	设计道床横断面面积/m²	坡长/m	(设计－既有道床面积)×坡长/m³
K365＋000～K365＋300	—	—	—	—	300	0
K365＋300～K365＋500	4	9	0.15	0.34	200	38
K365＋500～K365＋800	12	14	0.46	0.54	300	24
K365＋800～K366＋200	30	33	1.24	1.38	400	56
K366＋200～K366＋400	34	39	1.43	1.67	200	48
K366＋400～K366＋600	—	—	—	—	200	0
K366＋600～K366＋900	—	—	—	—	300	0
K366＋900～K367＋100	29	30	1.19	1.24	200	10
K367＋100～K367＋400	28	32	1.15	1.33	300	36
K367＋400～K367＋800	34	37	1.43	1.57	400	56
K367＋800～K368＋100	28	34	1.15	1.43	300	84
K368＋100～K368＋300	20	26	0.79	0.90	200	22
K368＋300～K368＋600	38	39	1.62	1.67	300	15
K368＋600～K368＋800	43	44	1.87	1.92	200	10
K368＋800～K369＋400	37	41	1.57	1.77	600	120
K369＋400～K369＋800	34	40	1.43	1.72	400	116
K369＋800～K370＋000	34	38	1.43	1.62	200	38
合计						673

编制×××　　××××年××月××日　　　　　　　　审核×××　　××××年××月××日

表 7-2　主要材料用量统计表

序号	材料名称	规格	单位	数量			
				需要	损耗	备用	合计
1	钢轨	60kg,25m	根	400		5	405
2	钢筋混凝土枕	Ⅲ	根	8335		9	8344
3	螺旋道钉带螺母	M24×195	套	33340	100	50	33490
4	弹条	Ⅱ	个	33340	334	50	33724
5	轨距挡板	60kg	个	33340	100	50	33490
6	挡板座	60kg	块	33340	100	50	33490
7	平垫圈	25×50×6	个	33340	667	50	34057
8	绝缘缓冲垫板	60kg,δ=10	块	16670	100	50	16820
9	道砟	Ⅰ 级	m³				784.72

编制×××　　　××××年××月××日　　　　　　　审核×××　　××××年××月××日

表 7-3　主要材料分析表

工程名称	×××线路大修工程		工程地点		××至×× K365+000~K370+000	
工程数量	5km					
材料名称	单位	数量	费用/元		重量/t	
			单价	合价①	单重	合重②
钢轨	根	405	6939.40	2810481.30	1.508150	610.801
钢筋混凝土枕	根	8344	247.13	2062052.72	0.353000	2945.432
螺旋道钉带螺母	套	33490	4.74	158742.60	0.000707	23.677
弹条	个	33724	5.70	192226.80	0.000478	16.120
轨距挡板	个	33490	4.53	151709.70	0.000661	22.137
挡板座	块	33490	3.39	113531.10	0.000054	1.808
平垫圈	个	34057	1.48	50404.36	0.000069	2.350
绝缘缓冲垫板	块	16820	5.29	88977.80	0.000427	7.182
道砟	m³	784.72	84.80	66544.26	1.600000	1255.552
合计				5694670.64		4885.060

编制×××　　　××××年××月××日　　　　　　　审核×××　　××××年××月××日

① 合价=单价×数量。

② 合重=单重×数量。

表 7-4　主要材料平均运杂费单价分析表

适用范围	×××线路大修工程 K365+000~K370+000														
材料名称	各种运输方法的全程运价/t											全程综合运价/(元/t)			
	运费						杂费								
	运输方法	起讫点		运距 /km	单价 /元	小计 /元	装卸次数	装卸费/元	其他有关运输费/元	小计 /元	采购及保管费率/%	采购及保管费/元	共计 /元	运输方法比重/%	运杂费/元	合计/元
		起点	终点												
钢轨	工程列车	鞍山	工地	944	0.0742	70.08	1	12.5	15.42	27.92	1.00	0.98	98.98	12.50	12.37	12.37
轨枕		富拉尔基		97	0.0742	7.20		3.4	15.42	18.82	1.00	0.26	26.28	60.29	15.84	15.84
扣配件		富拉尔基		97	0.0722	7.00	1	3.4	14.99	18.39	2.50	0.63	26.02	1.51	0.39	0.39
砟石		扎兰屯		229	0.0553	12.66	1	3.4	10.58	13.98	3.53	0.94	27.58	25.70	7.09	7.09
小计													100	35.69	35.69

编制×××　　　××××年××月××日　　　　　　　审核×××　　××××年××月××日

表 7-5　价差计算表

序号	名称	单位	数量	定额单价/元	预算单价/元	价差①/元	合价②/元
1	钢轨	根	405	6666.00	6939.46	273.46	110751.30
2	钢筋混凝土枕	根	8344	211.00	247.13	36.13	301468.72
3	螺旋道钉带螺母	套	33490	4.40	4.74	0.34	11386.60
4	弹条	个	33724	3.90	5.70	1.80	60703.20
5	轨距挡板	个	33490	4.00	4.53	0.53	17749.70
6	挡板座	块	33490	1.00	3.39	2.39	80041.10
7	平垫圈	个	34057	0.55	1.48	0.93	31673.01
8	绝缘缓冲垫板	块	16820	4.40	5.29	0.89	14969.80
9	道砟	m³	784.72	76.80	84.80	8.00	6277.76
10	人工	工日	22897.76			35.00	801421.60
合计							1436442.79

编制×××　　××××年××月××日　　　　　　　　　　审核×××　　××××年××月××日

① 价差＝预算单价－定额单价。

② 合价＝价差×数量。

表 7-6　预算费用计算表

编号	费用名称	单位	数量	单价或费率	合价/元	取费基数/元
一	直接费	元			9539576.36	
1	工费	元			3633874.51	
1.1	直接工费	元	22897.76	120	2747731.20	
1.2	辅助工费	元		15%	412159.68	2747731.20
1.3	间接工费	元		15%	473983.63	3159890.88
2	材料费	元			5720379.22	
2.1	主要材料费	元			5694670.64	
2.2	其他材料费	元			25708.58	
3	运杂费	元	4885.060	35.69	174360.85	
4	机械使用费	元			10961.78	
4.1	更换钢轨	元	5	768.55	3842.75	
4.2	补充新砟	元	0.785	9072.07	7119.03	
二	施工管理费	元		46.5%	1689751.65	3633874.51
三	其他工程费	元		2.0%	190791.53	9539576.36
四	施工机具购置费	元		1.3%	124014.49	9539576.36
五	价差	元			1436442.79	
1	人工价差	元	22897.76	35	801421.60	
2	材料价差	元			635021.19	

编制×××　　××××年××月××日　　　　　　　　　　审核×××　　××××年××月××日

表 7-7 预算费用汇总表

工程名称	×××线路大修工程		工程地点		××溪至×× K365＋000～K370＋000	
工程数量	5km	预算指标/(元/km)	2283176.94	预算总额/元	11415885	
编号	费用名称	费用/元			备注	
		单价	合价			
一	直接费		9539576.36			
1	工费		3633874.51			
2	材料费		5720379.22			
3	运杂费		174360.85			
4	机械使用费		10961.78			
二	施工管理费		190791.53			
三	其他工程费		124014.49			
四	施工机具购置费		125059.51			
五	价差		1436442.79			
	预算价值		11415885			

编制××× ××××年××月××日　　　　　　　审核××× ××××年××月××日

表 7-8 更换钢轨工程主要材料规格及单价表

序号	材料名称	规格	单位	重量/kg	预算单价/元	定额单价/元	每千米用量			
							需要	损耗	备用	合计
1	钢轨	75kg,25m	根	1860.35	9684.33	9090.00	80		1	81
		60kg,25m	根	1508.15	6939.46	6666.00	80		1	81
		50kg,25m	根	1287.35	5974.56	5366.25	80		1	81
2	弹簧垫圈	75kg	个	0.095	1.41		480	10	4	494
		60kg	个	0.095	1.41		480	10	4	494
		50kg	个	0.078	1.12		480	10	4	494
3	异形轨	60～75kg	根				按需			
		50～60kg	根				按需			
4	异形接头夹板	60～75kg	块				按需			
		50～60kg	块				按需			
5	绝缘接头夹板	75kg	块				按需			
		60kg	块				按需			
6	轨距杆	普通	套	18.113			按需			
		绝缘	套	18.225			按需			

表 7-9 轨枕反扣配件备用量表

序号	材料名称	规格	单位	重量/kg	预算单价/元	定额单价/元	每 1000 根用量			
							需要	损耗	备用	合计
1	钢筋混凝土枕	Ⅱ	根	254.000	204.04	128.00	1000		1	1001
		Ⅲ	根	353.000	247.13	211.00	1000		1	1001
2	螺旋道钉带螺母	M24×195	套	0.707	4.74	4.40	4000	12	6	4018
3	弹条	Ⅱ	个	0.478	5.70	3.90	4000	40	6	4046
		Ⅲ	个	0.499	6.54	6.00	4000	40	6	4046
4	轨距挡板	60kg	个	0.661	4.53	4.00	4000	12	6	4018
		50kg,中间	个	0.724	4.79	4.20	按需			
		接头	个	0.659	4.57	4.20	按需			
5	挡板座	60kg	块	0.054	3.39	1.00	4000	12	6	4018
		50kg	块	0.055	3.39	1.00	4000	12	6	4018
6	平垫圈	25×50×6	个	0.069	1.48	0.55	4000	80	6	4086
7	绝缘缓冲垫板	60kg,δ＝10	块	0.427	5.29	4.40	2000	12	6	2018
		50kg,δ＝10	块	0.324	5.29	3.90	2000	12	6	2018

表 7-10　各项工程预算直接工数量表

序号	工程项目	直接工数量
1	大修清筛	手工清筛,1445 工日/km
		机械清筛,1240 工日/km
2	成段更换钢轨	50kg/m 轨,590 工日/km
		60kg/m 轨,650 工日/km
		75kg/m 轨,710 工日/km
3	成段更换钢筋混凝土枕	Ⅱ型枕,1321 工日/1000 根
		Ⅲ型枕,1578 工日/1000 根
4	补充新砟石	358 工日/1000m³
5	成组更换道岔	50kg/m 轨: 单开,230 工日/组; 交分,350 工日/组; 交渡,1150 工日/组
		60kg/m 轨: 单开,305 工日/组; 12 号 AT,324 工日/组; 交分,350 工日/组; 交渡,1150 工日/组
		75kg/m 轨: 单开,400 工日/组

表 7-11　火车、汽车装卸费单价表　　　　　　　　　单位:元/t

一般材料	钢轨、道岔、接触网支柱	其他 1t 以上的构件
3.4	12.5	8.4

表 7-12　采购及保管费费率表

序号	材料名称	费率/%	其中运输损耗费率/%
1	水泥	3.53	1.00
2	碎石(包括道砟及中、小卵石)	3.53	1.00
3	砂	4.55	2.00
4	砖、瓦、石灰	5.06	2.50
5	钢轨、道岔、轨枕、钢梁、钢管拱、斜拉索、钢筋混凝土梁、铁路桥梁支座、电杆、铁塔、钢筋混凝土预制桩、接触网支柱、机柱	1.00	—
6	其他材料	2.50	

表 7-13　铁路运价号、综合系数表

序号	材料名称	运价号(整车)	综合系数 K_1	综合系数 K_2
1	砖、瓦、石灰、砂石料	2	1.00	1.00
2	道砟	2	1.20	1.20
3	钢轨(≤25m)、道岔、轨枕、钢梁、电杆、机柱、钢筋混凝土管桩、接触网圆形支柱	5	1.08	1.08
4	100m 长定尺钢轨	5	1.80	1.80
5	钢筋混凝土梁	5	3.48	3.48
6	接触网方形支柱、铁塔、硬横梁	5	2.35	2.35
7	接触网及电力线材、光电缆线	5	2.00	2.00
8	其他材料	5	1.05	1.05

表 7-14　铁路货物运价率表（铁运涵〔2006〕250 号）

办理类别	运价号	基价$_1$		基价$_2$	
		单位	标准	单位	标准
整车	1	元/t	5.6	元/(t·km)	0.0288
	2	元/t	6.3	元/(t·km)	0.0329
	3	元/t	7.4	元/(t·km)	0.0385
	4	元/t	9.3	元/(t·km)	0.0434
	5	元/t	10.2	元/(t·km)	0.0491
	6	元/t	14.6	元/(t·km)	0.0704
	7	—	—	元/(t·km)	0.2165
加冰冷藏车		元/t	9.2	元/(t·km)	0.0506
		元/t	11.2	元/(t·km)	0.073

能力训练题

一、简答题

1. 线路大修预算费用的组成有哪些？
2. 线路大修预算费用如何计算？
3. 线路大修的工费包括哪些？
4. 请简述线路大修预算的编制程序。

二、计算题

某轨道工程运输 I 级道砟 1700t，来自碾子山，运至齐齐哈尔南站，运距为 623km，运输方案如下：从采购地到齐齐哈尔南站采用工程列车，从齐齐哈尔南站到施工地点采用汽车，汽车运距 15km，吨次费 1 元/t，运输单价 0.8 元/t，无运输便道。已知 $K_2 = 1.20$，基价$_1$＝6.3 元/t，基价$_2$＝0.0329 元/(t·km)，装卸费单价 3.4 元/t，采购及保管费费率是 3.53%。

试确定：（1）运输费；（2）装卸费；（3）采购及保管费；（4）不计其他有关运输的费用，确定运杂费。（计算结果保留 2 位小数）

附录 铁路基本建设工程设计概（预）算编制相关表格

附表1 总概（预）算表

建设名称								编号		
编制范围								概(预)算总额		
工程总量								技术经济指标		

章别	费用类别	概(预)算价值/万元					技术经济指标/万元	费用比例/%
		Ⅰ 建筑工程费	Ⅱ 安装工程费	Ⅲ 设备购置费	Ⅳ其他费	合计		
	第一部分 静态投资							
第一章	拆迁及征地费用							
第二章	路基							
第三章	桥涵							
第四章	隧道及明洞							
第五章	轨道							
第六章	通信、信号、信息及灾害监测							
第七章	电力及电力牵引供电							
第八章	房屋							
第九章	其他运营生产设备及建筑物							
第十章	大型临时设施和过渡工程							
第十一章	其他费用							
	以上各章合计							
第十二章	基本预备费							
	第二部分 动态投资							
第十三章	价差预备费							
第十四章	建设期投资贷款利息							
	第三部分 机车车辆(动车组)购置费							
第十五章	机车车辆(动车组)购置费							
	第四部分 铺底流动资金							
第十六章	铺底流动资金							
	概(预)算总额							

编制　　　年　月　日　　　　　　　　　　　　　　　　　复核　　　年　月　日

附表 2 综合概（预）算（汇总）表（一）

表甲   第 页 共 页

建设名称			工程总量		编号	
编制范围			概（预）算总额		技术经济指标	
章别	节号	工程及费用名称	单位	数量	概(预)算价值/万元	指标/元

编制   年   月   日   复核   年   月   日

附表 3 综合概（预）算（汇总）表（二）

表乙   第 页 共 页

章别	节号	工程及费用名称	单位	数量	概(预)算价值/万元	指标/元

附表 4 综合概（预）算（汇总）对照表（一）

表甲　　　　　　　　　　　　　　　　　　　　　　　　　　　　　　　　　第　页　共　页

建设名称		编制范围		编号	
工程总量		概（预）算总额		技术经济指标	

章别	节号	工程及费用名称	单位	工程数量		概（预）算价值/万元		指标/元	
					增减		增减		增减

编制　　　年　月　日　　　　　　　　　　　　　　　　　　　　　　复核　　　年　月　日

附表 5 综合概（预）算（汇总）对照表（二）

表乙　　　　　　　　　　　　　　　　　　　　　　　　　　　　　　　　　第　页　共　页

章别	节号	工程及费用名称	单位	工程数量		概（预）算价值/万元		指标/元	
					增减		增减		增减

附表 6　单项概（预）算表（一）

表甲　　　　　　　　　　　　　　　　　　　　　　　　第　页　共　页

建设名称			编号	
工程名称			工程总量	
工程地点			概（预）算价值	
所属章节	章　　节		概（预）算指标	

单价编号	工作项目或费用名称	单位	数量	费用/元	
				单价	合价

编制　　年　月　日　　　　　　　　　　　　　　　　　复核　　年　月　日

附表 7　单项概（预）算表（二）

表乙　　　　　　　　　　　　　　　　　　　　　　　　第　页　共　页

单价编号	工作项目或费用名称	单位	数量	费用/元	
				单价	合价

附表 8　补充单价分析汇总表

第　页　共　页

单价编号	名称	单位	基价	其中			工作内容
				人工费	材料费	机具使用费	

编制　年　月　日　　　　　　　　　　　　　　　　　　　　复核　年　月　日

附表 9　补充单价分析表

第　页　共　页

工程类别		单价编号	
工作内容		计算单位	
说明			

编号	费用名称	单位	数量	单价/元	合价/元	重量/t	
						单重	合重

编制　年　月　日　　　　　　　　　　　　　　　　　　　　复核　年　月　日

附表 10　补充材料单价表

第　页　共　页

电算代号	材料名称	单位	材料预算价格/元	材料单重/t

编制　年　月　日　　　　　　　　　　　　　　　　　　　　复核　年　月　日

附表 11　主要材料预算价格表

第　页　共　页

建设名称		编制范围		
工程总量		价格年度		
电算代号	材料名称	单位	基期价格/元	编制期价格/元

编制　　年　　月　　日　　　　　　　　　　　　复核　　年　　月　　日

附表 12　补充设备单价表

第　页　共　页

电算代号	设备名称及规格型号	单位	设备预算价格/元	设备单重/t

编制　　年　　月　　日　　　　　　　　　　　　复核　　年　　月　　日

附表 13　设备单价汇总表

第　页　共　页

建设名称		编制范围		
工程总量		编制年度		
电算代号	设备名称及规格型号	单位	单价/元	说　明

编制　　年　　月　　日　　　　　　　　　　　　复核　　年　　月　　日

附表 14 外资总概（预）算表

建设名称			外币币种		汇率	
编制范围			概算总额			
章别	工程及费用名称	单位	金额（外币单位）		折合人民币/元	
第一部分	外资部分	元				
一	外资采购材料费	元				
第二章	路基	元				
第三章	桥涵	元				
第四章	隧道及明洞	元				
第五章	轨道	元				
第六章	通信、信号、信息及灾害监测	元				
第七章	电力及电力牵引供电	元				
第八章	房屋	元				
第九章	其他运营生产设备及建筑物	元				
二	外资采购设备费	元				
第六章	通信、信号、信息及灾害监测	元				
第七章	电力及电力牵引供电	元				
第八章	房屋	元				
第九章	其他运营生产设备及建筑物	元				
三	外资支付其他费	元				
四	基本预备费	元				
五	价差预备费	元				
	外资部分合计	元				
第二部分	内资部分	元				
一	内资支付其他费	元				
二	基本预备费	元				
三	价差预备费	元				
四	建设期投资贷款利息	元				
1	建设期国内贷款利息	元				
2	建设期国外贷款利息	元				
	内资部分合计	元				
	外资概（预）算合计	元				

注：表中内资部分费用，如果合同规定支付外币，则移到外资部分项下。

附表 15 内资外资总概（预）算对照表

建设名称		币种		汇率			
编制范围		外资概算		对应内资概算			
章别	工程及费用名称	单位	外资概算	对应的内资概算		增减	备注
				金额/元			
第一部分	外资部分	元					
一	外资采购材料费	元					
第二章	路基	元					
第三章	桥涵	元					
第四章	隧道及明洞	元					
第五章	轨道	元					
第六章	通信、信号、信息及灾害监测	元					
第七章	电力及电力牵引供电	元					
第八章	房屋	元					
第九章	其他运营生产设备及建筑物	元					
二	外资采购设备费	元					
第六章	通信、信号、信息及灾害监测	元					
第七章	电力及电力牵引供电	元					
第八章	房屋	元					
第九章	其他运营生产设备及建筑物	元					
三	外资支付其他费	元					
四	基本预备费	元					
五	价差预备费	元					
	外资部分合计	元					
第二部分	内资部分	元					
一	内资支付其他费	元					
二	基本预备费	元					
三	价差预备费	元					
四	建设期投资贷款利息	元					
1	建设期国内贷款利息	元					
2	建设期国外贷款利息	元					
	内资部分合计	元					
	外资概（预）算合计	元					

附表 16 外资综合概（预）算表

建设名称		币种		汇率	
编制范围		概算总额		编号	
章节	工程及费用名称	数量	单价	金额（外币单位）	折合人民币/元
第一部分	外资部分				
	一、外资采购材料费				
第二章	路基				
2	区间路基土石方				
3	站场土石方				
4	路基附属工程				
第三章	桥涵				
5	特大桥				
6	大桥				
7	中小桥				
8	框架桥				
9	涵洞				
第四章	隧道及明洞				
10	隧道				
11	明洞				
第五章	轨道				
12	正线				
13	站线				
14	线路有关工程				
第六章	通信、信号、信息及灾害监测				
15	通信				
16	信号				
17	信息				
18	灾害监测				
第七章	电力及电力牵引供电				
19	电力				
20	电力牵引供电				
第八章	房屋				
21	旅客站房				
22	其他房屋				
第九章	其他运营生产设备及建筑物				
23	给排水				
24	机务				
25	车辆				
26	动车				
27	站场				
28	工务				
29	其他建筑及设备				
	二、外资采购设备费				
第六章	通信、信号、信息及灾害监测				
15	通信				
16	信号				
17	信息				
18	灾害监测				
第七章	电力及电力牵引供电				
19	电力				

建设名称		币种		汇率	
编制范围		概算总额		编号	
章节	工程及费用名称	数量	单价	金额 （外币单位）	折合人民币 /元
20	电力牵引供电				
第八章	房屋				
21	旅客站房				
22	其他房屋				
第九章	其他运营生产设备及建筑物				
23	给排水				
24	机务				
25	车辆				
26	动车				
27	站场				
28	工务				
29	其他建筑及设备				
第十一章　31	三、外资支付其他费				
（1）	引进技术和进口设备项目的其他费用				
（2）	国外贷款项目启动费				
第十二章　32	基本预备费				
第十三章　33	价差预备费				
	外资部分合计				
第二部分	内资部分				
	三、内资支付其他费			—	
第十一章　31	其他费用			—	
（1）	附加支出费			—	
①	手续费			—	
a	国内代理银行手续费			—	
b	建设期国外贷款转贷手续费			—	
c	采购代理人手续费			—	
d	商检费			—	
②	港杂费			—	
③	国内运杂费			—	
④	汇兑损益			—	
⑤	利用外资管理其他费			—	
（2）	利用外资可行性研究报告编译费			—	
（3）	外资设计概（预）算编制费			—	
（4）	征地拆迁和移民安置实施计划编译费			—	
（5）	征地拆迁和移民安置监控费			—	

续表

章节	工程及费用名称	数量	单价	金额（外币单位）	折合人民币/元
建设名称		币种		汇率	
编制范围		概算总额		编号	
（6）	环境监控费			—	
（7）	环境影响评价报告编译费			—	
（8）	引进技术和进口设备的其他费用			—	
（9）	进口关税及增值税			—	
（10）	国外贷款承诺费			—	
（11）	国外贷款项目启动费			—	
（12）	社会影响评估报告编译费			—	
（13）	少数民族发展计划编译费			—	
（14）	生物多样性研究报告编译费			—	
（15）	外资材料设备差价			—	
32	基本预备费			—	
33	价差预备费			—	
	建设期投资贷款利息			—	
（1）	建设期国内贷款利息			—	
（2）	建设期国外贷款利息			—	
	内资部分合计			—	
	外资概（预）算合计				

注：表中内资部分费用，如果合同规定支付外币，则移到外资部分项下。

附表17 外资采购设备单项概（预）算表

建设名称		编号	
工程名称		工程总量	
所属章节		概（预）算价值	

序号	设备名称及规格	单位	数量	单价	金额（外币单位）

附表 18　外资采购材料单项概（预）算表

建设名称				编号	
工程名称				工程总量	
所属章节				概（预）算价值	
序号	材料名称及规格	单位	数量	单价	金额(外币单位)

附表 19　外资采购设备数量清单

序号	设备名称及规格	单位	数量	备注

附表 20　外资采购材料数量清单

序号	材料名称及规格	单位	数量	备注

附表 21　技术经济指标统计表

建设名称							
主要技术条件	铁路等级	正线数目	速度目标值	牵引种类	闭塞方式	编制办法	编制年度
主要数量	正线长度		路基长度		桥梁长度		隧道长度

序号	名称	主要工程数量				序号	名称	费用		
		数量	数量指标					概算价值/万元	费用指标	
		单位	总量	单位	指标				单位	指标
1	永久征地	亩		亩/正线公里		1	征地拆迁		万元/正线公里	
2	临时征地	亩		亩/正线公里		2	路基		万元/路基公里	
3	拆迁房屋	万平方米		万平方米/正线公里		(1)	区间土石方		元/m³	
4	区间土石方	万断面方		万方/路基公里		(2)	站场土石方		元/m³	

续表

序号	名称	主要工程数量				序号	名称	费用		
		数量	数量指标					概算价值/万元	费用指标	
		单位	总量	单位	指标				单位	指标
5	站场土石方	万断面方		万方/站		(3)	边坡防护圬工		元/圬工方	
6	边坡防护圬工	万圬工方		万方/路基公里		(4)	软土路基处理		万元/软土公里	
7	软土路基处理	千米		公里/路基公里		①	搅拌桩		元/m	
(1)	搅拌桩	万米		万米/软土公里		②	CFG桩		元/m	
(2)	CFG桩	万米		万米/软土公里		③	管桩		元/m	
(3)	管桩	万米		万米/软土公里		④	粉喷桩		元/m	
(4)	粉喷桩	万米		万米/软土公里		⑤	碎石桩		元/m	
(5)	碎石桩	万米		万米/软土公里		⑥	旋喷桩		元/m	
(6)	旋喷桩	万米		万米/软土公里		⑦	砂桩		元/m	
(7)	砂桩	万米		万米/软土公里		⑧	插塑料排水板		元/m	
(8)	插塑料排水板	万米		万米/软土公里		(5)	挡土墙		元/圬工方	
8	挡土墙	万圬工方		万方/路基公里		3	桥梁		万元/桥梁公里	
9	桥梁	延长米		延长米/正线公里		(1)	单线桥		元/延长米	
(1)	双线桥	延长米		延长米/正线公里		(2)	双线桥		元/延长米	
①	明挖	万圬工方		万方/延长米		(3)	多线(车站)桥		元/延长米	
②	承台	万圬工方		万方/延长米		(4)	下部工程		元/延长米	
③	钻孔桩	万圬工方		万方/延长米		①	明挖		元/圬工方	
a	$\phi1.0\text{m}$	万米		万米/延长米		②	承台		元/圬工方	
b	$\phi1.25\text{m}$	万米		万米/延长米		③	钻孔桩		元/圬工方	
c	$\phi1.5\text{m}$	万米		万米/延长米		④	沉井		元/圬工方	
④	沉井	万圬工方		万方/延长米		⑤	管桩		元/圬工方	
⑤	管桩	万圬工方		万方/延长米		⑥	挖井		元/圬工方	
⑥	挖井	万圬工方		万方/延长米		⑦	墩台		元/圬工方	
⑦	墩台	万圬工方		万方/延长米		(5)	上部工程		元/延长米	

序号	名称	主要工程数量				序号	名称	费用		
		数量	数量指标					概算价值/万元	费用指标	
		单位	总量	单位	指标				单位	指标
(2)	单线桥	延长米		延长米/正线公里		①	制（购）架简支T梁		万元/孔	
①	明挖	万坯工方		万方/延长米		②	现浇简支T梁		万元/孔	
②	承台	万坯工方		万方/延长米		③	制架简支箱梁		万元/孔	
③	钻孔桩	万米		万方/延长米		④	现浇简支箱梁		万元/孔	
a	φ1.0m	万米		万米/延长米		⑤	钢混结合梁		万元/孔	
b	φ1.25m	万米		万米/延长米		⑥	钢筋混凝土连续梁		元/坯工方	
c	φ1.5m	万米		万米/延长米		⑦	钢梁		元/t	
④	沉井	万坯工方		万方/延长米		⑧	钢管拱		元/延长米	
⑤	管桩	万工方		万方/延长米		⑨	其他特殊梁		元/坯工方	
⑥	挖井	万工方		万方/延长米		(6)	桥面系		元/桥梁公里	
⑦	墩台	万坯工方		万方/延长米		(7)	附属工程		元/延长米	
(3)	多线（车站）桥	延长米		延长米/正线公里		(8)	基础施工辅助设施		元/延长米	
①	明挖	万坯工方		万方/延长米		4	框架桥		元/顶平米	
②	承台	万坯工方		万方/延长米		5	涵洞		元/横延长米	
③	钻孔桩	万米		万方/延长米		(1)	盖板涵		元/横延长米	
a	φ1.0m	万米		万米/延长米		(2)	框架涵		元/横延长米	
b	φ1.25m	万米		万米/延长米		(3)	圆涵		元/横延长米	
c	φ1.5m	万米		万米/延长米		(4)	矩形涵		元/横延长米	
④	沉井	万坯工方		万方/延长米		6	隧道		元/延长米	
⑤	管桩	万坯工方		万方/延长米		(1)	Ⅰ级围岩		元/延长米	
⑥	挖井	万坯工方		万方/延长米		(2)	Ⅱ级围岩		元/延长米	
⑦	墩台	万坯工方		万方/延长米		(3)	Ⅲ级围岩		元/延长米	
(4)	框架桥	万坯工方		万方/顶平米		(4)	Ⅳ级围岩		元/延长米	
10	涵洞	横延长米		横延米/正线公里		(5)	Ⅴ级围岩		元/延长米	

序号	名称	主要工程数量				序号	名称	费用		
		数量	数量指标					概算价值/万元	费用指标	
		单位	总量	单位	指标				单位	指标
(1)	盖板涵	万圬工方		万方/横延长米		(6)	Ⅵ级围岩		元/延长米	
(2)	框架涵	万圬工方		万方/横延长米		(7)	洞门及其他		元/延长米	
(3)	圆涵	万圬工方		万方/横延长米		7	轨道		万元/铺轨公里	
(4)	矩形涵	万圬工方		万方/横延长米		(1)	正线		万元/铺轨公里	
11	隧道	延长米		延长米/正线公里		①	有砟轨道		万元/铺轨公里	
(1)	开挖	m³		m³/延长米		②	无砟轨道		万元/铺轨公里	
①	Ⅰ级围岩	m³		m³/延长米		(2)	站线		万元/铺轨公里	
②	Ⅱ级围岩	m³		m³/延长米		①	铺轨		万元/铺轨公里	
③	Ⅲ级围岩	m³		m³/延长米		②	铺砟		元/m³	
④	Ⅳ级围岩	m³		m³/延长米		③	铺岔		万元/组	
⑤	Ⅴ级围岩	m³		m³/延长米		8	通信		万元/正线公里	
⑥	Ⅵ级围岩	m³		m³/延长米		(1)	通信线路		万元/正线公里	
(2)	衬砌	m³		m³/延长米		(2)	通信设备		万元/正线公里	
①	Ⅰ级围岩	m³		m³/延长米		(3)	其他		万元/正线公里	
②	Ⅱ级围岩	m³		m³/延长米		9	信号		万元/正线公里	
③	Ⅲ级围岩	m³		m³/延长米		(1)	闭塞		万元/正线公里	
④	Ⅳ级围岩	m³		m³/延长米		(2)	联锁		万元/组	
⑤	Ⅴ级围岩	m³		m³/延长米		(3)	其他		万元/正线公里	
⑥	Ⅵ级围岩	m³		m³/延长米		10	信息		万元/正线公里	
12	正线铺轨	铺轨公里				(1)	公共基础平台		万元/正线公里	
13	正线铺砟	万立方米		万立方米/铺轨公里		(2)	应用系统		万元/正线公里	
14	正线铺板	铺轨公里				11	灾害监测		万元/正线公里	
15	站线铺轨	铺轨公里				12	电力		万元/正线公里	
16	站线铺砟	万立方米		万方/铺轨公里		(1)	电力线路		万元/正线公里	

续表

序号	名称	主要工程数量				序号	名称	费用		
		数量	数量指标					概算价值/万元	费用指标	
		单位	总量	单位	指标				单位	指标
17	站线铺板	铺轨公里				(2)	电源设备		万元/正线公里	
18	站线铺道岔	组				(3)	其他		万元/正线公里	
19	房屋	万平方米		万平方米/正线公里		13	电气化		万元/正线公里	
(1)	站房及综合楼	万平方米		万平方米/站		(1)	接触网		万元/条公里	
(2)	其他房屋	万平方米		万平方米/正线公里		(2)	牵引变电所		万元/处	
20	通信光缆	条公里		条公里/正线公里		(3)	分区亭		万元/处	
21	通信电缆	条公里		条公里/正线公里		(4)	开闭所		万元/处	
22	联锁道岔	组		组/站		(5)	电力调度所		万元/处	
23	高压架空线路	千米		千米/正线公里		(6)	网上开关站		万元/处	
24	高压电缆线路	千米		千米/正线公里		(7)	供电段		万元/处	
25	低压架空线路	千米		千米/正线公里		14	房屋		万元/正线公里	
26	低压电缆线路	千米		千米/正线公里		(1)	站房及综合楼		元/m²	
27	接触网	条公里		条公里/正线公里		(2)	其他房屋		元/m²	
28	雨棚	万平方米		万平方米/站		15	给排水		万元/正线公里	
29	站台面	万平方米		万平方米/站		16	站场设备		万元/站	

参考文献

［1］ 国家铁路局．铁路工程基本定额：TZJ 2000—2017.

［2］ 国家铁路局．铁路工程预算定额（第一册　路基工程）：TZJ 2001—2017.

［3］ 国家铁路局．铁路工程预算定额（第二册　桥涵工程）：TZJ 2002—2017.

［4］ 国家铁路局．铁路工程预算定额（第三册　隧道工程）：TZJ 2003—2017.

［5］ 国家铁路局．铁路工程预算定额（第四册　轨道工程）：TZJ 2004—2017.

［6］ 国家铁路局．铁路基本建设工程设计概（预）算编制办法：TZJ 1001—2017.

［7］ 国家铁路局．铁路基本建设工程设计概（预）算费用定额：TZJ 3001—2017.

［8］ 王军龙．铁路工程施工组织与概预算．成都：西南交通大学出版社，2019.

［9］ 向群，贾艳红．铁路工程施工组织管理与概预算．北京：中国铁道出版社，2011.

［10］ 田国锋，冷爱国，及凤云．公路工程施工组织与概预算．北京：中国水利水电出版社，2008.